청춘의
青春·古典
고전

청춘의 고전

靑春·古典

생각하는 젊음은 시들지 않는다

| 김경집 지음 |

지식너머

고전으로 청춘의 강을 건너자

미안하다, 청춘들아. 나는 여러분들에게 죄인이다. 더 좋은 세상 만들어 물려줘야 할 어른으로서 마땅히 해야 할 일을 이루지 못한 까닭이다. 내 아이들에게 부끄러운 아비이고 내 제자들에게 무력한 스승이었으며 우리의 삶을 이어갈 청춘들에게 원망받아 마땅한 선배이다.

이제 막 문을 나서는 여러분들에게 주어진 길은 생각처럼 뽀송뽀송하지도 말랑말랑하지도 않을 것이다. 길은 험하고 때론 그 길이 어디로 이어지는지 알 수 없어 두렵기도 하다. 길잡이라고 나서는 이들 많지만 그들 또한 여러분들이 걸었던 그 길을 두루 섭렵하거나 꿰뚫고 있는 이들도 아니다. 그러니 마냥 그들의 말만 믿고 갈 수도 없는 노릇이다. 하지만 다시 그 문 안으로 돌아갈 수는 없는 일. 게다가 만만한 길은 하나도 없는 것 같다. 그래도 그 길을 걸어가야 한다. 두렵고 답답하다. 그 길을 갈 수는 있는 것일까?

그러나 한 가지 분명하게 여러분들에게 말할 수 있는 건, 인생은 사랑한 만큼 그 값을 얻는 것이라는 점이다. 내가 사랑하지 못한 나의 삶이 행복할 수 없다. 잠깐의 성취와 물질적 풍요로 내 삶을 맞바꿀 순 없다. 지금 당장은 고되고 시려도 제 삶을 살아야 한다. 그리고 그것을 포기하지 않는 젊음에게 반드시 기회는 온다. 그것이 꼭 물질적 풍요나 그럴싸한 사회적 지위는 아닐 수도 있다. 그러나 적어도 자신의 삶을 사랑하는 이에게는 당당함이 드러난다. 길을 막 찾아 나선 청춘들이여, 길을 잃어버린 젊은이들이여, 여러분에게 최고의 친구를 소개한다. 바로 고전이다. 고전을 통해 '나'를 발견하고 '시대'를 읽는 힘을 기르면 그 길이 보인다. 때론 여러분의 길을 만들어낼 수 있다.

지금의 현실이 시리고 서럽다고 결코 고개를 떨구거나 복종해서는 안 된다. 그건 청춘에게 어울리는 몫이 아니다. 해준 것도 없이 무슨 잔소리냐고 타박해도 할 수 없다. 나나 여러분이나 그 점만은 결코 외면할 수도 거부할 수도 없는 인생의 확실한 표징이기 때문이다. 남의 삶을 살 수는 없다. 단 한 번뿐인 내 삶이다. 그러니 내 삶을 살아야 한다. 고전은 여러분들의 삶을 더 고전苦戰하게 만드는 훼방꾼이 아니다. 하지만 그 고전을 문자 그대로 따르는 건 어리석은 일이다. 시간과 공간이 다르고, 사람들의 생각이 다르기 때문이다. 그것을 헤아려 읽을 수 있는 눈을 밝혀야 한다. 그러나 그럼에도 불구하고 고전은 단순한 지식이 아니라 인류보편적인 지혜를 담고 있기 때문에 그런 차이쯤은 간단히 뛰어넘는다. 그리고 그 힘으로 청춘의 강을 건너게 해준다.

고전은 그냥 보면 딱딱하고 어려우며 때론 시대착오적으로 보이기도 한다. 무엇보다 두껍기 일쑤고 남의 이야기일 뿐이다. 그러나 고전의 진정한 힘은 시간과 공간을 초월하여 인간의 본래적 가치를 담고 있다는 데 있다. 나의 삶이 보잘것없다고 느낄 때, 세상의 길이 보이지 않을 때, 내 사랑에 대해 확신이 없을 때 나를 잡아준 것은 바로 고전이었다. 고전이라고 화려하고 멋진 성공의 삶만 담긴 건 아니다. 그리고 그 책을 읽은 이들이 살아야만 했던 시절들이 따사롭기만 했던 것도 아니다. 때론 지금과 비교할 수 없을 만큼 어둡고 힘든 시절에 세상의 수많은 사람들이 그 책을 읽고 힘을 얻었고 자신의 삶을 쟁취했다. 그것이 바로 고전이 지닌 보편적 가치의 힘이다. 그 보편적 가치는 바로 내 삶의 길잡이이며 어둠과 파도에 맞서 싸우는 배의 등대와도 같다. 그것을 익히고 실천하는 데에는 시간이 걸리기도 한다. 또한 그 결실을 맛보는 데에도 시간이 걸린다. 그래서 고전은 쉽게 손을 대거나 끝까지 손에 쥐기 어려울 수도 있다. 그러나 그것을 마련한 사람의 삶은 그렇지 않은 이의 삶과 비교할 수 없이 알차고 힘차다. 거기에 들인 시간과 열정은 바로 내 삶의 인큐베이터로서 나를 세상에서 제대로 호흡하도록 배양해준다. 그 힘은 세상을 읽어내고 버텨내게만 하는 것이 아니라 삿된 것을 가려내고 옳은 것, 참된 삶이 무엇인지 깨닫게 해준다. 그게 고전에서 얻는 힘이다. 그게 있어야 길고 긴 삶 버티고 채워나갈 뿐 아니라, 진짜 내 삶을 내 몫으로 온전하게 마련할 수 있다. 그러니 조급하게 동동대지 말고 의연하게 맞서 싸우라.

고전은 요즘 흔히 말하는 스펙이 아니다. 고전에서 진짜 만나야 하는 것은 지식이 아니라 사람이고 삶이다. 그런데도 거기에서 지식을 캐내려는 건 어리석은 짓이다. 진정한 인문정신은 지식이 아니라 사람에 대한 예의와 가치의 탐색이고 그것을 내 삶으로 실현하려는 힘이다. 그것은 인간과 삶, 세상에 대한 부단한 관심과 지식, 그리고 경험들을 탐색해서 주체적 자아로서의 나로 수렴되고 실현되는 방식의 추구이다. 지금의 시대가 실용, 실용하지만 진정한 실용은 잠깐 주머니 두둑하게 해주는 그런 것이 아니다. 진짜 실용은 삶의 고비와 매듭에서 그것을 제대로 이해하고 차분히 풀어내는 힘이다. 그 실용의 힘과 가치를 길러주는 것이 바로 고전이다.

내가 건넜던 청춘의 강에서 나를 이끌어줬던 힘은 고전이었다. 그래서 여러분들에게 그 힘을 나눠주고 싶었기에 이 책을 쓰고 바친다. 좀 더 일찍 그리고 좀 더 처절하게 체화했더라면 내 삶이 훨씬 더 농밀해졌을 것이라는 회한도 거기에 한몫을 했다고 고백한다. 우리의 청춘도 시리고 아팠다. 그러나 그건 젊음이 반드시 겪어야 할 통과의례로서의 통증이었지 지금 여러분들이 겪고 있는 사회구조적 문제로 인한 것은 아니었다. 그래서 여러분이 힘들어하는 걸 보면 죄책감이 드는 것이다.

대나무가 그토록 높이 자랄 수 있는 건 속이 비었기 때문에 불요한 에너지를 소비하지 않아서가 아니라 매듭 때문이다. 좀 더 빨리 높이 자라고 싶지만 매듭은 그 조급함을 막는다. 그래서 어린 대나무는 그 매듭이 야속할지 모른다. 하지만 그 매듭이 없다면 대나무는 더 높이 자라나지 못한다. 지금 여러분은 그 매듭을 만나고 있고, 또한 그 매듭을 호되게 통과하고 있다. 그리고 그 매듭이 여러분이 더 높이 자라도록 해줄 것이다. 그 매듭에 고전의 살이 곰삭아 박힐 때 여러분의 삶은 훨씬 튼실하고 농밀해질 것이다. 고전은 그 당당한 응원군이 될 것이다. 그러니 더 이상 아파하지 말고 맞서 싸워라! 그게 청춘의 멋진 모습이다.

내 새끼들아, 청춘들아, 당당하게 고개를 치켜세우고 그대들의 길을 올곧게 나아가라! 뜨겁고 아름답게 사랑하라! 그대들의 앞날에 축복을!

2014년 첫날에,
수연재에서 부끄러운 선배가

Contents

고전으로 읽는 청춘의 주제어 02
흔들릴 때마다 나를 일으켜 세워줄
가치들

고전으로 읽는 청춘의 주제어 03
나와 세상을 바꾸는 작지만 위대한
생각들

고전으로 읽는

청춘의
주제어

01

우리의 일상을 구성하는
관계와 감정들

o

지금의 삶이 힘들다고 불행한 건 아니다. 그걸 불행하다고 여기고 낙담할 때 내가 불행해진다. 젊다는 건 그것을 이겨낼 수 있는 힘을 지니고 있다는 것이다. 나의 행복이 나를, 내 삶을 더 진지하고 성실하게 해준다. 그리고 그러한 태도가 다시 나의 행복을 증진한다. 거창한 게 아니다. 따라서 우리 자신이 행복의 주체가 되어야 한다. 그러니 당신은 행복의 권리뿐 아니라 의무도 지니고 있다는 점을 기억하라.

그대
'지금'
즐거운가?

○

《논어》_ 공자

배우고 익히는 즐거움

삶이 뜻대로 되지 않을 때 우리는 절망하고 좌절한다. 마음먹은 대로 일이 풀려도 그 다음 일에 대한 걱정이 앞서는 경우도 많은데 당장 눈앞의 일도 생각이나 바람과 달리 자꾸 꼬이고 얽히며 옥죌 때 누구나 그럴 수밖에 없다. 젊은이들에게는 그 몫이 더 크게 느껴진다. 그러나 나이 든 사람의 그것과는 다르다. 나이 든 사람들의 불안은 지금 지니고 있는 것을 유지 보전하는 것을 보장받지 못할 때 생기는 경우가 많다. 그래서 나이 들면 보수적으로 변한다. 나이 들어도 꾸준히 공부해야 하는 건 바로 그 때문이다. 흔히 나이 들면 보수적으로 된다는 말을 하지만 사실은 생각이 멈춰 있기 때문인 경우가 많다. 특히 남자들의 경우 자신의 절정기에서 삶의 방향성이 정지된다. 그래서 자꾸만 "내가 왕년에는 말이야, ~"운운하며 답답한 소리만 반복한다. 이전과 다른 삶에 대해 새로운 생각으로 다가서고 변화하는 세상을 읽기 위해 공부해야 하는 것은 외면하고 신세타령에 열중하는 것은 안타까운 일이다. 게다가 이른바 '베이비부머' 세대는 부모를 섬기고 봉양해야 했던 마지막 세대이면서 자녀의 양육과 교육을 위해 '올인'했고, 남은 삶은 스스로 해결해야 하는 첫 세대이기 때문에 불안과 절망의 부피가 상대적으로 크다.

물론 젊은이의 고민과 갈등도 자신의 미래에 대한 불확실성에서 비롯된다. 게다가 요즘처럼 취업이 차라리 전쟁보다 더 격렬하고 어려운 상황에서 그 절망과 좌절은 훨씬 더 크다. 사실 젊은이의 고민과 갈등의 몫은 단순히 그런 불확실성과 취업에 대한 불안이어서는 안 된다. 그들의 고민의 중심은 독립된 자아로, 자유로운 개인으로 본격적인 자신의 삶을 선택하고 모든 열정을 던지는 것이어야 한다. 따라서 그 시작은 반드시 참된 나의 존재에 대한 고민과 갈등이어야 한다.

배부른 소리한다고 타박할 일이 아니다. 물론 지금의 청년들은 너무 힘들다. 숨 쉬는 것 말고는 내 마음대로 할 수 있는 게 별로 없다. 미래는 캄캄하고 길은 보이지 않는다. 누군가 슬그머니 다가와 위로도 하고 격려도 하지만 잠깐의 위안일 뿐, 근본적으로 변하는 것도 새롭게 열리는 길도 삶도 없다. 인생의 선배로서 우리는 그 점에 대해 우리의 청년들에게 죄인이다. 우리 세대는 가열하게 살았다. 가난에서 시작해서 가까스로 먹고사는 힘겹고 고단한 삶에서 벗어났다. 그러나 적어도 취업 걱정은 별로 하지 않았다. 지금의 기성세대들도 나름대로 열심히 살았지만 원하는 직업을 얻을 수 있었고 그를 통해 자신의 삶을 꾸려갈 수 있었다. 우리의 부모들이 헌신한 덕분이기도 하다. 그런데 지금의 젊은이들은 아프다. 아프니까 청춘이라며 위로하는 게 어른의 몫은 아니다. 물론 그런 위로와 격려도 필요하지만 내 다음 세대가 나보다 더 행복한 삶을 살아가게 하지 못한 죄는 전적으로 우리 어른들의 몫이다. 그런 반성이 먼저여야 한다. 그래서 나는 젊은이들에게 미안하다.

그렇지만 젊은이들도 스스로 반성하고 맞서 싸우려는 노력을 해야 한다. 삶은 누가 만들어주는 것이 아니라 내 스스로 만들어야 하는 것이기 때문이다. 그게 주체적 자아이다. 지금은 곤궁하고 어려워도 자신을 담금질하고 허물을 인식하여 그 단단한 껍질을 깨야 한다. 무엇보다 여러분들이 행복해야 할 삶을 어떻게 실현할 것인지 진지하게 고뇌하고 성찰해야 한다. 공자孔子, B.C.551~B.C.479

의 《논어》는 그런 점에서 여러분들에게 그 행복이 어떠한 것인지 소박하면서도 깊은 울림으로 깨닫게 한다. 그 《논어》가 '기쁨과 즐거움'으로 문을 여는 것에 특별히 관심을 갖기 바란다.

> 學而時習之 不亦說乎
> 배우고 늘(혹은 때때로) 실천하니(혹은 익히니) 또한 기쁘지 않은가?

《논어》의 첫 장이라고 해서 꼭 무슨 깊은 뜻이 들어 있는 것은 아닐 수도 있다. 그래도 대부분 어떤 시작을 열 때에는 뭔가 특별한 의도나 뜻을 담는 것이니 조금은 눈여겨볼 필요는 있을 것이다. 공자는 큰 스승이니 배움과 익힘을 강조하는 것은 자연스러운 일이겠다. 배움이란 다른 사람의 지식을 받아들이는 것이다. 여기에서 '학學'이란 '사람이 되는 것'을 배우는 것이다. 사람이 되는 것을 배워서 기쁜 것은 본체와 일체감을 느끼는 것이 기쁘기 때문이다. 그 배움이 기쁘다는 게 공자의 《논어》 첫 말이다. 여기에서 '또한'이라는 뜻의 '亦'이라는 낱말에 관심을 가져야 한다. 이 문장 속에서 그 낱말은 배움이 '이미' 기쁘다는 뜻을 지니고 있기 때문이다. 과연 배움은 기쁜가? 여러분이 중·고등학교 시절, 공부하는 데에 즐거움을 느꼈는지 돌아보라. 심지어 대학에 들어가서 자신의 의지에 따라 전공을 선택하고 자율적으로 고른 과목에서조차 즐겁게 시험공부를 했던 기억은 드물 것이다. 시험이나 성적을 염두에 둔 공부, 그것도 반복적으로 암기해야만 하는 공부가 재미있을 수는 없다.

하지만 차분히 돌아보면 무지의 상태에서 벗어나 새로운 사실을 알게 되고 그것을 통해 내가 속한 세상과 나의 삶의 관계와 의미 등을 깨닫게 되는 것은 행복한 일이다. 남이 먼저 깨닫고 익힌 것을 직접 겪지 않고도 배움을 통해 얻는 일은 효율적이다. 그야말로 '피가 되고 살이 되는' 배움이다. 그런데 자꾸만 어떤 목적성을 부여하고 그것을 강제하니 재미있을 리 없다. 게다가 사람은 누구나 배움의 속도가 다른데 오로지 하나의 속도로만 몰아대고 하나의 잣대로만 재려 드니 공부야말로 불행의 씨앗이고 원망의 원천이 된다.

배우는 일은 경제적일 뿐 아니라 즐거운 일이다. 그것은 경이로움이다. 몰랐던 것을 깨달았을 때의 기쁨, 새로운 것을 발견했을 때의 즐거움, 이미 알고 있던 것과 새롭게 묶이고 엮여 만들어지는 지식의 융합이 주는 창조성 등 그 즐거움의 내용은 사실 엄청나다. 그러니 공자가 배움은 이미 즐거운 일이기에 '또한' 즐겁지 않으냐고 반문하는 것이다. 하지만 배움은 그저 머리로만 깨닫고 받아들이는 것으로 그쳐서는 안 된다. 그것을 자신의 지식으로 온전하게 체득하기 위해서는 익히고 또 익혀야 한다. 알기는 하지만 그것을 실천하고자 하는 의지가 없다면 지식은 한낱 정보 덩어리에 불과할 뿐이고 자칫 쓰레기가 되기 쉽다. 어설프게 그것을 권력으로 삼아 애먼 짓 하기 십상이다. 그래서 자신의 것으로 만들기 위해서는 습관이 되도록 해야 한다. 그것이 바로 '습習'의 권고이다. 그것을 통해 지식이 내재화되고 삶으로 발현될 수 있다. 주자는 《사서집주四書集註》에서 "'습習'이란 새가 자주 나는 것이다. 배움을 그치지 않는 것이 새가 자주 나는 것과 같다."고 말했다.

마이클 샌델의 《정의란 무엇인가》가 100만 부를 훌쩍 넘는 초베스트셀러가 되어 우리를 놀라게 했다. 그런데 정말 그 책을 처음부터 끝까지 읽은 사람이 얼마나 될까? 그리고 그것을 배우고 익혀 실천하는 사람은 또 얼마나 될까? 쌀쌀맞게 말하자면 아마 10% 미만일 것이다. 그저 남들이 본다니까 덩달아 구입한 경우도 많을 것이다. 물론 홧김에 산 경우가 훨씬 더 많을 것이다. 홧김에 그 책을 산다는 게 얼핏 이해하기 어렵겠지만, 이명박 정부가 보여준 민주주의의 퇴행과 정의의 변질에 대해 사람들이 분노해서 정의를 다룬 책을 집은 것이다. 그러니 그 책이 그토록 많이 팔리게 한 주역은 바로 이명박 정권이다. 거기에 그쳤을 뿐이다. 그 책을 읽고 삶을 반성하고 정의를 실천하기 위해 익히고 또 익히는 과정이 생략되었으니 정작 그 책을 통해 삶과 사회가 바뀌는 일은 여전히 오리무중이다.

《논어》〈위정편爲政篇〉에 이런 가르침이 나온다.

學而不思則罔 思而不學則殆

배워도 생각하지 않으면 헛되이 되기 쉽고, 아무리 생각해도 배우지 않으면 위태롭다.

　여기에서 말하는 '思'는 물론 생각하는 것이다. 그러나 그것을 좀 더 넓게 보면 실천하는 일이다. 배움이 실천으로 이어지기 위해서는 익히고 또 익혀야 한다. 아무리 배움이 넘쳐도 그것이 자신의 삶으로 발현되지 않으면 내 것이 아니다. 그러니 언제든 날아갈 수 있거나 엉뚱하게 쓰이기 쉽다. 그러나 생각은 넘치되 배움이 없으면 독단에 빠지기 쉽고 매사에 제 생각만 따르고 남의 말도 들으려 하지 않으니 모두를 위험에 빠뜨리기 쉽다는 경계의 뜻이다. 그러니 배움이 삶으로 이어질 수 있도록 부지런히 반복해서 익히고 실천해야 한다. 머리에서 가슴까지의 거리가 세상에서 가장 먼 거리라고 하지만 배움과 삶이 일치하면 세상에서 가장 가까운 거리이다. 부지런히 배우고 익혀서 그 즐거움을 마음껏 누릴 수 있을 때 우리는 분명 행복해질 수 있다. 청년이 누릴 수 있는 가장 큰 즐거움은 바로 배우는 것이다. 아무리 시대가 암울하고 상황이 어렵다고 해도 그럴수록 더 공부하고 배워야 한다. 당장 눈앞의 이익을 위해서 배우는 것이 아니라 멀리 보고, 무엇보다 자신의 삶에 대한 최고의 투자로서 공부해야 한다. 그게 젊음의 몫이며 권리이자 또한 의무이기도 하다.

벗을 찾아가는 즐거움

공자는 《논어》의 첫 장인 〈학이편學而篇〉에서 맨 처음 배우고 익히는 기쁨을 말한 뒤 또 다른 즐거움을 일깨운다.

有朋自遠訪來 不亦樂乎
벗이 멀리서 찾아와 만나니 또한 즐겁지 않은가?

멀리서 찾아온 벗이 있는 이는 이미 그것만으로도 행복한 삶을 누리고 있는 셈이다. 굳이 통속적으로 말하자면 그게 바로 성공한 삶이다. 그런데 이 대목은 상상력을 갖고 읽어야 한다. 지금처럼 교통이 편리하지 않았을 때 멀리서 벗이 찾아온 것이다. 여기에서 '멀리遠'는 당시로서는 적어도 1박 2일은 넘는 거리였을 것이다. 딱히 무슨 목적이 있어서 온 것도 아니다. 그저 '보고 싶어서' 그 먼 길을 마다하지 않고 찾아온 것이다. 그래서 그 만남이 더 기쁘고 고마운 것이다. 그러나 정작 더 행복한 사람은 바로 그 '멀리서 찾아온 벗'이다. 갑자기 찾아온 벗의 출현이 주는 기쁨은 짧지만 찾아가는 벗의 즐거움은 훨씬 길다. 그 먼 길 가는 내내 그 친구에게 가까이 다가간다는 즐거움을 상상해보면 족히 짐작할수 있는 일이다.

가을이 되어 뒤란의 감나무에 풍성하게 열린 감을 보니 갑자기 감을 유난히 좋아하는 벗이 떠올랐다. 잘 익은 감을 따서 그 친구에게 갖다 주면 얼마나 행복할까 싶어 부지런히 감을 땄다. 그런 감 따기는 이미 행복이지 고달픈 노동이 아니다. 좋은 감 잘 골라 곱게 싸 길을 나선다. 우리가 여행을 떠날 계획을 세웠을 때 정작 여행지에 가서 누리는 행복보다 때로는 그 계획을 세우고 기다리며 누리는 설렘이 더 크고 따사로운 경우가 있지 않은가? 그 사람이 누렸을 행복도 마찬가지이다. 감을 따면서, 길을 나서면서 며칠 동안 그가 이미 행복을 누리고 있다. 그렇게 가까이 다가가면서 행복은 점점 커진다. 문학적 수사로 치자면 점강법이나 점층법적 행복이고, 음악적으로 비유하면 크레센도의 기쁨이다. 갑자기 찾아온 벗이 있어서 즐거운 이는 결코 누려보지 못할 그 행복이다. 벗이 찾아와 반가운 사람보다 벗을 찾아가는 이의 즐거움이 훨씬 더 크다는 걸 읽어내야 한다. 과연 우리는 그런 벗을 가졌는가? 아니 그보다 더 중요한 것은 내가 누군가에게 그런 벗이 되고 있는가를 물어야 한다.

받는 것보다 주는 게 훨씬 더 행복하다. 그게 사랑의 본질이다. 무엇을 바라고 셈해서가 아니라 그렇게 하는 것 자체로 이미 행복하고 기쁘다. 연인이, 친구가, 가족이 소중하고 애틋한 것은 바로 그 때문이다. 그러니 집에 있다가 갑자기 멀리서 찾아온 친구의 방문이 반가워 버선발로 뛰쳐나가는 즐거움보다 누군가를 찾아가는 길고 진득한 우정을 지닌 사람이 되는 것이 훨씬 더 기쁜 일이다. 행복은 결코 멀리 있는 것이 아니다. 불교에서도 일체

유심조一切唯心造, 즉 모든 것은 오로지 마음먹기 달렸다고 가르치고 모리스 마테를링크가 《파랑새》에서 가르친 행복 또한 그렇다. 그런 마음으로 먼저 베풀 수 있는 사람이라면 행복하지 않을 수 없다. 그러니 그렇게 찾아갈 벗이 있다는 사실만으로도 이미 그는 그 벗의 존재에 대해 '또한' 고마움을 느끼게 될 것이다.

공자는 다시 하나의 가르침을 전해준다.

人不知而不慍 不亦君子乎
다른 사람이 알아주지 않아도 번민하거나 노여워하지 않으니 또한 군자가 아니겠는가?

갑자기 논리가 비약된 듯하다. 즐거움說과 기쁨樂은 마음의 상태이다. 그런데 갑자기 군자로 바뀐다. 격과 급이 다르다. 하지만 다르게 보자면 참된 즐거움과 진정한 기쁨을 알고 누리는 이가 바로 군자가 아니냐는 반문일 수 있다. 혹은 군자가 되면 그렇게 참되게 즐겁고 진정 기쁘다는 의미이기도 하다. 사람은 누구나 남의 평가에 대해 예민하다. 아무리 아니라고 부인하고 부정해보지만 온전히 떨쳐내지는 못한다. 나의 드러난 능력과 재능, 혹은 숨겨진 재주와 실력도 누군가 알아줄 때 제값을 하는 것 같이 느낀다. 더구나 내가 누군가를 특별하게 여기고 그에게 각별하게 공을 들이고 노력하며 헌신했음에도 불구하고, 그가 나의 그런 노력에 대해 별로 크게 느끼지 않으면 배신감을 느끼기도 한다. 사랑하는 연인 끼리도 사소한 것에 마음 상하는 일이 허다하다.

공자는 아마 사람의 이러한 심리를 꿰뚫어보았던 것 같다. 그래서 뜻밖에 《논어》에서 이렇게 다른 사람이 알아주지 않는 것에 대해 마음 상하지 말라고 타이른다. 어쩌면 그 자신이 주유천하하면서 계속해서 여러 제후들로부터 퇴짜를 맞았기에 자신에 대한 위로의 심정이었을지도 모르고, 그런 세태에 대한 비판일지도 모른다. 같은 〈학이편學而篇〉에서 공자는 이렇게 말한다.

> 不患人之不已知 患不知人也
> 다른 사람이 자기를 알아주는 것을 걱정하지 말고 자기가 다른 사람을 알지 못하는 것을 걱정하라.

이 말의 핵심은 개인의 가치와 존엄을 파악하라는 것이다. 남의 시선 신경 쓰지 말고 자신의 길을 가고, 자기가 해야 할 일을 꾸준히 수행하면서 남의 비난이나 칭찬에 휘둘리지 말고 자신의 참모습을 찾으라는 가르침이다. 자신의 가치는 스스로 자신을 어떻게 인식하느냐의 문제이지 다른 사람이 알아주느냐의 여부에 따라 달라지는 것이 아니다.

요즘 대학졸업생 혹은 졸업예정자들이 취업원서를 거의 100통 이상 작성한다고 한다. 일자리는 모자라고 일할 사람은 넘쳐나니 고용하는 측이 슈퍼 갑의 입장이다. 지원자는 자기 입맛이 아니라 그들의 입맛에 맞추며 자신을 드러낸다. 그러나 결과는 별무신통이다. 그게 여러 차례 반복되면 절망하고 체념한다. 그런 상황에서 남이 알아주지 않는다고 절망하거나 고민하지 말라는 것은 어설픈 위로이거나 염장 지르는 것으로 여겨질 것이다. 불합격의 횟수가 늘어감에 따라 자신감도 없어지고 자신의 가치에 대해서도 회의가 들게 마련이다. 그러나 그럴수록 내가 나의 가치를 확신하고 묵묵히 자신의 길을 걸어가야 한다. 당장은 야속하고 갑갑하지만 아직 갈 길이 멀고 살아갈 시간은 많다.

나는 이 대목을 읽을 때마다 엉뚱하게(?) 〈세한도歲寒圖〉가 떠오른다. 〈세한도〉는 김정희의 글과 그림 그리고 그의 기개가 잘 조화된 걸작이다. 조선 후기의 이 그림이 국보 180호로 지정된 것만 봐도 알 수 있다. 그러나 정말 그 그림에서 읽어내야 할 것은 추사의 글과 그림이기 이전에 그 그림을 받은 사람의 인격이다. 그는 바로 우선藕船 이상적李尚迪이다. 추사는 조선의 세도가 출신에 최고의 학자였다. 그러나 정치적 투쟁에서 패배한 그의 가문은 급락해서 아버지는 고금도에 유배되었고 10년 뒤에는 추사도 제주도에 유배되었다. 정승집 개가 죽으면 문상 가지만 정승이 죽으면 찾지 않는다는 세태는 그대로 나타났다. 절해고도에 위리안치(유배된 죄인이 거처하는 집 둘레에 가시로 울타리를 치고 그 안에 가두어두던 일) 된 죄인의 신분인 추사를 찾는 이는 아무도 없었다. 그러나 이상적은 그런 처지의 추사에게 변함없이 정성을 다했다.

이상적은 역관이었으니 중인 신분이었다. 그러나 추사는 그를 제자로 받아들였고 우선도 추사를 극진히 사부로 모셨다. 그가 북경에 드나든 것만 10여 회가 넘었다. 그때마다 추사에게 필요한 서책을 많이 구해다 주었다. 사실 북경에 드나드는 역관들에게는 큰돈을 벌 수 있는 일들이 많았다. 그는 그런 일보다는 스승에게 선물할 책을 구입하는 일에 몰두했다. 쉬운 일이 아니다. 그런데 스승이 먼 곳 섬에 유배된 뒤에도 그 공경은 줄어들지 않았다. 책뿐 아니라 최고 품질의 종이며 붓 등을 보냈고 좋은 차가 생기면 챙겨 보냈다. 그런 제자에 대한 애틋한 고마움에 추사가 붓을 들었다. 북경에 갔던 우선이 《경세문편經世文編》 등 귀한 책들을 보낸 데에 대한 고마움의 표시였다. 추사에게 《논어》 〈자한편子罕篇〉의 한 구절이 떠올랐다.

歲寒然後知松柏之後凋
겨울이 되어서야 소나무와 잣나무가 시들지 않음을 알게 된다.

자신의 제자가 그런 소나무 잣나무임을 새삼 떠올렸던 것이다. 끈 떨어진 갓 신세인 자신에게 변함없이 존경과 사랑으로 헌신하는 제자에 대한 애틋함이다. 그러니 이 그림의 주인공은 바로 이

상적이다. 실제로 추사는 〈세한도〉라는 그림의 제목과 함께 '우선
시상藕船是賞' 즉 '상적, 이것을 감상하시게나'라고 적었다. 몰락한
신세에서 얻은 사람에 대한 고마움을 표현한, 비슷한 작품이 있다.
송대宋代 문호 소동파蘇東坡의 〈언송도偃松圖〉였다. 그가 혜주에 유
배되었을 때 어린 아들이 부친을 위로하러 찾아오자 그림을 그리
고 그런 아들의 효심을 칭찬하는 글을 썼다. 추사가 이 그림을 떠
올렸을 것이다. 그러나 소동파의 아들은 자식으로서 당연한 효심
이지만 이상적은 자식이 아니지 않은가. 그러니 이상적의 충심의
무게가 훨씬 더 크다.

우리가 〈세한도〉에서 정말 찾아내고 배워야 하는 것은 추사의
솜씨가 아니라 제자 이상적의 마음 씀이다. 세상 사람들이 어떻게
바라보건 자신의 마음을 거두거나 감추지 않고 정성을 다해 극진
하게 스승을 모신 그의 인격을 읽어야 한다. 남이 알아주는 것 따
위에는 관심도 없었던 이상적과 같은 사람이 바로 시들지 않는 소
나무요 잣나무다. 요즘 식으로 말하자면 '진국'인 사람이다. 그런
사람이 되는 것만으로도 행복한 일이다.

누가 나를 알아주지 않는다고 불평하기보다는 내가 남을 제대
로 알아채지 못하는 것을 경계하고 부끄러워할 수 있다면 그것만
으로도 행복한 사람이다. 추사도 존경스럽지만 진짜 존경할 사람
은 바로 이상적인 것처럼. 추사와 같은 솜씨와 재능을 갖기는 어
려워도 우선의 인격을 따르고자 하는 것은 누구나 할 수 있는 일

이다. 그러나 그게 결코 쉽지 않다. 한두 번은 그런 흉내쯤 낼 수 있을지 몰라도 평생을 그렇게 살기란 더더욱 어렵다. 그래서 그런 삶이 진짜 존경스럽고 행복한 것이다.

어떤 행복인가?

공자가 《논어》 첫 문장에서, 배우고 익히는 즐거움과 더불어 벗이 멀리서 찾아와 만나는 즐거움을 언급한 것은 결코 우연이 아닌 듯하다. 《논어》가 '즐거움'으로 시작되는 건 삶이 그런 즐거움으로 채워져야 한다는 역설이기도 하겠다. 그런데 그 즐거움이라는 게 어떤 셈이나 목적이 있는 것이 아니다. 배우고 익히는 일이나, 멀리서 벗이 찾아오는 일이나, 다른 사람이 알아주지 않아도 번민하거나 노여워하지 않는 삶은 사실 그런 셈과는 이미 거리가 먼 것들이다. 그래서 벗이 고맙고 지인들이 소중하고 자연이 또한 고맙다. 공자는 〈계씨편季氏篇〉에서 다시 유익한 세 가지 즐거움益者三樂에 대해 말한다.

> 樂節禮樂 樂道人之善 樂多賢友 益矣
> 예악으로 자기를 조절하는 것을 즐거워하고, 다른 사
> 람의 좋은 점을 말하기를 즐거워하고, 현명한 벗이 많

은 것을 즐거워하면 유익하다.

예악으로 자기를 조절한다는 것은 거창한 게 아니다. 자신의 가치관과 세계관에 따라 일상의 삶을 수행하는 것이다. 그러기 위해서는 그 가치관과 세계관을 세워야 한다. 청년의 시기에 올바른 자아관을 온전히 정립하는 것이 필수적인 것은 바로 그 때문이다. 일상생활 사이에서 일을 하고 다른 사람을 접하는 가운데서 구하여 마음이 편하고 이치가 순조로운 삶을 공자가 유익하고 즐거운 것으로 매긴 것은 지금 우리에게도 새겨둘 말이다.

뒷담화는 누구에게나 유혹적이다. 자신의 허물은 감추고 남의 허물을 드러내면 마치 자신이 높아지는 것처럼 느껴진다. 그리고 어느 정도 카타르시스도 느껴진다. 그래서 자꾸만 없는 사람 들먹이며 그에 대한 험담을 늘어놓는다. 그러나 공자는 다른 사람의 좋은 점을 말하는 것이 훨씬 즐겁고 유익하다고 타이른다. 그런 사람이어야 현명한 벗이 많아질 수 있다.

즐거움이라고 모두 유익한 것은 아니다. 공자는 해로운 즐거움 또한 세 가지가 있다며 경고한다. 이른바 해로운 세 가지 즐거움損者三樂이다.

樂驕樂 樂逸樂 樂宴樂 損矣
교만하고 방자한 것을 즐거워하고, 편안하게 노는 것

을 즐거워하고, 먹고 마시고 잔치하는 것을 즐거워하
면 해롭다.

앞에서 남이 알아주지 않는다고 노여워하지 않는 것이 군자의
즐거움이라고 했다. 교만한 것은 남이 추어주기 때문이다. 자잘한
재주와 능력이 과대평가되어도 그것이 자신의 진정한 힘이라고
착각하여 방자해지기 쉽다. 그러나 앞에서는 칭찬하는 이들도 진
짜 나라는 사람의 존재나 삶의 가치에 대해 평가하는 것이 아니라
다른 의도나 목적 때문에 칭찬하고 아부할 뿐인 경우가 많다는 것
을 깨달아야 한다. 사실 청년들에게 이러한 해로움은 아직 해당사
항이 아닐 수 있다.

그러나 뒤의 두 가지 해로움은 마음 깊이 새겨두고 늘 경계해
야 한다. 편안하게 노는 것을 꺼릴 사람 별로 없다. 힘들고 지치며
어려운 것을 일부러 선택할 사람은 거의 없다. 편안함이란 무엇인
가? 그건 물질적 풍요 속에서 편리한 삶을 누리는 것이다. 쉽게 말
하자면 돈으로 살 수 있는 것들이다. 하지만 그런 편안함에 익숙
해지면서 정신은 나태해지고 삶의 가치는 오로지 물질로 환원되
기 쉽다. 누구든 처음부터 돈만 밝히고 육체적 편안함을 추구하지
는 않는다. 그러나 조금씩 그 맛에 빠져들면 더 편안한 것, 더 많은
돈을 따르게 된다. 적어도 그건 젊음의 몫은 아니다. 그런 유혹을
늘 경계해야 한다.

요즘은 노는 것도 자산인 시대이다. 그러나 그건 꼭 놀아야 하고 어울려야 할 때 뒤로 빼지 않고 함께 모인 사람을 즐겁게 하기 위한 배려요 노력을 상찬하는 것이지 무조건 잘 논다고 칭찬하는 것은 아니다. '맛'집과 '멋'집을 챙기고 찾는 일도 물론 즐겁다. 하지만 그것도 어쩌다 누렸을 때 즐거운 것이지 언제나 그런 것만 탐하는 것은 자칫 자신의 타락을 재촉하기 쉽다. 젊음의 몫은 치열하게 자신과 세상에 대해 탐구하고 도전하는 것이지 안락함과 흥청망청한 유흥을 탐하는 것이 아니다. 그건 참된 행복이 아니다.

아리스토텔레스는 누구나 행복을 추구하며 행복이 인생의 궁극적인 목적이라고 규정했다. 그러한 목적을 달성하기 위해서는 과하지도 모자라지도 않은 적절함이 필요하다. 물론 이 적절함은 어느 한순간에 이루어지는 것이 아니라 삶의 부단한 과정 중에 익히고 또 익히며 습득된다. 그것이 중용이다. 중용은 단순히 산술적 중간이 아니다. 또한 누군가가 정해주는 것도 아니다. 그것은 내가 판단하고 실천하는 것이다. 따라서 중용에는 주체적 자아가 내재되어 있다. 그것을 이해하고 실천하기 위해서는 부단한 노력이 필요하다. 그러한 훈련을 통해 최고의 선에 도달할 수 있는데, 아리스토텔레스는 이것을 유다이모니아eudaimonia라고 했다. 그것을 영어로 풀면 바로 웰빙well-being이다. 사실 이때의 웰빙은 철학적으로 말하자면 가장 완전하고 최적화된 자아이다. 바로 나다운 삶, 내가 원하는 참된 삶의 방식이다.

웰빙이라는 말은 근대 이후 복지라는 개념에 가깝게 사용되었다. 그러나 요즘 우리가 사용하는 그 낱말이 본격적으로 대두된 것은 1980년대 유럽에서였다. 전쟁 이후 풍요를 누리던 유럽인들은 물질적으로는 풍요로워졌는지 모르지만 어딘가 삶이 헛헛하다고 느끼기 시작했다. 그들은 자신들의 삶을 돌아보고 바로 정신적인 삶이 결핍되었다는 것을 깨달았다. 그것은 바로 반성이고 성찰의 결과였다. 따라서 그들이 내세운 웰빙은 정신적인 삶과 물질적인 삶이 조화된 삶을 의미하는 것이었다. 그것을 고령화 사회를 먼저 경험한 일본인들이 실버 개념으로 받아들였고, 일본에서 웰빙 개념을 들여온 우리는 그것을 마케팅의 관점에서 접근했다.

1997년 외환위기를 겪고 우리 사회가 엄청난 격변을 겪으면서 삶은 피폐해졌고, 고용도 불안정한 상황에서 믿을 것은 오로지 자신뿐임을 절감했다. 가진 건 오로지 자신의 몸뚱이뿐이었다. 그마저도 무너지면 아무런 희망도 가능성도 없음을 알았다. 그런 상황에서 우리가 추구한 웰빙은 나와 내 가족이 건강하게 잘 사는 일이었다. 경제적으로 힘겨운 상황임에도 불구하고 웰빙 식단을 위한 더 많은 비용을 기꺼이 부담할 만큼 철저하게 나만의 삶으로, 그리고 육체적이고 물질적 가치 개념으로 위축된 것이다.

유럽의 웰빙과 우리의 웰빙의 대조를 가장 잘 보여주는 것이 바로 요가가 아닐까? 유럽인들은 명상과 정신 수련을 위해 요가를 배웠다. 그런데 우리는 몸매를 위해, 즉 물질적 가치를 위해 요가를 배우고 있다. 몸을 가꾸고 단련하는 것을 비난하는 게 아니다. 그러나 지금 우리는 분명 정신적 가치의 몰락이 이미 위험 수위를 넘고 있다는 점을 인식해야 한다. 그런데도 정작 무엇을 잃고 있는지조차 깨닫지 못하고 있다.

진정한 의미의 웰빙은 차분히 자신의 삶을 성찰하는 데에서 시작된다. 우리가 진정 원하는 삶이 그냥 주어진 시간 속에서 적당히 편리함을 누리다가 마감하는 것을 의미하지는 않을 것이다. 사람답게, 주체적 자아로, 성숙하고 자유로운 인격으로 살아가고 싶어 한다. 그것은 늘 반복적이고 타성적으로 살아가는 삶이 아니다. 어제와 다른 오늘, 오늘보다 나은 내일을 꿈꾼다. 그렇게 정신과 물질이 균형 잡힌 삶이 바로 조화로운 삶이다. 그러한 자각에서 시작되어야 한다. 거창하게 공자가 말하는 군자의 삶을 추구하지는 않더라도 최소한 그런 삶을 담아야 한다. 정신과 물질이 조화로운 삶이 바로 평안한 삶이다. 그것은 물질적 편의의 편안함과는 다르다. 그것은 나 자신이 삶의 주체요 인격으로 살아가는 것이며 다른 사람에 대해 배려하는 삶이다. 그게 진정한 행복의 바탕이다.

내가 행복하지 않으면 안 된다

공자의 가르침이 무겁다고 여기는 사람이 있을지 모른다. 그저 케

케묵은 옛 성현의 말씀쯤이라 여기면 그럴 수 있고, 낫살 깨나 먹은 사람들이 걸핏하면 훈계조로 공자를 들먹이는 데에 질려서 그럴 수도 있다. 그러나 공자는 생각보다 유연할 뿐 아니라 그의 가르침은 현대적 삶에 적용할 것도 많다. 특히 청년들이 새겨두면 좋을 가르침이 가득하다.

공자의 가르침은 처세의 격언이나 일반적 상식이 아니라 인간으로서의 궁극적 관심과 가치에 대한 품격을 지니고 있다. 헤겔이 일찍이 《논어》를 읽고서 단순한 처세의 격언에 불과하다고 비웃은 것은 거죽만 보고 속은 보지 못했기 때문이다. 사람들로 하여금 본체로서 존재하는 가치를 깊이 깨닫게 하는 일이 얼마나 실천적이고 중요한 문화적 토양이 되는지 깨닫지 못했기 때문이다. 《논어》에 나오는 대화가 일관된 체계가 없고 때로는 완전히 제각각인 것처럼 보이는 경우도 많다. 하지만 《논어》는 치밀한 논리의 문제가 아니라 책 전체를 통해 삶을 관조하고 실천할 수 있는 주체적 자아를 구축할 수 있으며, 《논어》가 우리에게 요구하는 바 또한 바로 그러한 것이다.

물론 《논어》가 공자의 언행을 충실하고 믿을만하게 기록한 것인지, 공자의 의도를 제대로 반영한 것인지는 여전히 논란의 여지가 남는다. 그러나 그것은 플라톤의 《대화》를 통해서 만나는 소크라테스의 경우와 크게 다르지 않다. 나는 《논어》의 가장 큰 힘은 평이함이라고 여긴다. 도리가 높고 깊지만 뜻밖에 내용은 쉽다. 또한 거론

되는 예들도 일상에서 보통 일어나는 일이다. 서양의 철학이 논리가 치밀하고 구성이 일관적이라는 장점을 가진 것은 분명하다. 그러나 앎과 삶의 일관성과 연계성이 일상에서 구현되기는 쉽지 않은 반면 공자의 가르침은 결코 신비나 논리에 의존하지 않고 소박하게 인성과 정서를 함양하도록 이끈다.

예를 들어 칸트의 《순수이성비판》을 중간에서 읽거나 아무 때나 아무 대목이나 열어서 읽고 이해하는 것이 거의 불가능한 반면 《논어》는 아무 때나 어떤 구절이나 펼쳐 읽으며 깨닫고 삶의 좌표로 삼는 것이 가능하다. 이것은 한계이기도 하고 장점이기도 하다. 그러니 그 장점을 잘 취해서 삶의 실체를 구현하는 방법으로 삼는 것은 유익하다.

다시 처음으로 돌아가보자. 공자가 즐거움, 기쁨 혹은 행복으로 시작하는 것은 주목할 가치가 충분하다. 맹자 또한 《맹자》의 〈진심편盡心篇〉에서 군자의 세 가지 즐거움을 언급한다. 이른바 군자삼락君子三樂이 그것이다. 부모가 다 살아 있고 형제가 무고한 것이 한 기쁨이고, 사람들을 대할 때 하늘을 우러러 부끄럽지 않은 것이 또 하나의 기쁨이며 천하의 영재를 얻어 가르치는 것이 세 번째 기쁨이라고 했다. 그러면서 천하의 왕 노릇하는 것은 그 속에 들어 있지 않다고 단단히 토를 달았다. 힘을 휘두르는 게 기쁨은 결코 될 수 없다는 따끔한 경고다. 이러한 기쁨은 현실적인 행복이며 평범하지만 곰곰 따져보면 진짜 고마움을 느낄 수 있는 행복이다.

공자나 맹자가 즐거움, 기쁨, 행복을 유난히 강조한 것은 의미심장하다. 내가 행복하지 않으면 어떠한 삶도 허위이기 쉽다. 지금 행복하지 않으면 미래가 행복할 수 없다. 돈 많고 좋은 직장 얻었다고 행복한 것은 아니다. 지금 내 삶의 주인이 바로 나 자신일 때, 하루하루가 온전하게 주체로서의 나로 채워질 때 행복할 수 있다. 지금의 삶이 힘들다고 불행한 건 아니다. 그걸 불행하다고 여기고 낙담할 때 내가 불행해진다. 젊다는 건 그것을 이겨낼 수 있는 힘을 지니고 있다는 것이다. 나의 행복이 나를, 내 삶을 더 진지하고 성실하게 해준다. 그리고 그러한 태도가 다시 나의 행복을 증진한다. 거창한 게 아니다. 따라서 우리 자신이 행복의 주체가 되어야 한다. 그러니 당신은 행복의 권리뿐 아니라 의무도 지니고 있다는 점을 기억하라. 그런 확신이 희미해질 때마다 '가볍게(정말이지 제발 가볍게 읽자. 주눅들 까닭도 없고, 그게 거창하고 대단하다고 착각할 이유도 없다!)'《논어》를 읽어보는 것은 그래서 행복한 일이다.

딱지는
그냥
내버려두어라

《고백록》_ 장 자크 루소
《고백록》_ 아우구스티누스

단점 고치다 장점까지 잃을라

때론 무신경하거나 무심하다가 또 갑자기 엉뚱하게 예민해지고
집착하는 경우가 있다. 사람 심리라는 게 묘해서 딱지를 보면 자
꾸만 떼고 싶다. 그게 좋은 결과를 가져온 적 한 번도 없다는 걸
알면서도 눈에 보이면 자꾸 손이 간다. 하지만 등 뒤나 허벅지 뒤
처럼 눈에 보이지 않는 곳에 딱지가 나면 전혀 모르고 상관도 하

지 않는다. 모르는 게 약이다.

단점 없는 사람은 없다. 물론 치명적인 단점이거나 남에게 피해를 주는 단점은 고쳐야 한다. 하지만 남들은 잘 모르는데 정작 본인만 끙끙대는 단점들이 있다. 그런데 자꾸만 거기에 눈이 간다. 마음 같아서는 똑 떼어내고 싶다. 보면 볼수록 마음이 쓰이고 마음이 쓰일수록 그게 점점 크게 보인다. 매사에 잘못된 일은 다 그것 때문인 듯 느낀다. 누구에게나 그런 단점은 있다.

자신의 단점을 스스로 보지 못하고 계속해서 반복하는 일은 딱하다. 그런데 제 혼자 끙끙대는 단점은 심하면 콤플렉스를 만든다. 단점을 해소하는 방식은 크게 세 가지쯤 되는 듯하다. 하나는 자신의 단점을 인정하고 시간을 두며 서둘지 않고 하나하나 고쳐나가는 방식과 태도이다. 가장 바람직하지만 말처럼 쉽지 않으니 문제이다. 두 번째는 외면하거나 합리화시키는 방식이나 태도이다. 심리학에서는 그런 성향을 방어기제로 설명한다. 자신의 단점이나 약점을 알고 그것을 억압하여 보이지 않게 하는 것이다. 이때의 억압은 자신의 의식이 인정하고 싶지 않은 욕구나 감정 혹은 받아들이기 어려운 과거의 기억 등을 의식으로부터 무의식 속으로 밀어 넣으려 하는 심리 작용을 지칭한다. 이러한 방어기제에는 억압, 승화(충족되지 못하는 욕구를 다른 보상으로 대체하려는 심리), 투사(곤경이나 실패를 다른 사람의 탓으로 돌리거나 자신의 바람직하지 않은 욕망을 다른 것의 탓으로 치부하는 것), 합리화 등이 있다. 세 번째는 자꾸만 맘에 걸려서 그걸 도려내고 싶어 성급하게 꺼내 없애려는 태도이다. 이런 경우 대개는 상처가 덧날 뿐 오히려 그 통증을 은근 즐기는 단계인 자기 가학적 경지(?)에 이르기 쉽다.

두 번째의 경우 방어기제도 때로는 도움이 된다. 방어기제를 통해 위험한 욕구나 생각, 기억 등을 의식하지 않고 지낼 수 있기 때문이다. 해결될 문제도 아니면서 늘 달고 다니면 매사에 위축되고 자신감을 상실한다. 그러나 억압 경향이 강하면 다른 사람과 접촉하는 범위가 좁고 늘 긴장하게 되며 완고해지기 쉽다. 억압을 유지하는 데에 많은 에너지를 소비하다 보니 정작 다른 일에 쏟을 에너지는 고갈된다. 너무 참기 어려울 때는 억압이라는 방어기제를 통해 일시적으로 잊고 지내며 새로운 일에 집중할 수 있지만 지나치면 타인과의 소통과 교감이 어려워진다.

젊은이에게 모자란 점 어설픈 점 많은 건 당연한 일이다. 물론 그걸 고치고 극복하려는 노력은 필요하다. 하지만 때론 여유를 가져야 할 필요도 있다. 단점만 바라보면 자꾸 커진다. 아마 군대에 갔다 온 남자들은 훈련소에서 경계 수칙 배울 때 야간 경계 시 한 곳만 오래 응시하면 안 된다는 걸 배웠을 것이다. 나뭇가지도 오래 보면 사람처럼 보일 수 있다. 젊음은 실수하고 잘못할 수도 있다. 또한 그것이 특권이다. 그 특권을 너무 일찍 포기하지 말 일이다.

교각살우矯角殺牛의 어리석음을 범하지 않도록 해야 한다. 교각살우란 소의 뿔 모양을 바로잡으려다가 소를 죽인다는 뜻으로 작은 흠이나 결점을 고치려다가 오히려 일을 망치고 그르치는 것을 뜻하는 말이다. 예전 중국에서는 종을 처음 만들 때 뿔이 곧게 나 있는 소의 피를 종에 바르고 제사를 지내는 풍습이 있었다고 한다. 어떤 농부가 어느 날 제사에 사용할 소의 뿔을 봤더니, 아뿔싸! 뿔이 조금 삐뚤어졌던 모양이다. 그래서 균형을 잡아 가지런히 만들려고 팽팽하게 뿔을 동여맸다. 그랬더니 뿔이 송두리째 빠져 소가 죽었다. 결국 큰 손해를 입었다. '빈대 잡으려다 초가삼간 태운다'는 속담과 같은 뜻이다.

단점을 고치려다 장점마저 잃게 되는 것이야말로 가장 어리석은 짓이다. 단점을 없애는 가장 손쉽고 빠르며 바람직한 방법은 장점을 키워 그 힘으로 단점을 누르는 것이다. 《장자》에 "오리의 다리 비록 짧다고 하더라도 늘여주면 우환이 되고 학의 다리 비록 길다 하더라도 자르면 아픔이 된다鳧脛雖短 續之則憂, 鶴脛雖長 斷之則悲."는 구절이 있다. 제 마음대로 이리저리 편한 대로 억지 부린다고 우환이 없어지지는 않는다.

열등감과 단점을 벗어던진 루소

장 자크 루소Jean-Jacques Rousseau, 1712~1778만큼 열등감과 단점이 많은 사람이 또 있을까? 그러나 그는 뻔뻔하다 싶을 만큼 거기에 얽매이지 않았고 오히려 자신의 장점을 마음껏 발휘함으로써 그런 평가마저 넘었다. 그는 《고백록》에서 "나는 거의 죽어가는 상태로 태어났다."고 공언했다. 그의 어머니는 그를 낳고 얻은 산욕열로 그가 세례를 받은 지 3일 뒤, 즉 그가 태어난 지 9일 만에 사망했다. 그래서 루소는 자기가 정말로 거의 죽어가는 상태로 태어났다면 차라리 어머니 대신 자기가 죽는 것이 더 좋았을 것이라고 느꼈던 것 같다. 그래서 그에게는 엉뚱한 죄책감이 따라다녔고 모성에 대한 그리움과 허기를 채우기 위해 우리가 이해하기 어려운 수많은 여성 행각들을 저질렀다.

나중에 파리에서 유명작가가 되었을 때 그는 '제네바 시민, 장 자크 루소'라고 서명했는데 사실 당시 루소는 이미 개신교 신앙을 공식적으로 포기했기 때문에 제네바에서는 시민권을 잃은 상태였다. 실제로 그가 제네바로 귀국한다면 당장에 구속될 처지였다. 그를 구속하기 위한 시효 만료조차 없는 영장이 발부된 상태였기 때문이다. 그의 책은 제네바에서 공개적으로 불살라졌을 정도였다. 그런데도 그가 제네바의 시민임을 내세운 것은 그가 정말 제네바를 사랑하고 그에 대한 자부심을 느꼈다기보다는 당시 제네바에 대한 파리 시민들의 평가를 염두에 둔 포석이었을 것이다. 그가 그렇게 서명한 것은 자신의 정체성에 대한 열등감을 해소하기 위한 심리에서 나왔을 것이다.

루소는 유년기와 청소년기뿐 아니라 노년에 이르기까지 일반적인 사람들로서는 이해하거나 공감하기 어려운 행각을 지속적으로 보여주었다. 바랑 부인과의 사랑이 그랬고, 파리로 탈출한 것이 그랬으며, 베네치아 대사의 비서로 있을 때도 그랬다. 루소는 끊임없이 스캔들을 만들어내며 살았다. 그는 자신을 이해하고 응원해줬던 디드로나 달랑베르에 대해서도 고마움보다는 열등감과 질투심을 동시에 느꼈고, 실제로 그들을 실망시키는 행동을 하면서도 정작 본인은 태연했다. 심지어 볼테르와도 맞섰는데, 당시 그는 감히 볼테르와 맞서기는커녕 견줄만한 입장도 아니었다. 그러면서도 반은 당당하게 반은 뻔뻔하게 "'진리를 위해 목숨을 바친다.' 이것이 내가 선택한 좌우명이다."라고 천명했다.

그의 모순과 언행불일치는 끊임없이 이어졌다. 그는 프랑스에서 자신을 유명하게 만들어준 출세작 《학문 예술론》에서 문학을 비난하면서 문단에 등장했지만, 정작 본인은 《신 엘로이즈》라는 낭만적 연애소설을 내놓아 당시 사회에 뜨거운 논란을 일으켰고, 교육론인 《에밀》을 썼으면서도 엉뚱하게 자신의 자식들은 고아원에 차례로 떠넘겼다. 실제로 그가 《에밀》을 쓰게 된 동기도 그의 아버지가 재혼하면서 자신이 버림받았다고 느꼈던 배신감이었다(실제로 루소는 그 이후 아버지와 죽을 때까지 결별했다). 바랑 부인과의 연애 사건도 모자간의 사랑과 이성간의 사랑이 뒤엉킨 매우 불안정하고 기묘한 사랑이었다. 루소의 태도에는 어색함, 허세, 상처받은 자존심에 대한 분노 등이 언제나 교차되었다.

1755년 성탄절 며칠 전의 일이다. 테레즈 르바쇠르(루소의 여인)에게 갈 커다란 버터 단지 바구니 하나가 라스티크 백작에게로 잘못 전달되었는데, 그걸 찾으러 간 테레즈를 백작과 그의 부인이 비웃으며 하인들에게 쫓아내도록 했다. 격분한 루소는 백작에게 신랄하게 비꼬는 편지를 썼다.

"나는 상류 사회의 법칙과 귀족들의 교육에 대해 설명하여 슬픔에 빠진 여인을 위로하려 하였소. 가난한 사람들이 자신의 소유물을 되찾으러 왔을 때 쫓아내도록 하는 데에 하인들이 도움이 되지 않으면 굳이 하인을 둘 필요가 없을 거라고 말이오."

그는 친구들의 만류에도 불구하고 백작의 형수에게도 편지를 썼고, 사본을 보관했다가 나중에 그의 소설 소재로 썼다. 물론 당사자들이 아연실색했을 건 뻔한 일이었고. 이처럼 남들 같으면 남세스러워 일부러라도 감출 일을 태연하게 소재로 삼는 일이 그에겐 흔했다. 루소는 그런 사람이었다.

분명히 루소가 이러한 자신의 삶과 언행에 대해 무감했거나 완전히 뇌리에서 지워내지는 않았던 것 같다.《고백록》은 그러한 점들을 읽는 사람이 무안할 정도로 솔직하게 고백하고 있다. 이 책을 읽다 보면 과연 루소는 어떤 심장을 지닌 사내이기에 이토록 모순적으로 살았고 열등감에 젖어 있으면서도 그렇게 늘 활기차고 당당하게 살 수 있었을까 믿어지지 않을 정도이다.《고백록》이 자신의 내밀한 사적 삶에 대한 솔직한 고백이라면《루소, 장 자크를 심판하다-대화》는 세상의 오해에 맞선 한 사상가의 내면의 대화이다. 매우 매력적인 책이다. 그런데 이 책의 첫머리에도 "사람들은 나를 이해하지 못하기 때문에 나를 야만인으로 여긴다."고 말하고 있다. 《고독한 산책자의 몽상》과 더불어 이 세 권의 책은 루소라는 인물에 대한 흥미로운 이야기들로 가득하다.

그러나 루소는 적어도 파렴치한 사람은 아니었다. 그래서 《사회계약론》에서 자신을 포함한 모든 인간이 선천적으로 선하다고 확신했다. 그는 사회의 주변부에서 출발해서 글쓰기를 통해 점차 중심부로 진입했지만 늘 열등감을 안고 살았고, 사교적 생활을 꿈꾸면서도 사교적 예절의 형식이 부과하는 억압을 견디지 못하고 그쪽으로의 성공을 포기하고 고독을 선택했다. 우리가 루소에게 주목해야 할 대목은 바로 이 부분이다. 바로 사회의 요구에 자신의 내적 존재 방식을 희생하는 대신 아웃사이더의 삶을 살면서 자신의 진정한 자아를 회복하기를 바랐다는 점이다. 그는 자신의 장점을 극대화할 수 있는 최상의 방법을 선택한 것이다. 그의 단점과 열등감은 결코 해소되지 않았지만 그에 대해 크게 개의치 않았다. 그래서 때로는 파렴치하거나 촌스러운 인간으로 비춰지기도 했지만 그가 거둔 성과, 즉 자신의 장점을 극대화한 결과는 이러한 면들까지 뛰어넘었기 때문에 위대한 근대인이 되었다.

자신의 허물을 그대로 드러낸 아우구스티누스

흔히 세계의 3대 《고백록》이라고 하면 아우구스티누스, 루소, 그리고 톨스토이의 《고백록》을 꼽는다. 왜 동양은 빼느냐고 타박할일이 아니다. 아쉽게도 동양에는 솔직한 자기 고백의 기록을 남기는 경우가 별로 없다. 설령 있어도 짧게 몇 장 남기는 정도이지 책한 권에 오롯하게 지난 삶에 대한 솔직한 고백을 남기는 경우는 없다고 해도 무방하기 때문이다.

아우구스티누스St. Augustinus, 354~430의 《고백록》은 "내《고백록》 13권은 나의 악한 행동과 선한 행동을 말함으로써 정의롭고 선하신 하느님을 찬양하고 있으며, 사람들의 이해와 사랑을 자극하여하느님에게 향하게 하는 데 있다."는 그의 말처럼 성직자로서 아우구스티누스가 신자들을 하느님의 세계로 인도하고 성서와 신앙의 내용을 신학적으로 설명함으로써 올바르고 합리적인 신앙생활의 길잡이를 마련해주기 위한 것이기도 했다. 그런 점에서는 다른《고백록》들과는 성격이 좀 다르다고 할 수 있다.

하지만 그의 고백은 종교적 목적 이전에 인간이라면 누구나한번쯤 고민하는 육체와 영혼, 욕망과 절제, 현세의 삶과 영원불멸의 삶 등의 문제를 솔직하면서도 진지하게 다루고 있다는 점에서그리고 1,600여 년 전 한 젊은이가 겪은 방황과 타락, 그리고 보편적 사랑의 세계에 눈뜨는 과정을 감동적으로 그리고 있다는 점에서 인간의 내면과 영혼의 세계를 가장 잘 보여주는 《고백록》이라 평가받는다. 이 책의 진짜 매력은 앞부분에 있다. 방황하던 젊은 시절 그가 격정의 시대를 살면서 혼돈과 방황 속에서 타락했던 모습을 솔직하게 고백하는 모습은 감동적이다. 그는 이 책에서 자신이 겪었던 정신적 타락과 육체적 쾌락에의 탐닉에 대한 회한 등 자신의 낯부끄러운 경험들을 솔직하게 털어놓는다. 그의 고백은 물론, 뒤에 이어지는 철학적, 종교적 성찰의 예고편이기는 하지만 히포의 주교에 오른 인물로서 쉽게 토해내기 어려운 고백이었음은 분명하다. 그는 자신이 개인적으로 겪은 일들이 모든 사람의 경험일 수 있다는 개연성을 바탕으로 공감대를 이끌어냄으로써 희망을 주기도 한다.

아우구스티누스는 비교적 늦은 나이였던 서른네 살에 방탕과 타락을 벗어나 그리스도교에 귀의함으로써 그 상처투성이의 삶을 버렸다. 중세 초기 최고의 신학자이며 주교였던 그가 지난날의 허물을 겸허하게 고백할 수 있었던 것은 이미 그것을 극복한 뒤에 내뱉을 수 있는 것이라고 할 수도 있겠다. 하지만 그 상처를 덧나게 뜯어내지 않고 자신의 삶 속에서 그대로 받아들였을 뿐 아니라 그 허물을 늘 스스로의 경계로 삼았다는 점에 주목해야 한다. 어머니의 속을 무던히도 썩였던 아들은 마침내 자신의 회개 이후 세상을 떠나는 어머니 모니카의 죽음 앞에서 회한과 절규를 고스란히 토해낸다.

아우구스티누스의 고백은 루소의 그것처럼 노골적이거나 뻔뻔하지도 않고 톨스토이의 그것처럼 우유부단하거나 자기변명에 치중하지도 않는다. 물론 종교에 대한 그의 신념이 그런 차이를 만들었을 것이다. 세 사람의 《고백록》의 공통적인 특징은 무엇일까? 그 가운데 하나는 자신의 삶에 대한 담담한 성찰과 고백을 통해 자신의 허물을 있는 그대로 인정하고, 늘 자신의 길을 향해 나아가는 등불로 삼았다는 점이다. 개인적으로 루소의 《고백록》이 가장 즐거운 독서의 목록이지만 이들 《고백록》을 통해 나의 허물에 집착하지 않을 수 있다는 점을 깨닫기 때문에 가끔 이것들을 꺼내 읽어본다.

서둘지 마라, 시간은 청춘의 몫이다

루소가 자신의 단점과 열등감을 극복한 방식은 그것을 철저하게 잊거나 외면한 게 아니라 시간을 두고 자신의 장점으로 그것을 넘어서는 방법과 태도였다. 그는 죽을 때까지 모순적 삶을 완전히 털어내지 못했다. 하지만 지금 우리가 루소를 비난하거나 깎아내리지 않는 것은 그의 사상적 궤적이 워낙 컸기 때문이고, 자신의 그런 한계를 스스로 인정했기 때문이기도 하다.

누구나 자신의 단점과 열등감에 괴로워한다. 아무리 방어기제 속에 가둬놓는다 해도 끝내 그것을 잊거나 외면할 수는 없다. 다른 사람들은 그걸 더 이상 보지 못하거나 따지지 않아도 자신은 그럴 수 없다. 하지만 그릇된 방어기제 속에 자신을 가둬놓지만 않는다면 때론 적당히 그런 기제로 스스로를 방어해줄 필요도 있다.

단점이나 열등감은 한순간에 사라지지 않는다. 그것을 극복하는 유일한 방법은 시간을 두고 천천히 극복하며 자신의 장점으로 이겨내는 것뿐이다. 청춘에게 열등감이나 단점이 없다면 그건 이미 청춘도 아니다. 완전해지려고 노력하는 것은 가상한 일이지만 당장에 완전해지려는 생각은 오히려 자신을 망칠 뿐이다. 시간은 여러분들의 몫이다. 그러니 가끔은 시간에 내맡기고 자신의 장점을 발견하며 그것을 극대화하라. 그러면 저절로 그 한계를 자신도 모르는 사이에 뛰어넘고 있음을 발견할 것이다.

딱지는 그냥 두면 저절로 떨어진다. 억지로 떼려 하면 덧날 뿐이다. 보이지 않는 딱지는 태연하게 지내면서 일단 보였다 하면 그냥 넘어가지 못한다. 그래도 애써 못 본척하라. 참아야 한다. 그것도 인내의 한 방식이다. 가끔은 그렇게 자신에게 관대할 필요도 있다. 그런 내공이 쌓여야 남에게도 관대해질 수 있다. 어설프게 소의 뿔을 교정하려 하거나 학의 다리를 자르려 하지 말아야한다. 당신이 모순과 열등감으로 흔들릴 때 루소를 기억하는 것도 도움이 될 것이다. 《에밀》에서 루소가 한 다음의 말을 참고하는 것도 좋겠다.

"인간을 사회적인 존재로 만드는 것은 바로 그 약함이다. 우리의 마음에 인간애를 갖게 하는 것은 우리 모두가 공유하는 바로 그 비참함이다."

"그처럼 우리 자신의 나약함으로부터 우리의 덧없는 행복은 생겨난다."

03
가족

당신의
과거와
화해하라

《홈》_ 메릴린 로빈슨
《유배지에서 보낸 편지》_ 다산 정약용

상처는 가장 가까운 이에게서 받는다

요즘은 핵가족이어서 형제자매가 그리 많지 않지만 한 세대 전만
해도 대여섯 명은 예사로운 일이었다. 많으면 12남매인 경우도 가
끔 있었다. 오죽하면 '첫딸은 살림밑천'이라는 말까지 통했을까?
아마도 젊은 세대는 이 말의 뜻을 제대로 알지 못할 것이다. 주로
농사를 지었던 과거에는 어머니도 집에만 붙어 있으면서 아이들

건사하는 일만 할 수 없었다. 부농이 아니고서야 틈틈이 어머니도 밭일을 해야 했다. 그런데 아이들은 젖먹이부터 코흘리개 악동들까지 주렁주렁 있으니 옴짝달싹 못할 처지에 열 살쯤 된 첫딸은 제 동생들 데리고 다니고 젖먹이 막내는 업어주며 달래기도 했으니 직접 논밭을 갈지 않았을 뿐이지 큰 도움이 되는 존재였다. 그래서 나온 말이다.

그런데 이렇게 함께 부대끼고 우르르 몰려다니던 형제자매들은 평생 서로 애틋해하며 우애가 깊었다. 함께 지낸 일도 많고 겪은 사건도 많았지만, 무엇보다 늘 배고프고 어려운 살림살이에서 자라면서 서로 돕는 법을 터득하며 자랐기 때문이다. 작은 방에서 모든 형제들이 살을 맞대고 자야 하는 일도 비일비재했다. 때론 가문을 일으키기 위해 남동생 학교 뒷바라지해야 한다며 도회지에 나가 일을 해서 돈을 벌어 부쳤다. 그런 경우 말이 남동생이고 누이이지 마음은 엄마의 심정이었을 것이다. 대부분 그렇게 살며 자라던 시절이었다. 다른 형제를 위해 희생하는 일은 억울한 일이지만 그래야 한다는 사명이나 의무감이 있었다. 그렇게 우리 사회가 성장해왔다.

그러던 것이 아이들이 많으면 어지간한 살림으로는 제대로 양육하기 어렵다는 걸 실감하면서, 그리고 정부에서 산아제한 정책을 펴면서, 또한 대부분 도회로 나가 살면서 자연스럽게 대개 두 자녀쯤에서 마감하는 가정의 형태가 일반화되었다. 살림살이는 예전보다 나아졌고 아이는 한두 명이니 아이에게 쏟는 애정도 예전보다 훨씬 커졌다. 예전 한 방에 몰아 자던 모습은 사라지고 각자 자기 방이 주어졌다. 물질적 풍요가 주는 뿌듯함에 행복했다. 그런데 아이들이 함께 나가 어울리고 제 나름의 자잘한 사고도 치면서 비밀을 공유하는 기회는 별로 없다. 어릴 때부터 유치원이다 학원이다 내몰리는 통에 서로 바쁘다. 그렇게 따로 큰다.

아이들이 많을 때는 사랑 덜 받는 느낌이 들어 기분이 우울하더라도 내색하지 않고 그러려니 하면서 체념하며 살았다. 그런데 둘일 때는 금세 다른 하나와 비교가 된다. 조금이라도 덜 받는다 싶으면 억울하고 분한 느낌이 든다. 그런 내색을 보이거나 항의라도 하면 부모는 "열 손가락 깨물어봐라. 안 아픈 손가락 있는 줄 아니?" 하며 달랜다. 하지만 아이는 더 아픈 손가락 덜 아픈 손가락 있다는 걸 본능적으로 느낀다. 그게 쌓이고 쌓이면 자신도 모르게 트라우마가 된다.

가장 큰 상처는 뜻밖에 바로 가족 안에서 주고받는다. 정제되지 않고 뱉어내는 막말에 상처받고 차별에 운다. 그런데 그 상처를 대놓고 말하기도 좀 그렇다. 사사건건 따지고 들면 이기적인 사람이 되거나 가족의 우애를 계산으로 따지는 인정머리 없는 놈 되기 십상이다. 그러니 꾹 참고 포기한다. 그런데 그게 속으로 쌓인다. 그리고 곪는다. 그러다가 언젠가 터진다. 대부분의 상식적인 부모는 결코 자녀에게 조금도 악의를 가지고 대하지 않는다. 그러나 모든 걸 선의로 여기며 합리화하는 것들도 분명 있다. 그걸 인정할 수 있으면 자녀에게 사과하고 풀 수 있는데 부모가 자녀에게 사과하는 건 권위를 손상당하는 것 같아서 쉽게 하지 못한다. 그런 것도 연습이 필요하다. 하지만 우리에게는 그런 걸 배우고 익힐 기회가 별로 없었다. 부모의 권위는 절대적이라고 여기는 경우가 많다. 어머니는 예전처럼 밭일도 하고 아이도 건사해야 하는 '바쁜 엄마'가 아니라 아이의 미래를 교육을 통해 '만들어가는' 역할에 몰두하는 경우가 많다. 자연히 자녀들과 충돌한다. 돈 들이고 시간 들여 아이에게 매달렸고 전부 아이를 위해 자신을 희생하는 것이라 여기는 부모는 아이가 조금이라도 기대에 어긋나면 실망하고 화를 낸다. 아이는 그런 엄마가 가끔은 계모처럼 느껴진다. 지금 우리가 그렇게 살고 있다. 모르는 척, 없는 척 외면하는 상처를 차곡차곡 쌓아가면서.

가장 아픈 상처는 가장 가까운 이에게서 받기 쉽다. 그 상처를 외면할 수 없다. 천형처럼 평생을 따라다닌다. 그러니 그 상처의 실체를 직시해야 한다.

갈등은 풀면 약이 되고 묶으면 독이 된다

가족에게서 받은 상처가 깊은 독이 되는 것은 두 가지 이유 때문이다. 하나는 그게 한꺼번에 강력하게 터지는 상처가 아니라 부지불식간에 차곡차곡 쌓이는 상처이기 때문이다. 가랑비에 솜바지 젖듯, 계속되는 잽에 복서 무너지듯 모르는 사이 쌓이기 때문에 제대로 인식하거나 걸러내지 못한다. 또 다른 하나는 피할 수 없기 때문이다. 남이라면 보지 않으면 그만이다. 그러나 가족은 따로 떨어져 살지 않는 한 피할 수 없다. 여기에 또 한 가지를 첨가한다면 가정에서 받은 상처를 그때마다 드러내는 게 힘들다는 점이다. 매번 따지면 불평만 한다고 야단이나 맞기 십상이고 그걸 정색하고 따지면 가족에 대한 사랑과 신뢰가 없다고 비난받기 쉽다. 남도 아니고 가족끼리 어찌 그리 야박하게 셈을 따지고 이기적이기만 하냐는 말을 듣기 쉽다. 그러니 그냥 쌓이고 쌓인다.

가끔 TV 뉴스나 신문에서 형제간에 벌어지는 끔찍한 살인사건 보도를 접한다. 어떻게 가족끼리 그것도 형제끼리 그럴 수 있느냐고 혀를 차며 이해하지 못하겠다고들 말한다. 물론 있어서는 안 될 일이다. 하지만 세상일이라는 게, 산다는 게 어찌 볕드는 일만 있겠는가? 그늘도 있다. 그런데 이 경우 그 그늘은 치명적이다. 형제간 반목과 갈등의 대부분은 재산 때문에 다투면서 생기는 경우가 많지만 때론 아주 사소하고 엉뚱한 일로 그런 사달이 벌어지기도 한다. 가해자는 기억하지 못하지만 피해자는 결코 잊지 못한다. 형제끼리도 잘나고 혜택 받은 형제가 있다. 그러다 보면 한쪽은 다른 한쪽을 무시하는 경우도 생긴다. 때론 농담으로 한 말일지 모르지만 받아들이는 입장에서는 독 묻은 단검처럼 느껴진다. 한두 번은 꾹 참고 넘어가지만 그게 쌓이고 자신이 무시당했다고 느끼는 순간 욱하면서 터진다. 다른 형제들은 그런 반응을 도무지 예상도 못하고 이해하지 못하지만 본인에겐 평생의 트라우마였기 때문이다.

형제간 반목과 갈등은 태초부터 존재했다. 구약성서 〈창세기〉에 나타난 인류 최초의 살인은 바로 형제간에 일어난 일이다. 형인 카인은 그저 그런 제물을 바쳤지만 동생인 아벨은 제일 좋은 제물을 바쳤고 신이 형을 책망하고 동생을 칭찬하자 화가 치민 형이 동생을 돌로 내리쳐 죽였다. 그 신을 부모로 치환하면 고스란히 한 가족의 일로 환원된다. 물론 극단적인 경우이고 상징이며 은유이지만 그것은 개연성을 지닌다. 그리스신화에도 형제간 반목과 갈등은 비일비재하다. 그게 그저 신화적인 이야기라고만 치부할 일이 아니다. 그만큼 보편적으로 일어나고 있는 일이라는 뜻이다. 그런 신화에 공감하는 건 사실 우리들의 삶에서도 벌어지는 일이기 때문이다. 단지 차마 말로 하지 못했던 걸 신화라는 포장으로 보편적 이야기의 틀로 그려낸 것이다.

대부분의 존속 살인이나 상해는 순간적으로 일어나지만 그 근본 원인은 오랫동안 내재되었던 것이 갑자기 한순간에 튀어나왔기 때문이다. 부모자식간이나 형제자매간에 도저히 이해하기 어렵고 용납할 수 없는 패륜적 행동들이 간간이 발생하는 이유는 돈

못 버는 자식들이 부모의 재산을 떼어달라고 하거나 혹은 아예 그 것을 차지하기 위해 벌이는 경우가 많지만 그게 전부는 아니라는 점에 주목해야 한다. 부모의 폭력성(당연히 언어폭력도 포함된다)이 나 편애 등이 자식들에게 준 상처가 있을 것이고, 자식으로서 불 효하고 기대에 어긋난 실망스러운 일들을 반복하며 부모에게 상 처를 주는 경우도 있을 것이다. 그것들이 해소되지 못하고 그대 로 쌓였다가 어느 일을 계기로 더 이상 억제하지 못하고 터져 나 오는 경우가 많다. 이처럼 생각보다 가정 내에서 가족끼리 일어 나는 반목과 갈등의 골은 깊다. 그런데도 애써 모른척한다. 여기 에 남의 가족이 끼어들면 거기로 이런 잠복된 감정들까지 얹혀서 투사된다.

고부간의 갈등은 가족의 유대가 처음부터 이어진 게 아니라 중간에 끼어든 경우이다. 그에 비해 부모와 자식간의 갈등은 오랫 동안 익숙해져서 순응하거나 포기하는 경우가 많다. 고부간의 갈 등에서 자식이 곤혹스러운 까닭은 부모와 아내 사이의 갈등에서 어느 편을 들 수 없기 때문이기도 하지만, 다른 면에서 보자면 그 과정을 통해 자신이 부모에 대해 지녀왔던, 그래서 무의식 속에 잠재되었던 반감과 갈등의 요인들이 객관화되는 상황 인식 때문 이기도 하다. 인식은 했지만 해법은 마련하지 못하는 처지가 곤혹 스러울 수밖에 없다.

갈등은 오래 묵히면 풀지 못하고 평생을 옥죄는 족쇄가 되지만 그때그때마다 풀거나 임계점에 달하기 전에 풀어내면 오히려 그것을 통해 서로를 이해하고 화해함으로써 더 사랑할 수 있는 좋은 계기가 되기도 한다.

그래도 가족이다

완전히 의절한 가족들이 아니고서야 그래도 가족만큼 진심으로 서로 사랑하고 응원하는 사람들도 없다. 때로는 자신의 일보다 더 앞장서서 일을 도와주고 잘되는 일은 더 기뻐하고 힘들 때는 격려하며 슬픔은 덜어준다. 그게 평생 간다. 세상 어디에서 가족보다 더 든든한 지지자와 사랑하는 이를 얻을 것인가?

그러니 가족에게서 받은 상처가 깊다느니 질기다느니 하는 말이 실없고 뜬금없다 싶었을 것이다. 그러나 등잔 밑이 어두운 법이다. 익숙해서, 혹은 가족이기 때문에 참고 넘기는 과정에서 알게 모르게 상처받는 일 많다. 《홈》이라는 제목의 소설을 읽어보면 아주 잔잔하게 그것을 공감하게 될 것이다. 미국의 작가 메릴린 로빈슨Marilynne Robinson, 1947~은 30년 동안 세 권의 장편소설을 썼는데 모두 가족과 관계된 것들이다. '〈타임〉 선정 100대 영문 소설'로도 꼽힌 그의 소설은 잔잔하면서도 깊은 통찰을 담고 있다. 그녀의 작품 《홈》은 그런 의미에서 백미로 꼽을 수 있을 것이다.

이야기는 매우 간결하다. 등장인물도 그리 많지 않다. 플롯도 복잡하지 않으며 대단한 사건이 있는 것도 아니다. 그런데 읽어가면서 서서히 감동이 느껴진다. 이 소설의 힘은 거창한 사건이나 치밀한 구성에서 오는 것이 아니라 평범하면서도 진득하게 이어지는 이야기 자체에서 비롯된다. 8남매 중 막내딸인 서른여덟 살의 글로리가 자신의 돈만 갈취하고 떠난 약혼자에게 버림받은 후, 마침 아버지의 건강이 나빠져 집으로 돌아오면서 시작되는 이야기이다. 은퇴한 목사 보턴은 딸의 귀환이 반갑기도 하고 안쓰럽기도 하다. 그래서 어찌해야 할지 모른다. 내심 딸이 자신 곁으로 돌아와 기쁜 마음을 애써 누르고 담담하게 대한다. 부녀는 자신들이 살아온 시간들을 조금씩 돌아보면서 서로의 상처를 들추지 않으며 평화를 누리려고 노력한다. 그런데 오빠 잭이 돌아왔다. 가족의 사랑과 안타까움을 한껏 받았던 장남의 귀향. 아주 오랫동안 한 번도 집에 돌아오지 않았던 장남의 쓸쓸한 귀향에 아버지와 딸은 또 다른 반가움과 불안과 안타까움을 속에 담는다. 무던히도 속을 썩이던 아들 잭의 잘못은 너무 컸다. 그러나 아버지와 아들, 그리고 오빠와 여동생은 소소한 갈등을 거치면서 서서히 관계를 회복하고 서로 용서한다.

사실 이 소설은 단순하게 가정 내의 갈등과 화해를 다룬 가정소설만은 아니다. 개인의 삶과 그것에 영향을 끼친 사회적, 정치적 상황에 촘촘하게 얽힌, 그래서 사회 비판 소설로도 확대되는 매우 정교한 소설이다. 하지만 이야기의 중심은 가족의 용서와 화해이다. 고향은 또한 가정의 상징이고, 가정은 동시에 고향을 상징한다.

아들 잭은 아버지에 대한 미안함 때문에, 그리고 현재 자신의 처지 때문에 아버지에게 용서를 구하거나 자신이 품었던 섭섭함을 표현하지 못한다. 집으로 돌아왔지만 여전히 어색하게 빙빙 돈다. 하지만 서서히 세 가족은 서로를 조금씩 이해하고 화해하며 사랑을 회복하는 잔잔한 과정을 보여준다. 마침내 아들과 아버지가 가슴에 품었던 응어리를 풀어낸다.

"그동안 내가 너한테 공정하지 않았다는 생각이 드는구나. 나는 너한테 좋은 아버지가 아니었다."

"뭐라고요? 진심이세요?"

"그래. 네가 아기였을 때부터 늘 나를 따라다니던 느낌이었다. 마치 네가 나한테서 필요로 하는 게 있는데, 그게 무언지 전혀 몰랐다고나 할까."

잭이 헛기침을 한 다음 말했다.

"뭐라고 말씀드려야 할지 정말 모르겠습니다. 늘 아버지를 아주 좋은 아버지라고 생각해 왔거든요. 제 주제에 황송할 정도로요."

"아니다. 다시 한 번 생각해보렴. 너는 늘 어딘가로 도망치고 있었다. 항상 어딘가에 숨어 있었지. 아마 너도

네가 왜 그랬는지 잘 기억나지는 않겠지만, 그래도 무
언가 내게 설명해줄 말이 있을 게야."

"저도 설명할 수 없습니다. 잘 모르겠어요. 제가 나쁜
놈이라 그런 겁니다. 정말 죄송하게 생각합니다."

….

"내 말을 오해하고 있구나. 내 말은, 네가 살아오면서
한 번도 진정한 기쁨을 누리지 못한 것 같다는 뜻이다.
행복이라는 걸 별로 누려보지 못한 것 같아서…."

부자가 이렇게 속을 터놓고 이야기하면서 그동안의 모든 섭섭
함과 야속함은 한순간에 사라진다. 그게 가족의 힘이다. 가족은 언
제든 먼 길 떠났다가 길이 아니다 싶으면 서로에게 되돌아갈 수
있는 소중한 존재이다. 좋은 자리 만들어주고 자본을 대주는 역할
을 하는 게 가족이 아니라 그렇게 늘 신뢰하고 지켜보며 보듬어줄
수 있는 것이 바로 가족의 위대한 힘이자 가치이다.

"급할 것이 없으니 천천히 하려무나. 아무튼 지금은 네
손을 좀 잡았으면 좋겠구나." 아버지는 잭이 손으로 가
린 얼굴을 자세히 살펴볼 수 있도록, 잭의 손을 잡아
부드럽게 자기 앞으로 끌어당겼다.

"그래. 네가 여기 있구나." 아버지가 잭의 손을 자기

가슴에 올려놓았다.

"여기 있는 심장이 느껴지니? 한쪽 초에서 다른 쪽 초로 불이 옮겨 붙는 것처럼 내 생명이 네 생명이 되었지. 참 신비한 일이 아니냐? 그런 생각을 수도 없이 했다. 그런데 너는 늘 청개구리처럼 내가 바라는 것과 정반대로만 행동하더구나. 그래서 나는, 우리가 너를 잃지만 않는다면 아무것도 바라지 않으려고 했다. 그게 내가 끝까지 포기할 수 없었던 소망이었다. 그래도 결국은 널 잃어버렸지만…."

잭이 아버지의 손에서 자기 손을 빼더니 다시 얼굴을 덮었다.

한쪽 초에서 다른 쪽 초로 옮겨 붙은 불. 가족의 화해는 극적이고 화려하지 않지만 깊은 감동의 울림을 서로 나누게 된다. 나중에 소설은 잭이 떠나고 그의 혼혈아 아들인 로버트가 길리아드의 보턴 목사 집에 찾아오면서 가족의 화해는 대를 이어가며 마감한다.

다산의 편지를 통한 사랑

"너희들의 편지를 받으니 마음이 놓인다. 둘째의 글씨

체가 조금 좋아졌고 문리(文理)도 향상되었는데, 나이
가 들어가는 덕인지 아니면 열심히 공부하고 있는 덕
인지 모르겠구나. 부디 자포자기하지 말고 마음을 단
단히 먹어 부지런히 책을 읽는 데 힘쓰거라. (…) 내 귀
양살이 고생이 몹시 크긴 하다만 너희가 독서에 정진
하고 몸가짐을 올바르게 하고 있다는 소식만 들리면
근심이 없겠다. (…) 종놈 석(石)이가 2월 초이렛날 되
돌아갔으니 헤아려보건대 오늘쯤에야 집에서 편지를
받아보겠구나. 이달을 맞아 더욱 마음의 갈피를 못 잡
겠구나.”

정조가 붕어한 다음 해인 1801년 다산 정약용이 두 아들에게
보내는 편지이다. 다산이 우리 역사상 무려 500여 권의 가장 많은
저작을 남길 수 있었던 것은 아이러니하게도 강진에서만 18년 동
안 유배 생활을 했기 때문이다. 그것 말고도 다산은 많은 편지를
썼다. 그 편지의 수신인은 바로 아내, 아이들, 그리고 흑산도에 유
배된 형 정약전 등이었다. 가족에 대한 다산의 사랑과 회한이 고
스란히 담겨 있다. 두 아들과의 사이에서 100여 통이 넘는 편지가
오갔는데 멀리 떨어진 아버지의 소회와 함께 어떻게 세상을 살아
야 할 것인지를 끊임없이 가르쳤다. 정약용뿐 아니라 퇴계 이황
은 아들 준에게 600통이 넘는 편지를 썼고, 나중에는 손자인 안도

에게 100통이 넘는 편지를 남기는 등 무려 1,300여 통의 편지를 썼다.

다산이 두 아들들에게 당부한 것은 주로 학문에 정진할 것과 신중하라는 것이었다. 두 아들 학연學淵과 학유學游가 아버지의 부재로 인해 의기소침하거나 학문에 소홀할 것을 걱정하며 선비답게 살아야 한다는 당부였다. 조금이라도 게으름을 피우거나 어설픈 짓을 하면 추상같은 질책을 주저하지 않았다. 그것은 겉으로 보면 책망이지만 속내는 따뜻함과 안타까움이 묻어나서 그 편지를 읽다 보면 부자의 깊은 정을 감동적으로 느낄 수 있다.

> "내가 밤낮으로 애태우며 돌아가고 싶어 하는 것은 너희들 뼈가 점점 굳어지고 기운이 거칠어져 한두 해 더 지나버리면 완전히 내 뜻을 저버리고 보잘것없는 생활로 빠져버리고 말 것만 같은 초조감 때문이다. 작년에는 그런 걱정에 병까지 얻었다. 지난여름은 앓다가 세월을 허송했으며 10월 이후로는 더 말하지 않겠다."

아들이 아버지를 위해 권세가들에게 부탁하여 귀양살이를 끝내게 해달라는 편지를 보내라고 하자 "사소한 일을 가지고 절조를 잃어버려서야 되겠느냐."며 매섭게 야단치는 대목에서는 아들이 야속하다고 느낄 만큼 결기가 선연하다.

"폐족(廢族)이 글을 읽지 않고 몸을 바르게 행하지 않는다면 어찌 사람 구실을 하겠느냐. 폐족이라 벼슬은 못하지만 성인이야 되지 못하겠느냐, 문장가가 못되겠느냐. 이른 새벽부터 밤늦게까지 책을 읽어 이 아비의 간절한 소망을 저버리지 말아다오."

고달프고 외로운 유배 생활에 대한 푸념이나 불평은 없고 오직 자식들에 대한 자상하고 따뜻한 간절함이 가득하다. 아비의 부재중에 겪을 아들들의 처신에 대해서도 가족들끼리 어찌해야 하는지, 친인척들과는 어떻게 관계를 맺어야 하는지를 꼼꼼하게 타이를 뿐 아니라 구차하지 않게 살기 위해 기꺼이 몸을 놀려 일해야 한다며 닭 키우는 법, 누에 키우는 법까지 세밀하게 편지에 적었다. 친구를 사귀는 법과 심지어 술을 마시는 법도까지 꼼꼼하게 챙기며 가르친 다산의 편지를 읽다 보면 가슴이 먹먹해진다.

다산은 아들에게 보낸 편지에서 자신의 삶이 매우 고생스럽지만 아들들이 책을 읽고 몸가짐을 바르게 한다는 말을 들으면 모든 근심이 사라진다며 격려한다. 그러면서 또한 의심나거나 모르는 부분에 대해 물어볼 사람이 없다고 한탄하는 편지에 대해 정말 마음에 참으로 의심나서 견딜 수 없고 생각나서 참을 수 없다면 어찌하여 조목조목 기록해서 인편으로 보내지 않느냐며 질책한다. 하지만 바로 다음에 "아비와 자식 사이에 스승과 제자가

되는 것도 또한 즐겁지 않겠느냐?"며 다독이는 따뜻한 부정父情이
녹아 있다.

　다산은 흑산도에 유배된 둘째 형 정약전과 끊임없이 편지를
주고받으며 안부를 전하고 서로 걱정했다. 자신이 유배된 강진보
다 훨씬 더 외롭고 힘든 유배지인 흑산도에서 고생하는 둘째 형
생각에 마음으로라도 달려가고 싶어서 다산초당 근처 천일각에
오르곤 했다. 형의 건강이 염려되어 개 잡는 방법까지 상세하게
적어놓은 편지를 통해 우리는 두 사람의 동기간 사랑을 확인할 수
있다. 빈센트 반 고흐와 테오 고흐의 우애나 두 사람 사이에서 오
간 편지들을 읽으면서 느꼈던 감동도 다산 형제의 그것에는 미치
지 못한다는 느낌이다.

　물리적으로는 떨어져 있어도 마음은 늘 함께 있는 것이 가족
이고 동기간이다. 고향에 대한 애정은 결국 가족에 대한 그리움이
고 고마움이다. 흩어져 있건 함께 있건 가족은 영원한 나의 고향
이고 자산이며 가장 든든한 응원자이다. 아무리 힘들어도 그 존재
를 느끼고 품으면 이겨낼 수 있다. 그게 가족의 힘이다.

더 머뭇거릴 시간이 없다

가족은 늘 함께 살아왔다. 잠깐 여행을 떠났거나 타지로 공부하러

혹은 취직해서 떠나 있는 경우를 제외하곤 늘 함께 살았다. 그래서 가족은 그렇게 함께 사는 것이려니 여긴다. 그러나 곧 가족과 헤어져야 한다. 그 시간이 그리 많이 남지 않았다. 태어나면서 늘 함께 살아왔고 한 번도 완전하게 떠난 경험이 없기에 실감이 나지 않아서 혹은 그냥 습관처럼 앞으로도 늘 함께 살 것 같은 생각이 드는 건 어쩌면 자연스럽다. 그러나 곧 헤어져 살아야 한다. 그 시간이 멀지 않았다. 많이 남지 않은 시간이다. 자칫 화해할 기회를 놓치거나 잃어서는 안 된다.

여러분이 머지않아 결혼하게 되면 부모와 집을 완전하게 떠나게 된다. 그때부터는 서로 독립된 가정을 꾸리기 때문에 결혼 이전처럼 살을 맞대고 볼을 비비며 살 일은 없다. 일단 독립하면 '내 집'에 가는 게 아니라 '부모의 집'에 가는 것이다. 그건 엄밀하게 말하자면 다른 집이다. 독립하거나 결혼한다고 해서 가족이라는 유대감이 없어지는 건 아니지만 분명 이전과는 다르다. 그러니 더 늦기 전에 화해해야 한다. 그냥 담고 가면 자칫 큰 상처를 평생 안고 살아야 할지 모른다. 어쩌면 여러분의 자녀에게 유전으로 물려줄지도 모를 그런 상처를 말이다.

함께 여행을 가서, 혹은 산책을 하면서, 또는 밖에 나가 소주 한잔 기울이면서 서로의 속마음을 열고 풀어낼 수 있는 기회를 만들어야 한다. 서로 그걸 알면서도, 느끼면서도 정작 아무도 꺼내놓지 못하는 경우가 많다. 그걸 부모가 풀기보다는 자식들이 실마리를 만들어낼 필요가 있다.

정 그럴 기회를 마련하지 못하면 부모님의 발을 씻어드리는 것도 좋은 방법이다. 여러분의 손길이 부모님의 발에 닿는 순간 뭉클해질 것이다. 전혀 예상하지 못한 느낌을 경험할 것이다. 부모님 또한 당신들의 발에 닿은 여러분의 손에 뭉클해질 것이다. 어쩌면 서로 서먹해서 눈길을 제대로 주지 못할지도 모른다. 그러나 마음은 열렸고 몸이 닿았다. 그렇게 실마리를 만들어 대화를 자연스럽게 이어갈 수 있다. 편지를 쓰는 것도 하나의 방법일 수 있다. 때로는 말보다 글이 진중하고 논리적으로 대화하고 화해할 수 있는 기회를 줄 것이다.

과거와 화해하지 못한 사람은 불행하다. 가장 오래 함께했기에 화해해야 할 상처가 더 많이 있을 수 있다. 그걸 인정해야 한다. 작다고 무시할 게 아니다. 덧나서 더 깊이 박히기 전에 풀어내야 한다. 가족은 모든 용서와 화해가 언제나 가능한 신뢰와 사랑의 공동체이다.

때론 부모님의 마음을 움직이는 좋은 책을 선물하는 것도 좋은 방법이 될 수 있다. 예를 들어 목성균의 《누비처네》 같은 책은 부모님 세대가 지나온 시간들을 추억하기에 매우 좋은 책이다. 깊은 성찰과 따뜻한 감성으로 그 시절을 그렇게 섬세하고 소박하게 묘사한 에세이를 읽다 보면 삶에 대해, 가족에 대해 딱딱하게 지녔던 마음이 자연스레 풀어지고 녹아날 것이다. 그런 감성의 회복과 더불어 부모와 자식간의 대화도 정겨워지고 서로를 이해하고 사랑하는 깊이도 깊어질 것이다. 대화가 꼭 말을 통해서만 이뤄지는 것은 아니라는 걸 기억해야 한다.

과거와 화해한 사람만이 행복한 미래를 누릴 수 있다. 더 늦기 전에 당신의 과거와 조용히 그러나 감동적으로 화해해보라. 이 세상에 태어나 우리가 경험하는 가장 멋진 일은 가족의 사랑을 배우고 누리는 것이다.

사랑하고
또
사랑하라

《로미오와 줄리엣》_ 셰익스피어
《젊은 베르테르의 슬픔》_ 괴테
《폭풍의 언덕》_ 에밀리 브론테

사랑을 두려워하는 순간, 삶은 끝난다

사람은 무엇 때문에 살아갈까? 나름대로의 꿈과 희망이 있고 그것
을 채워가는 기쁨으로 살아갈 것이다. 하지만 과연 그 꿈과 희망
을 온전히 채우는 사람이 얼마나 될까? 그러나 누구에게나 그것을
상쇄할, 아니 그것을 뛰어넘는 기쁨이 있으니 바로 사랑이다. 그
기쁨이 없다면 살아갈 힘이 사라질 것이다. 물론 그 사랑의 대상

이 꼭 이성이어야 할 것도, 사람이어야만 할 것도 없다. 하지만 대개의 경우 그 사랑은 바로 내가 사랑하는 사람을 향한, 그 사람과 함께 나누는 기쁨과 행복이다.

　사랑은 분명 청춘들의 몫이다. 물론 사랑이 그들만의 전유물은 아니지만 사랑에 풍덩 빠져 환호하고 때론 절망하며 다시 부활하는 역동적인 사랑은 분명 그들의 몫이다. 그런데 청춘들이 사랑을 못하고 산다는 말을 자주 듣는다. 이른바 '삼포세대'라는 돼먹지 않은 신조어가 그들을 슬프게 하고 있다. 그 말을 듣는 기성세대는 안쓰러워한다. 그게 슬프고 안쓰럽기만 할까? 아니다. 분노해야 할 일이다. 어쩌다 이런 지경에 이르렀는지 분노해야 한다.

　그들은 사랑도 사치라고 한탄한다. 어느 누가 사랑을 마다할까? 하지만 현실은 맵고 차갑다. 취업은 바늘구멍이고, 주머니는 텅 비었으니 무슨 희망을 가질 여유가 있겠으며 무슨 돈으로 사랑할 수 있을까? 물론 꼭 돈이 있어야 사랑하는 건 아니지만 주머니가 빈 청춘들은 사랑도 두렵다. 난 혼자 살아가기도 버거운데 다른 사람까지 내 희망 없는 삶에 끌어들일 수 있을까 싶어서 그럴 것이다. 결혼과 출산을 포기하는 건 두 번째 문제다. 사랑조차 못하는데!

　그래도 사랑해야 한다. 그건 삶의 권리이고 의무이다. 사랑은 삶에 무한한 힘을 부여하고 상상할 수 없는 희망과 꿈을 키워준다. 돈이 없다고, 직업이 정해지지 않았다고, 외모가 딸린다고 사랑을 포기하는 건 자신의 삶을 포기하는 것과 같다. 겪어보지 않았으면 그런 사치스러운 말하지 말라고 타박해도 이 말만은 꼭 해줘야 한다. 그건 먼저 살아본 사람이 경험한 진리이다. "그 어떤 일이 있어도 사랑을 포기하지 말라!"

사랑은 두려워해야 하는 것이 아니라 꿈꾸고 그것을 실현시키는 대상이고 목표이다. 사랑이 꼭 결혼을 전제로 해야 할 까닭도 없다. 사랑이 꼭 한 번의 사건이어야 할 까닭도 없다. 그건 구닥다리 골동품 같은 생각이다. '원나잇스탠드'를 탐하는 욕망을 추구하라는 것이 아니다. 최대한 사랑을 하라. 꼭 한 사람과의 사랑만 최선의 사랑은 아니다. 단 한 번의 운명 같은 사랑의 꽂힘이란 거의 없다. 그것은 근사한 문학적 표현일 뿐이다. 물론 단 한 번에 상대를 통해 삶 전체를 관통할 사랑을 발견하고 나눌 수 있다는 건 큰 행운이다. 하지만 대부분의 사랑은 그런 경우 드물다. 많은 사람을 만나고 사랑하고 갈등하며 삶을 배우고 채워간다.

사랑은 달콤하기만 한 게 아니다. 헤어지는 아픔은 말할 것도 없지만 늘 서로 사랑하면서도 상처를 받을 수 있다. 하지만 그렇게 사랑은 끝없이 좌절하고 갈등하며 끝없이 행복하고 충만해지는 것이다. 사랑은 때론 맵고 쓰며 차갑다. 하지만 그것을 뛰어넘는 역동성과 행복을 만날 수 있다.

사랑을 두려워하는 순간, 삶은 끝난다.

사랑의 무모함 : 죽음조차 뛰어넘는 사랑

무모할 만큼 열렬한 사랑, 그래서 결국 파국적이고 비극적인 두 사람의 죽음으로 끝나는 사랑도 있다. 너무 많이 들어서 진부하기까지 하지만 셰익스피어William Shakespeare, 1564~1616의 《로미오와 줄리엣》은 모든 사랑하는 이들에게 하나의 전범인 것은 어쩔 수 없다. 누구나 사랑에 빠지면 로미오와 줄리엣의 그 치열한 사랑에 대해 한번쯤 읽어보고 싶어진다. 그들의 죽음보다 더 강렬한 사랑의 징표가 있을까?

사실 두 사람의 사랑은 매우 짧았다. 단 며칠뿐인 사랑이었다. 아마 어떤 문학작품에서도 이들보다 짧은 사랑을 만나기란 어려울 것이다. 그래서 사랑의 열정은 볼 수 있겠지만 사랑의 깊이는 느끼기 어렵다. 그 열정에 눈이 쏠려 깊이 들어가지 못함을 느끼지 못할 뿐이다. 이 작품이 셰익스피어의 이른바 4대 비극에 들어가지 못하는 까닭도 '성격의 발전'이라는 중요한 덕목을 갖추지 못했기 때문이다. 불과 며칠 만에 어찌 그런 면목을 갖출 수 있겠는가? 그럼에도 불구하고 이 작품이 우리의 뇌리에 깊이 박히는 건 그 사랑이 두 사람 모두의 죽음으로 마감되었기 때문이 아니라 사랑은 죽음조차 둘을 갈라놓을 수 없다는 웅변 때문이다.

이 작품에서 주인공 로미오는 처음부터 줄리엣과 사랑에 빠지진 않았다. 그는 짝사랑에 가까운 외사랑을 앓고 있었다. 로잘린에 대한 로미오의 일방적 사랑은 그를 슬픔에 빠지게 했다. 사랑이 서로 반응하지 않으면 그렇게 아프다. 그는 누더기 옷을 입고 다니며, 사람들을 피했으며 자신의 방을 무덤처럼 방치했다. 오죽하면 그의 친구가 "친구여, 여자들은 많다네. 다른 예쁜 아가씨를 찾아봐."라고 충고했을까? 아마 거의 폐인에 가까웠을 것이다. 그러나 로미오의 로잘린에 대한 사랑을 거두게 만들지는 못했다.

그랬던 로미오가 가면무도회에서 한 소녀를 만났다. 그리고 단숨에 사랑에 빠졌다. 바로 줄리엣이었다. 그건 줄리엣도 마찬가지였다. 그들의 사랑은 급속한 속도로 내달렸다. 어린 마음에도 평생의 운명 같은 사랑이라고 느꼈기에 두 사람은 비밀리에 결혼하기로 결심했다. 로런스 신부는 이 두 연인을 축복하고 비밀 결혼식을 마련해주었다. 그러나 그들에게는 치명적인 사랑의 방해물이 있었다. 그것은 서로 원수 사이인 가문이었다. 몬터규 가문과 캐풀렛 가문은 예전부터 서로 으르렁대는 명문가였다. 몬터규의 로미오와 캐풀렛의 줄리엣은 사랑하면 안 되는 숙명이었다. 그러나 '사랑하면 안 되는' 사랑이 있을까?

사랑은 금기가 없다. 사랑은 모든 사람이 비난하고 어떠한 장애가 가로막아도 두 사람이 진정 사랑한다면 무시할 수 있는 엄청난 힘이 있다. 어떤 이성과 감성으로도 그것을 설명할 방법이 없다. 그래서 사랑은 당사자가 아니면 절대로 이해할 수 없고 동의할 수 없는 일들을 수시로 만들어낸다. 그것을 감당할 수 있는 유일한 힘도 바로 사랑의 절대성뿐이다.

사랑은 이렇게 사람을 무모하게 만들기도 한다. 그래서 때론 사랑이 두렵다. 사랑이 주인공을 죽음으로 내몬 또 다른 대표적인 작품으로 괴테Johann Wolfgang von Goethe, 1749~1832의 《젊은 베르테르의 슬픔》이 있다. 이 작품 또한 진부하다 할 만큼 많이 언급되고 회자되기에 부담스럽지만 초월적 사랑의 징표인 것만큼은 어쩔 수 없다.

> "로테! 될 수만 있다면 당신을 위해서 목숨을 바치고 싶었습니다. 당신을 위해서 이 몸을 바치는 행복을 누려봤으면 했던 것입니다! 당신의 생활에 평화와 기쁨을 다시 찾게 해드릴 수만 있다면 나는 아무 미련도 없이 기꺼이 용감하게 죽으려고 했습니다. 그러나 아아, 가까운 사람을 위하여 스스로 피를 흘리고 죽음으로써 친구들에게 백 배의 새로운 생을 북돋아줄 수 있는 것은 오직 소소의 숭고한 사람에게만 부여된 일입니다."

법학을 공부하는 베르테르는 어머니의 유산을 정리하기 위해 고향에 왔다가 댄스파티에 가는 길에 마차에 태워준 로테를 사랑하게 되었다. 모친을 여의고 여섯 동생을 돌보는 로테에겐 약혼자인 알베르트가 있었다. 하지만 그럼에도 불구하고 로테를 향한 베르테르의 사랑은 더욱 깊어만 갔다. 그래서 새로운 일자리를 찾아

그녀와 거리를 두려 했지만 여전히 사랑은 사위지 않았다. 결국 로테를 잊지 못해 돌아왔고 그녀의 얼굴을 보기 위해 방문한 베르테르는 로테의 요청으로 시를 읽다가 감정이 격해져서 그녀의 손을 잡고 이마에 키스했다. 로테도 베르테르에 대한 호감을 감추지 않았지만 정혼자가 있는 자신의 처지 때문에 냉정하게 뿌리치고 옆방으로 피해버렸다. 다음 날 베르테르는 알베르트에게 권총을 빌리고 죽기 전에 그녀에게 마지막 편지를 썼다. 위 구절은 바로 그 편지의 일부이다.

사실 이 두 사람에게 어떤 구체적인 사랑의 사건이나 스캔들이 난 것도 아니었다. 베르테르는 로테를 열렬하게 사랑했지만 그녀의 약혼자에 대한 신의는 결코 흔들림이 없었다. 새로운 가정을 꾸린 로테의 따뜻한 보살핌은 오히려 베르테르의 고독과 애틋함을 더 깊게 만들었고 그는 자기 사랑의 순수성을 지니기 위해 권총으로 자살했다. 그리고 바랐던 대로 생전의 모습 그대로 노란색 조끼와 푸른 연미복과 장화를 신은 채 매장되었다.

이 소설을 읽고 당시 많은 젊은이들 사이에 노란색 조끼와 푸른 연미복이 대유행이었고, 때론 모방 자살이 일어나기도 했다고 한다. 사랑의 열병과 순수함이 남아 있던 시절이었다. 지금 그런 순수를 과연 이해할 수 있을까? 그러나 사랑은 시대와 장소, 상황과 처지에 따라 다르지는 않을 것이다. 그래서 그 심정을 이해할 수는 있을 것이다. 어떤 사람들은 이 사랑의 무모함을 비난하거나 비웃을 수도 있다. 사람마다 사랑과 삶에 대해 가지는 생각이 다르니까. 그래도 전도유망한 젊은이가 그런 극단적인 선택을 하게 만드는 이 사랑의 무모함에 대해 공감할 수 있는 심장은 지니고 있을 것이다.

이 두 작품은 사랑이 비극적 죽음으로 끝난다는 의미가 아니라 죽음조차 사랑을 누를 수 없다는, 사랑의 힘을 강조하는 것으로 이해해야 한다. 죽음은 삶 전체의 마감이다. 사랑은 분명 삶의 일부이다. 그런데 그 일부의 무게가 전체의 부피보다 더 강하게 느껴질 수 있다. 이런 모순을 또 어디에서 찾아낼 수 있을까? 사랑은 논리도, 이성도, 감성도 뛰어넘는 초월적 힘을 지닌다.

사랑은 혼란을 데리고 다닌다

아무 일 없이 잘 흘러가던 사랑이 때론 엉뚱한 일로 흔들리기도 한다. 근래 읽었던 앤드루 숀 그리어의 《어느 결혼 이야기》는 아직도 여진이 먹먹하게 남은, 보기 드문 뛰어난 작품이다. 젊은 가정주부 펄리는 성실한 남편과 병약하지만 사랑스러운 아들과 함께 나름대로 행복하게 살고 있었다. 그런데 어느 날 갑자기 남편의 친구라는 남자가 찾아왔고 그 순간부터 그녀의 삶은 뒤죽박죽으로 엉키기 시작했다. 가장 친밀한 관계인 부부와 연인은 모든 진실을 알고 있을까? 그게 가능하기는 할까? 낯선 방문객의 방문으로 인해 각자가 일부러 혹은 세월의 더께 속에 묻어두었던 비밀과 섬세한 욕망들이 포르르 되살아나면서 충돌하는 모습이 과연 이 소설에서만 가능한 일일까? 서로를 진실로 아는 것이 과연 가능하냐는 물음이 이 소설을 관통한다.

> "우리는 우리가 사랑하는 사람을 잘 알고 있다고 생각한다. (…) 하지만 우리의 사랑은 실은 어설픈 번역과 같아서, 우리가 잘 알지 못하는 언어를 우리 식으로 그냥 옮겨놓은 것에 불과하다. 우리는 그 번역을 통해 원문으로 다가가려고 하지만 무망한 일이다. 결코 그럴 수가 없다. 그렇다면 우리가 실제로 이해했던 것은 무엇일까?"

소설의 시작이 이렇게 열렸다는 것부터 뭔가 의미심장했다. 갑자기 찾아온, 남편의 친구라는 남자는 남편을 돌려달라며 필리에게 거액의 돈을 제안한다. 이 무슨 해괴한 '시추에이션'인가? 아이까지 낳고 잘 살아온 남편이 게이였다고? 게다가 소설이 한참 진행되고서야 필리가 흑인여성이라는 게 드러난다. 제2차 세계대전 직후의 상황임을 감안한다면 백인남성과 흑인여성의 사랑은 예사롭지 않다. 그렇다고 대단하고 뜨거운 사랑이었던 것도 아니다. 고향을 떠나 대도시에서 다시 만나 도피하듯 결혼했다. 그래서 여주인공인 화자는 자신들의 사랑을 '실은 어설픈 번역 같아서' 자신들이 잘 알지 못하는 언어를 자기 식으로 그냥 옮겨놓은 것에 불과하다고 고백한다. 두 사람은 어릴 적 소꿉친구이기도 하고 참전기피의 비밀을 공유한 사이이기도 하다. 이런 비밀들이 한 올씩 벗겨지면서 이야기는 반전과 새로운 상황으로 흘러간다.

사랑은 때로는 겉이야 새로 칠을 해서 말끔하게 보이지만 검게 그을린 자국이 채 지워지지 않은 창을 통해 들여다보면 속은 모조리 시커멓게 탄 채 그대로 방치된 집과 같은 때가 분명히 있다. 그래서 그것을 발견하면 사람의 마음은 처참해진다. 정작 자기가 물어보고 싶은 말은 입 밖에 꺼내지도 않고 그 대답을 찾으려고 상대의 얼굴을 빤히 쳐다보기도 하는 게 사랑이다. 그런 사랑 때문에 혼란스럽고 아프기도 하다. 하지만 사랑은 그런 상처들까지 품어서 걸러낸다. 이 소설은 바로 그런 갈등과 치유를 보여준다. 겉보기에는 엄청난 사건이나 파국적 종말을 초래하지는 않는다. 엉킨 번역을 제대로 풀어놓는다는 듯 자신들의 일상을 회복한다.

하지만 "그 모든 것에도 불구하고, 그것은 사랑 때문이었다." 는 그녀의 고백은 사랑의 깊은 속살은 상처를 입어도 새살이 돋아나 치유한다는 강한 신뢰를 드러낸다. "사랑은 우리 모두의 평범한 삶 속에서 이루어지는 단 한 차례의 시적 행위일지도 모른다.

한 편의 시를 쓰는 일…"이라는 말은 아무리 고통스럽고 혼란스러워도 사랑보다 아름답고 진실된 것이 어디 있겠느냐는 조용하지만 묵직한 울림이다.

사랑은 그것에 주어진 만큼의 갈등과 혼란을 이겨낼 힘을 갖추었을 때 비로소 제 옷을 입는다. 그것을 깨닫지 못하거나 신뢰하지 못하면 사랑은 조그만 균열로도 전체가 쩍 하고 갈라질 수 있다. 인정하지 못하면 해법도 찾지 못한다.

사랑의 유효기간 18개월?

농반진반弄半眞半 사랑의 유효기간은 고작 18개월일 뿐이라고들 한다. 틀린 말은 아니다. 생리적으로도 그렇다고 한다. 사랑에 빠졌을 때는 하루도 못 보면 불안하고 몇 시간 동안 문자나 통화가 없어도 참지 못한다. 오죽하면 마주 앉아서도 눈을 깜빡이는 시간조차 아쉽다고 할까? 사랑은 일단 빠지면 열병을 앓는다. 세상에서 가장 달콤한 열병. 그런데 시간이 지나면서 조금씩 그 열기가 사위고 감정은 가라앉는다. 더 이상 사랑하지 않아서도, 더 이상 흥미롭지 않거나 관심이 없어서도 아니다. 그렇다고 익숙함에서 오는 감정의 변화 때문만도 아니다. 어쩌면 그건 의지와 무관한 일일지도 모른다.

그래서 처음에는 '너 없인 못 살아' 하던 연인들도 시들해지고 가슴은 더 이상 뛰지 않는다. 만나긴 하지만 편한 습관처럼 느껴진다. 물론 그 '편한 습관' 같은 관계는 무의미한 게 아니다. 거기까지 이르기 위해 가슴 뛰고 설레는 시간이 걸린 것이다. 그런데 왜 더 이상 가슴 뛰지 않느냐고, 왜 애틋하게 그립지 않느냐고 푸념한다. 사랑은 뜨겁고 설레는 것만은 아니다. 그건 애송이 사랑이다. 그러나 익숙함이 무료함이나 무례함으로 변질되는 것은 경계해야 한다. 사랑이 퇴색하는 것은 익숙해지기 때문이 아니라 그것이 무료하고 무례해질 때 일어나는 일이다.

그렇다고 사랑이 지루해지거나 타성적으로 되었음을 느꼈음에도 불구하고 그대로 끌고 가는 것은 사랑에 대한 태도도 상대에 대한 예의도 아니다. 익숙해졌다는 것은 사랑의 떨리는 감정과 애틋함이 사위는 것이 아니다. 그것은 상대에 대해 그만큼 이해했다는 것이며 내가 그에게, 그에게 내가 일상의 일부로 받아들여졌다는 뜻이다. 그렇지만 사랑에 열정과 환희가 없다면 그것은 더 이상 사랑이 아니다. 사랑이 익숙해지는 것은 불필요하게 거센 불길을 품는 것이 아니라 고운 재로 불씨를 간직하는 것이다. 재를 걷어내면 언제든 불씨가 바알간 속살을 드러내 불길을 일어낼 수 있는 것이 사랑이다.

사랑의 유효기간이 18개월이라는 말을 스스로 극복하려면 초심을 기억해야 한다. 처음 사랑을 느꼈을 때의 마음을 생각해보라.

'저 사람을 사랑할 수 있다면 뭐든지 할 수 있어' 혹은 '나는 이 사랑을 죽을 때까지 간직할 거야' 등의 결심을 떠올려보라. 지금 내가 상대에 대해 느끼는 감정이 누그러지고 혹여 지루하게 느껴진다면 그것이 과연 비단 상대만의 문제일까? 사랑은 쌍방적이다. 사랑은 혼자 하는 게 아니다. 그러니 사랑에 대한 책임은 적어도 내게 절반은 있다. 사실 절반이 아니라 전부라고 느껴야 한다. 사랑은 그런 것이다. 그런 사랑이 아니라면 일찌감치 걷어치우는 게 서로를 위해 좋다.

1년 반쯤 지나 시들해지면, 다시 시작하는 마음으로 상대를 대하면 된다. 언제나 리셋할 수 있다면 수십 년도 버틸 수 있다. 아마 부모님을 보면서 '과연 우리 부모님도 뜨겁게 사랑한 적이 있을까?' 싶을 때도 있을 것이다. 지금 보기에 그분들이 그냥 습관처럼 사는 것 같지만 그분들도 여러분들 못지않게 열렬하게 사랑했을 것이다. 언제나 초심을 기억하면 상대에 대해 애틋하고 설레는 느낌을 가질 수 있다. 하물며 젊은 사람에겐 사랑에 대해 더 이상 무슨 말을 할까!

옛날이야기에 넘어지면 3년밖에 살지 못한다는 고개가 있었다. 그 고개에서 넘어지는 사람들은 여지없이 3년을 넘기지 못했다. 어느 날 어떤 사람이 그 고개에서 넘어졌다. 그 사람은 울상이 되었다. 3년을 넘기지 못한다는 말을 들었으니 당연한 일이다. 그러자 그 사연을 듣고 지나던 한 사람이 말했다. "이보시오. 당신이 슬퍼할 까닭이 없잖소? 3년이 되기 전에 이 고개에 와서 다시 넘어지면 3년은 더 살 것이고, 그 다음 3년 뒤 또 넘어지면 오래 살 수 있지 않소?" 그 말에 힘을 얻은 그는 더 이상 슬퍼하지 않았고 3년마다 고개를 찾아와서 넘어지며 오래오래 살았다고 한다.

사랑의 생리적 심리적 유효기간이 18개월이라고 낙담할 게 아니다. 언제나 초심으로 돌아갈 수 있다면 그 유효기간은 무한대가 될 수 있다. 여러분이 잘 알고 있는 이야기《천일야화*Alf Laila Wa-Laila*》(1000日이 아니라 1001이다!)를 생각해보라. 인도와 중국까지 통치한 샤리야르 왕은 아내에게 배반당한 뒤 여성에 대한 증오심을 가졌다. 그래서 그는 날마다 다른 처녀와 결혼한 뒤 다음 날 죽였다. 셰에라자드도 그런 처녀들 가운데 한 사람이었다. 셰에라자드는 자신이 다음 날 죽는다는 것을 알았다. 그래서 왕에게 재미있는 이야기를 해주었다. 이야기는 너무 재미있는데 끝이 나지 않았다. 그래서 왕이 궁금해서 그 이야기를 계속 듣기 위해 살려두었다. 그런데 다음 날 또 다른 이야기가 이어져 왕은 다시 그녀를 살려둘 수밖에 없었다. 도무지 궁금해서 그녀의 이야기를 더 듣지 않을 수 없었기 때문이다. 그렇게 해서 천 하루를 이어갔고 마침내 자신의 잘못을 깨달은 왕은 그녀와 행복하게 살았다. 사실 이때의 1001일은 말 그대로 천 하루의 날짜가 아니다. 이야기의 수가 엄청나게 많았다는 뜻이다.

사랑의 유효기간도 그와 마찬가지이다. 끝나지 않고 늘 새로운 감정이 샘솟게 하는 힘이 진짜 사랑의 힘이다. 그런 사랑을 해야 한다. 이왕 사랑하려면 제대로 해야 한다. 어른들이 사랑이 뭐 별 거냐며 진짜 함께 사는 힘은 정이라고도 말한다. 그러나 그건 덤 이지 본질이 아니다. 사랑이 없이 그저 지내온 시간, 묶여진 의무 를 적당히 정이라는 말로 포장할 일이 아니다. 사랑은 뜨겁고 설 레며 애틋하다. 다만 늘 뜨거울 수도, 언제나 설레고 애틋하기만 할 수도 없다. 그걸 언제든 꺼내 처음의 감정으로 되살려낼 수 있 게 하는 힘이 서로의 사랑이 만들어내는, 만들어야 하는 정수이다.

그러니 억지로 18개월이라는 사랑의 유효기간을 부정할 것도 없고, 또한 그 말에 무기력하게 순응하기만 할 것도 없다. 그 18개 월은 제대로 불꽃을 일으켜서 재로 잠시 덮어둬도 꺼지지 않고 언 제든 재만 걷어내면 다시 훨훨 불길을 일으킬 수 있는 기간으로 만들어야 한다. 그러면 그깟 18개월쯤은 일도 아니다.

사랑의 실패를 두려워하지 마라

짝사랑하는 사람들이 주저하는 것은 두 가지 이유 때문이다. 하나 는 상대가 자신을 거절할까 봐 두렵기 때문이다. 내심 그럴 것이라 고 생각하기 때문에 고백하지 않는다. 그냥 혼자 좋아하면 그것만 으로도 나름대로 애틋하고 힘이 나지만 거절을 확인하면 그마저도 누릴 수 없다고 여기기 때문에 고백하지 않는다. 또 하나의 이유는 상대가 자신을 좋아하게 될 날이 오거나 자신이 지금보다 훨씬 좋아져서 당당하게 고백하게 될 날이 오지 않을까 하는 막연한 바람을 지녔기 때문이다. 하지만 그런 날은 그리 쉽게 오지 않는다.

사랑을 거절당한 것만큼 비참한 것은 드물다. 특히 젊은이에게 사랑은 전부와 같아서 그것이 없으면 살 의욕도 없어진다. 그래서 바람둥이가 아니고서는 맺어진 사랑을 쉽게 놓지 못한다. 사랑은 어차피 어느 정도 눈이 먼 상태일 수밖에 없다. 그건 축복이다. 그렇지 않다면 세상에 사랑에 빠지고 결혼에 이를 수 있는 사람들이 얼마나 될까? 하지만 사랑에 빠지는 건 이성이 먼저가 아니고 감성이 앞서는 것이거나 다른 요인들이 작용하는 것이다. 그래서 나중에 그 사랑이 혹은 상대가 아니다 싶을 때가 있다. 물론 그것이 사소한 것이어서 극복할 수 있는 것이거나 함께 극복하면서 사랑이 더 깊어지고 삶이 더 농밀해지는 경우가 많다. 그러니 두려워할 것은 아니다. 하지만 본질적으로 아니다 싶으면 과감하게 포기할 수도 있어야 한다. 상대의 미모, 상대의 재산과 능력 따위만 생각하면 아까워서 포기하지 못한다. 하지만 아니다 싶을 때는 집착하지 말아야 한다. 그럼에도 불구하고 미련을 갖는 것이야말로 정말 미련한 짓이다.

물론 사랑을 선택할 때 너무 쉽게 혹은 너무 피상적으로 접근하는 것도 문제다. 요즘처럼 외모 먼저 따지는 걸 뭐라 할 수 없다.

하지만 정말 그게 가장 중요한 것이라면 평생 그것만으로도 끝까지 고마워하고 사랑할 수 있어야 한다. 수학시간에 배운 미분을 적용해보라. 상대를 선택할 때 많은 것들을 고려한다. 외모, 능력, 가문, 부, 가능성, 성격, 가치관, 종교, 취미, 성향 등 고려해야 할 것들은 많다. 그렇다면 이 중 무엇을 우선순위에 둘 것인가? 여러분이 상대의 여러 요소들을 미분시켰을 때 가장 마지막에 남는 것, 즉 미분의 해를 구해보라. 그리고 그것이 당신이 진정 느끼는 사랑의 본질이라면 거기에 우선 충실하라. 대신 그것만으로도 평생 고마워하고 품어줄 수 있어야 한다. 그런 자신이 있어야 비로소 사랑할 자격이 생긴다.

에밀리 브론테Emily Bronte, 1818~1848의 《폭풍의 언덕》을 보면 빗나간 사랑과 미련이 얼마나 비극적인 결말을 가져오는지 알 수 있다. 요크셔의 영주 저택에 입양된 히스클리프는 양부가 죽자 의붓형의 하인이 되지만 여동생 캐서린은 그를 보호한다. 그런데 캐서린이 부유한 이웃 에드거 린튼과 결혼하게 되자 워더링 하이츠를 떠났다가 부자가 되어 돌아온다. 그는 캐서린을 다시 보고 싶어 하지만 린튼은 그를 농노라고 부른다. 결국 복수심에 찬 히스클리프는 워더링 하이츠를 사들이고 힌들리를 파산하게 만들며 힌들리의 아들을 노예처럼 부린다. 그는 린튼을 파멸하게 만들기 위해 음모를 벌인다. 결국 캐서린은 미쳐서 딸을 낳은 후 죽는다. 그런데 엉뚱하게 린튼의 동생 이자벨라가 히스클리프의 특이한 매력에 빠져 오빠의 반대에도 불구하고 결혼한다. 하지만 그의 엽기적 악마성에 질려 도망치고 런던 부근에서 아들을 낳고 여러 해 뒤 객사한다. 이 소설에서 그릇된 사랑의 감정들이 빚어내는 애증과 파국이 계속해서 이어지면서 과연 진정한 사랑이 무엇인지 확인할 수 있다. 그러나 다른 관점에서 보면 이 무모하고 어처구니없는 사랑을 털어내지 못한 결과들이다.

그런 점에서 스콧 피츠제럴드Francis Scott Key Fitzgerald, 1896~1940 의 《위대한 개츠비》도 왜곡된 사랑이 빚어낸 비극이다. 뉴욕 외곽의 호화 별장에 사는 개츠비는 주말마다 떠들썩한 파티를 열어 많은 사람들을 초대하는데 사실은 예전 연인 데이지를 찾기 위해서였다. 그러나 데이지는 이미 전쟁에 나가서 돌아오지 않은 연인을 포기하고 부자인 톰과 결혼한 처지였다. 그러나 두 사람의 재회는 텅 빈 영혼의 어설픈 교환에 불과했다. 데이지는 남편 톰이 정비공의 아내와 정을 통하고 있었던 것에 대한 복수와 일탈, 그리고 개츠비의 야성과 풍요를 느꼈을 뿐이고 개츠비는 잃었던 것을 빼앗는 쾌감을 느꼈을 뿐이다. 물론 개츠비와 재회한 데이지에게 잊혔던 사랑의 감정이 되살아나지만 이미 그것은 처음의 사랑과는 거리가 먼 것이었다. 개츠비의 차를 빌려 운전한 데이지가 정비공의 아내를 사고로 죽게 만들자 톰의 귀띔으로 개츠비가 범인이라고 여긴 정비공이 개츠비를 사살하는 비극적 이야기이다. 그렇게 크게 돈을 벌어 옛사랑을 되찾으려 돌아온 개츠비에게 사랑은 진실했을까?

뒤틀린 사랑, 왜곡된 사랑, 집착과 미련의 사랑은 결코 좋은 결과를 낳지 못한다. 그것은 두 사람 모두를 불행하게 할 뿐 아니라 주변의 사람들까지 괴롭힌다. 사랑에 빠지고 사랑에 충실한 것은 좋은 일이다. 그러나 그러기 때문에 판단력을 잃지 말아야 한다. 아니다 싶으면 서로의 고통을 최소한으로 줄이는 현명한 방법을 찾아야 한다. 물론 그 과정에서 무례함으로 상처를 주지 말아야 하고, 폭력으로 대처하지 말아야 하는 건 기본적 도리이다.

첫사랑이, 혹은 어떤 한 사랑이 최고의 선택이라면 행복한 일이지만 생각보다 그 확률이 크지 않다. 그러니 많이 만나고 부지런히 사랑하며 깨끗하게 털어내기도 해야 한다. 그러나 가장 바보 같은 짓은 실패가 두려워 사랑하지 못하는 것이다. 사랑의 실패를 두려워하지 말라. 사랑은 실패가 아니라 제 짝을 만나는 과정이다. 그 과정을 즐겨라.

사랑의 미분과 적분

여자건 남자건 상대에 대해 끌리는 요인들이 있다. 어느 정도의 시간을 함께하면서 지켜본 경우를 제외하고 대개 상대의 외모에 대해 마음이 먼저 움직이는 건 분명한 듯하다. 상대의 인격이나 품성, 재능이나 자질, 가치관과 세계관 등은 이성적으로 판단하는 것이고 시간이 걸리지만, 외모는 감성으로 반응할 뿐 아니라 즉각적이다. 하물며 비주얼 시대이니 더욱 그렇다. 버젓이 성형외과 광고를 하는 나라이고 성형수술의 과정을 케이블 TV 프로그램에서 방송까지 하는 상황이니 너 나 가릴 것 없이 외모지상주의에 빠진다. 그걸 무조건 탓할 건 없지만 거기에만 집중하는 건 문제다.

고등학교 시절 수학시간에 미적분을 배웠을 것이다. 면적함수를 미분하면 일반함수가 된다. 그것을 우리의 삶의 방식으로 치환해보면 미분은 복잡하고 다양한 요소들의 기본값을 구해내는 것이다. 미분이 기울기를 구하는 것이라는 건 그 그래프가 4개의 사면 중 어디에서 어디로 걸쳐 있는지를 도출하는 것이다. 사랑하는, 혹은 사랑의 감정이 끌리는 사람에게 그것을 적용해보라. 외모, 학벌, 재산, 가정, 가치관, 인격, 종교… 여러 요인들이 얽혀 있다. 일종의 미분적 방식을 적용하여 그 가운데 가장 중요하다고 여기는 것을 도출해내보라.

외모가 기울기이며 해解라면 다른 게 부족하여도 그 가치를 받아들이되 끝까지 그것만으로도 자신의 사랑이 변하지 않을 것이라는 확신과 결심이 서야 한다. 모두를 다 가질 수는 없다. 내가 그렇지 않은데 상대에게 그걸 요구하는 건 합당하지도 않을뿐더러 사랑이라는 게 그런 이해의 셈법일 수는 없다.

일반적으로 미분 방정식의 목표는 다음 세 가지이다. 첫째, 특정한 상황을 표현하는 미분 방정식을 발견하는 것. 둘째, 그 미분 방정식의 정확한 해를 찾는 것. 셋째, 그 찾은 해를 해석하여 미래를 예측하는 것이다. 일단 서로의 사랑의 미분 방정식을 통해 값을 구했고 그 값이 상대에게서 얻어졌다면 그 다음에는 적분의 사랑으로 나아가야 한다. 적분은 면적이나 부피를 구하는 데 쓰인다. 서로 사랑하는 것은 자신의 삶을 상대의 삶과 교직하여 보다 나은 새로운 삶을 만들고 함께 나누며 누리는 것이다.

사랑은 받는 것도 주는 것도 아닌 함께 만들어가는 것이다. 사랑은 그저 마주 앉아 바라보기만 하면서 흐뭇해하는 게 아니라 두 사람이 공유한 목적지로 함께 가는 것이다. 손을 잡으면 마음까지 통해서 서로의 존재를 느끼고 고마워하며 서로 의지하고 나아가는 것이다. 그렇지 않은 사랑은 정체된다. 처음에는 마주 보는 것만으로 행복하지만 그게 오래갈 수는 없다. 최소한 삶에 대한 태도와 가치가 어느 정도 공유되어야 하는 건 바로 그 때문이다. 그렇지 못하면 상대의 모자란 점이 돋보이기 시작하고 서로에게 싫증나고 부담스러워진다. 외모나 능력만 가지고 사랑하면 그리 오래가지 못하거나 속은 텅 빈 채 겉만 번지르르하게 되는 건 바로 그 때문이다. 사랑의 미분과 적분, 그것이야말로 사랑의 최소한의 예의이고 태도이다.

청춘답게 사랑하라

사랑은 삶에서 가장 위대한 에너지를 주는 신기한 마법의 상자이다. 물론 그 상자가 마냥 행복한 에너지를 주는 것만은 아니다. 그래도 사랑은 신묘한 힘을 준다. 생각만으로도 행복하고 그리워하는 것만으로도 기쁘다. 스킨십은 오로지 사랑하는 사람들끼리만 느낄 수 있는 놀라운 축복이다. 손을 잡으면 마음까지 전해질 수 있는 관계가 사랑 말고 또 있을까? 사랑은 축복이다.

사랑하기에 가장 적절한 시기란 없다. 삶이 있는 한 사랑은 언제나 가능하다. 그러나 젊은이에게 사랑이 가장 잘 어울리는 건 분명하다. 예전에는 길에서 입맞춤하는 건 경범죄로 잡혀갈 만큼 위험한 일이었고 눈총과 비난을 받을 일이었지만 지금의 청춘들에게는 예사롭다. 가끔 그걸 시비하는 어른들도 있는데 내 눈에는 그게 그저 귀엽고 예쁘게만 보인다. 우리 젊은 시절에는 누리지 못했던 것을 지금 젊은이들이 누리는 걸 보면 흐뭇하고 부럽다.

그러나 사랑은 그게 전부가 아니다. 그저 가슴 떨리고 살 부비며 짜릿한 것이 전부는 아니다. 불쌍한 솔로가 되지 않기 위해 아등바등 짝을 얻으려 애쓰는 것도 아니다. 사랑은 자신의 전존재를 던질 수 있는 몇 안 되는 일이다. 그러려면 서로를 알아야 하고, 다른 점을 인정해야 하며, 모자란 점은 채워주고, 힘들 때는 가장 큰 위로와 격려가 되며, 기쁜 일은 마음껏 함께 누리며 극대화하는 것이 사랑하는 사람들의 몫이다.

청춘들의 사랑은 젊은이다워야 한다. 재고 따지는 것도 아니고 외로움을 덜기 위한 것도 아니며 말초적 자극을 누리기 위한 것도 아니다. 젊음에게 사랑은 삶의 전부이며 미래를 위한 꿈이고 힘이다. 사랑 그 자체에만 충실할 수 있는 것이 젊음의 몫이다. 때론 무모해 보이고 불안정해 보일지 모르지만 사랑은 그 흔들림 속에서 제대로 제자리를 찾아가게 하는 위대한 힘이다. 두려워하지 않는 것, 그것이 젊음이 누릴 수 있는 최고의 사랑이다.

완벽?
개나
쥐버려!

○

《장자》_ 장자
《논어》_ 공자

어떤 일이건 제대로 해결하지 못하는 사람이 있다. 그런 사람에게는 일에 대한 신뢰가 생기지 않는다. 반면, 어떤 일을 맡던지 완벽하게 해내는 사람이 있다. 그에겐 무슨 일을 맡겨도 마음이 놓인다. 완벽하지 않으면 늘 마음 한쪽이 불안하다. 언제 어디서 허물이 터질지 모르니 그럴 법도 하다. 그러니 자꾸만 완벽을 추구한다. 하지만 그러면서 마음은 밭고 건조해진다. 스트레스는 켜켜이 쌓여 풍선처럼 부풀다가 언제 어디서 어떻게 펑 하고 터질지 모른다.

완벽을 추구하는 것은 또한 그다지 효과적이지 못하다. 물론 주어진 시간에 집중력을 발휘해서 완벽하게 마무리하는 것은 좋지만 사실 그러기 위해 쏟아붓는 에너지는 결코 가볍게 볼 수 없다. 한두 번은 견디고 넘어갈지 모른다. 혹은 그에 대한 내성이 생겨서 자신은 매사 완벽하게 할 수 있다고 착각(?)할 수도 있다. 하지만 사람은 누구나 견뎌낼 수 있는 한계가 있다. 그게 은연중 스트레스가 되고 자칫 자신의 발목을 잡을 수 있다.

그뿐인가? 한곳에 쏟을 에너지를 다른 일에도(이때의 일이 꼭 업무일 까닭은 없다. 일상의 삶도 '중요한 일'이다) 나눌 수 있지 않을까? 모든 일을 두루 다 잘할 수는 없는 일이지만 완벽을 꾀하는 일 때문에 혹여 다른 일에는 무관심하거나 무성의해질 수도 있다는 점은 한번쯤은 고민해봐야 할 대목이다.

완벽의 고사

완벽이라는 말은 《사기》〈인상여열전藺相如列傳〉에서 나온 말이다. 전국시대 조趙나라 혜문왕惠文王은 신하인 목현木賢의 귀한 보물인 '화씨의 벽(구슬)和氏之璧'을 강제로 빼앗았다. 조나라는 그리 큰 나라가 아니었다. 그런데 왕이라는 자가 신하의 보물을 뺏었으니 그리 지혜로운 왕은 아니었던 셈이다. 남의 것 뺏었으니 더 힘 센 자가 그걸 뺏어도 할 말이 없다. 그 귀한 보물에 대한 소문을 강대국 진秦나라의 소양왕昭襄王이 들었다. 그는 그 보물을 뺏고 싶었다. 그래도 소양왕은 체면을 지킬 줄 알았던 모양이다. 그래서 사신을 보내 성 15개와 그 보물을 바꾸자고 했다. 물론 아무리 그 보물이 탐이 난들 성과 바꿀 생각은 없었다. 쉽게 말하면 자신은 대가를 지불했으니 뺏은 것은 아니라고 체면을 세우면서 약소국 조나라에 대해서는 스스로 포기하고 상납하라는 압력과 다르지 않았다.

　일이 이 지경에 이르자 혜문왕은 이러지도 저러지도 못하는 곤경에 처했다. 자신이 신하의 것을 뺏었다는 건 진작 잊고서 말이다. 강대국의 왕이 요구하는 것을 모른척할 수도 없으니 화씨의 벽을 내줘야 하는데 그렇다고 성을 얻을 것 같지도 않다. 만약 거절하면 그걸 트집 잡아 군대를 이끌고 쳐들어올 것이다. 그야말로 진퇴양난이었다. 혜문왕은 대신들을 모아 고민을 털어놓았다. 바로 그때 그 보물의 원래 주인이었던 목현이 나섰다. "전하, 저의 식객 가운데 인상여라는 자가 있는데 지모와 용기가 뛰어납니다. 그러니 그를 사자로 보내면 능히 이 난국을 타개할 수 있을 것입니다." 목현은 대인이었던 모양이다. 자신의 보물을 억지로 빼앗은 왕이 밉기도 했을 텐데 그 미움보다는 자기 나라의 난제를 해결하는 게 더 중요하다고 여기지 않았다면 그렇게 말하기 쉽지 않았을 것이다.

그렇게 해서 인상여가 사신으로 파견되었다. 구슬을 받아 쥔 소양왕은 득의양양했다. "과연 듣던 대로 훌륭하구나!" 그는 신하들과 후궁들에게도 구경시켰다. 자신의 지략으로 힘 안 들이고 보물을 얻은 것을 과시하고 싶은 심산이기도 했을 것이다. 그러나 구슬을 든 소양왕은 15개의 성에 대해서는 일언반구도 하지 않았다. '알면서 뭘 그래?' 하는 눈치만 줄 뿐이었다. 그러자 인상여가 왕에게 말했다. "전하, 유감스럽게도 그 구슬에 흠이 하나 있습니다. 그것을 보여드리지요." 인상여는 구슬을 넘겨받았다. 그는 구슬을 받자마자 물러나 기둥에 의지하고 서서 왕에게 말했다. "조나라에서는 진나라를 의심하고 구슬을 주지 않으려 했습니다. 신이 나서서 진나라 같은 대국이 신의를 저버리는 일은 결코 없을 것이라고 설득하여 이렇게 가져왔습니다. 우리 임금은 이 보물을 보내기 전에 닷새를 재계했습니다. 그것은 대국인 진나라를 존경하는 뜻에서였습니다. 그런데 대왕께서는 신을 진나라 신하와 같이 대하면서 모든 예절이 정중하지 못했을뿐더러 구슬을 받으시어 미인들에게까지 보내 구경을 시키시며 신을 희롱하였습니다. 신이 생각하기에 대왕께서는 조나라에 성을 주실 생각이 없으신 듯하옵니다. 그러니 다시 구슬을 가져가겠습니다. 만약 대왕께서 구슬을 강요하신다면 신의 머리는 이 구슬과 함께 기둥에 부딪치고 말 것입니다." 소양왕은 난감했다. 구슬이 탐이 난 왕은 지도를 가리키며 약속대로 성 15개를 주라고 했다. 구슬을 손에 넣을 생각뿐이었다. 물론 구슬만 다시 손에 넣으면 그 약속은 깰 생각이었다. 그러나 인상여는 소양왕의 속셈을 알았다. "대왕께서도 우리 임금과 같이 닷새 동안 목욕재계한 다음 의식을 갖추어 이 보물을 받도록 하십시오. 그렇지 않으면 신은 감히 구슬을 올리지 못하겠습니다." 소양왕은 할 수 없이 그러마 했다. 인상여는 그렇게 시간을 벌었다. 그리고 그 사이 부하를 시켜 구슬을 가지고 샛길로 조나라로 돌아가게 했다. 닷새 뒤 상황을 파악한 소양왕은 속은 게 분하여 인상여를 죽이고 싶었지만 자칫 대국의 체신을 깎일까 싶어 오히려 후히 대접하고 돌려보냈다.

완벽이라는 말은 흠이 없는 옥을 지칭하는 말이다. 아무런 흠이 없는 뛰어난 것을 가리킨다. 그러나 인상여의 고사를 통해 완벽이라는 말은 흠 하나 없다는 것보다는 흠을 가지고 있다는 말, 즉 인상여가 소양왕을 속이기 위해 둘러댔던 말에서 찾는 것이 낫다는 생각이 든다. 사실 완벽이라는 말은 어불성설이다. 세상 그 어느 무엇이 그리고 어느 누가 완전하다고 할 수 있겠는가? 예를 들어 영어에서도 비교급이나 최상급이 될 수 없는 형용사들이 있다. 'round'나 'perfect' 같은 낱말이 그것들이다. 말 그대로 따지면 그 자체가 이미 비교 불가능한 것이고 따라서 최상급도 있을 수 없다는 뜻이지만 달리 보자면 판단의 기준 자체가 애매할 수 있다는 의미로 풀이될 수도 있다.

경도가 가장 높고 투명도가 뛰어나며 각이 정교하다는 최상의 다이아몬드라고 해서 전혀 흠결이 없는 것은 없다. 어떤 흠이든 반드시 있다. 때로는 그 흠결 자체가 전체의 의미를 더 가치 있게 만드는 경우도 있다고 한다. 눈에 거슬리는 흠결이 아니라 다른 흠결보다는 그래도 더 나은 수준이라는 정도의 아량인 셈이다.

사람은 완벽할 수 없다. 만약 완벽하다면 그에게는 더 이상의 진보가 있을 수 없다. 그 얼마나 짜증나고 심심한 인생일까? 살아가면서 하나씩 채워가며 보다 나아지는 삶이면, 사람이면 그것만으로도 충분하다. 아니, 그게 훨씬 더 멋지다. 매사 완벽을 꾀하는 사람은 자신도 피곤할 뿐 아니라 남들까지 힘들게 만든다. 이는 일종의 편집증에 가깝다. 그걸 자랑이라고 여길 일이 아니다. 하물며 젊은이들에게는 썩 어울리는 것도 아니다. 모자라고 흠결 있는 게 외려 자연스럽다. 그걸 이겨내며 보완하고 진보하는 것이 청년의 몫이다.

완벽해 보이고 싶어 하는 어리석음

장자莊子, ?B.C.365~?B.C.270는 어설픈 완벽이나 지나친 도덕과 이념에 대해 비판한다. 그것은 자칫 편벽이나 집착으로 나타나기 때문이다. 집착은 결국 욕망의 극단적 애착이다. 자유롭지 못하면 그것은 결국 자신을 옥죄는 구속일 뿐이다. 심지어 장자는 백이伯夷에 대해서도 이렇게 비판했다.

> "백이는 충성이라는 명예 때문에 수양산 아래에서 죽
> 었고, 도척은 도둑질이라는 이욕 때문에 동릉산 위에
> 서 죽었다. 이 두 사람이 죽은 곳은 다르지만 천성대로
> 살지 않고 자기 목숨을 해쳤다는 점에서는 똑같다. 어
> 찌 꼭 백이가 옳고 도척이 잘못이라고 하겠는가?"
>
> 《장자》, 〈외편外編〉, '변무(駢拇)'

백이가 충성을 위해 수양산의 고사리조차 뜯어먹지 않고 죽은 것은 위대한 충성이라고 상찬할 수도 있겠지만 장자의 눈에는 그 것도 자신의 충성의 완벽함을 극단적으로 보여주려는 욕망과 다 르지 않다고 보았을 뿐이어서 그렇게 신랄하게 비판한 것이다. 장 자는 유가의 가르침이 인의니 예악이니 하는 정형화된 형식과 도 구에 얽매여 자연스러운 내면의 참모습을 일그러뜨리는 것도 바 로 외부의 것을 기준으로 삼는 데서 오는 병폐라고 지적한다. 외 부의 기준은 최대한 완전해야 한다. 그러니까 그 기준의 본질은 완벽하다는 것이고, 장자는 그런 기준의 설정 자체가 무의미할 뿐 아니라 불가능한 것이라고 타이르는 셈이다. 그래서 같은 '변무' 장에서 이렇게 언급한다.

"스스로 자연스럽게 보지 않고 남에게 얽매여 보고, 스스로 만족하지 못하고 남에게 사로잡혀 만족하는 자가 있다. 이는 남의 기준으로 흡족해할 뿐 스스로 참된 만족을 얻지 못하는 자이다. 또 남의 즐거움으로 즐거워할 뿐 스스로의 참된 즐거움을 모르는 자이다."

장자의 관점에서 보면 완벽 혹은 완전이라는 것은 남의 눈에 자신을 맞추려 하기 때문이다. 내 스스로 만족하고 약간의 모자람이나 흠결에 대해서는 조금 너그러워지는 것도 좋다. 다음에는 더 잘해서 그것을 채우고 그 다음에는 또 다른 모자람을 채우면 그것으로 족하다. '자뻑'은 곤란하지만 적당한 관대함은 필요하다. 남의 눈을 의식하고 거기에 기준을 맞추니 만족이라는 것을 모른다. 설령 만족한다 해도 남의 눈에 맞춘 상태에서 그것은 대리만족이거나 자기기만이기 쉽다. 장자의 눈으로 보면 '공자의 말씀'이니 '예언자의 말씀'이니 하는 따위도 결국은 왜곡이고 거짓이 될 뿐이다. 중요한 것은 내 가슴속에서 우러나오는 사랑이고 기쁨이다. 남이 아무리 칭찬하고 기뻐한다 해도 내가 나를 사랑하지 못하고 기뻐하지 못한다면 그것은 남의 삶이다.

장자는 모든 것은 상대적이라고 가르친다. 물론 상대주의의 폐해인 무책임이나 회피의 폐해를 장자가 모르는 바 아니었고 또한 그런 것을 조장하거나 가르치지 않았다. 장자는 지나친 엄격성과 절대주의는 어리석은 교조일 뿐이라고 타이르는 것이다. 장자를 특히 좋아했던 소동파蘇東坡, 1036~1101는 실화 한 토막을 소개하고 있다.

> "어떤 사람이 유응지에게 왜 자신의 신발을 신고 있느냐고 따지자 유응지는 곧 벗어주었다. 얼마 후 그 사람이 자기의 진짜 신발을 찾았다고 신발을 들고 오자 받지 않았다."

유응지가 방 밖으로 나오면서 자기 신발을 제대로 신고 왔는데도 뒤따라 나오던 이웃이 왜 자기 신발을 신고 있느냐고 따진 것이다. 다음 날 그 신발을 들고 와서 자기 신발을 다른 곳에서 찾았다며 돌려주자 받지 않은 유응지의 속셈은 무엇일까? 기왕 자기 거라고 가져갔으면 그만이지 뭘 되돌려주느냐는 앙금일 수도 있다. 그런데 재미있는 건 소동파가 전하는 또 하나의 이야기를 통해 '그게 뭐 그리 대수냐'는 해석을 하고 있다는 점이다.

> "심인사도 이웃 사람이 와서 자신의 신발을 잘못 신었다고 하자 웃으며 말했다. '이게 당신 거였소?' 그러면서 곧바로 건네줬다. 그런데 그 이웃이 나중에서야 잃었던 진짜 자신의 신발을 찾고, 갖고 갔던 신발을 돌려

보내 오자 웃으며 '당신 것이 아니었소?' 하고는 받았
다."

양나라에서 실제로 있었던 일이라고 소동파는 말한다. 유응지
는 관대하기는 했지만 한 번 자기 것이라고 가져간 것은 이미 내
것이 아니라는 기준을 갖고 있다. 그게 마음속에 앙금으로 남았다.
그 앙금은 왜 생겼을까? 한번 떠난 물건은 자기의 것이 아니라는
기준틀이 있었고 받지 않겠다는 결의가 있었기 때문이다. 그러나
심인사는 그런 기준틀에 굳이 얽매이지 않았기에 무심히 받은 것
뿐이다. 심인사는 마음에 기준도 없고 앙금도 없다. 그가 무골호인
이어서가 아니다. 관대함을 넘어서 마음속에 아무런 기준이나 결
의 같은 것 없이 무심히 응한 것이다. 소동파는 심인사를 이렇게
평했다. "이는 비록 작은 일이지만 사람이 세상을 살면서 심인사
같아야지 유응지처럼 해서는 안 된다." 따지는 건 자기 마음속에
기준선을 긋고 있는 주체가 있기 때문이다.

장자는 아예 대놓고 군자 따위에 묶이지 말라고 타이른다.

> "그러므로 소인이 되지 말고 자신의 천성을 따르라. 군
> 자가 되지 말고 자연의 섭리에 따르라. 일의 잘잘못을
> 따지지 말고 자연의 대도에 상응하라. 자기의 행위를
> 일관되게 하려고 하지 말고 정의를 지키려고 하지 말

라. 자기의 참된 마음을 잃게 되기 때문이다."

《장자》, 〈도척편盜跖篇〉

참된 마음에 따르는 건 외부의 요구에 부응하려고 자신을 버리지 말고 밖에서 만들어진 기준에 휘둘리지 않는 것이다. 만물은 변한다. 우리는 그 변화하는 표면의 모습에 이끌려 살기 쉽다. 하지만 그건 거죽일 뿐이다. 확고한 규범이나 기준이라는 것조차 인위적으로 만들어낸 타율적 틀에 불과하다. 심지어 장자는 아내가 죽었을 때 두 다리를 뻗고 앉아 그릇을 두드리며 노래를 불러 절친한 친구 혜시를 기함시켰다. 혜시가 그 황당함을 나무라자 장자는 태연하게 대답했다.

"나라고 아내가 죽은 뒤에 어찌 슬프지 않았겠나? 그런데 가만히 생각해보면 태어나기 전 아내의 삶이란 원래 없었던 것 아닌가? (…) 아내는 지금 천지라는 거대한 방에 누워 있는데, 내가 소리를 질러가며 울고불고 한다면 그건 하늘의 섭리를 모르는 일 아닌가. 그래서 곡을 그친 것이네."

《장자》, 〈지락편至樂篇〉

아마 범인이 그렇게 했다면 누구나 손가락질하며 미친놈이라고 욕을 해댔을 것이다. 장자쯤 되니 그 일조차 그의 그릇을 재는 일화로 남을 수 있었을 것이다. 솔직히 나는 장자의 경지 근처에 조차 다다를 그릇도 아니거니와 그러고 싶은 생각도 없다. 그러나 적어도 그의 커다란 사고에서 배울 것이 많다. 밖의 기준에 휘둘리며 조금도 나의 모자람과 허물을 들키지 않으려 하고 조금의 손해도 받아들일 수 없어서 완벽을 꾀하는 것이 얼마나 우스운 일인지 노자와 장자를 읽으며 배울 일이다.

장자의 대선배인 노자는 우리가 그런 기준에 따라 살면서 완벽해 '보이고 싶어' 하는 어리석음을 다음과 같은 비유로 설명한다.

> "발뒤꿈치를 들으면 오래 서 있지 못한다. 보폭을 넓게 하면 오래 걷지 못한다."
>
> 《노자》 24장

이 얼마나 절묘한 비유인가! 완벽에 대한 그릇된 집착의 극단은 왜곡을 불러오고 삶의 본질까지 망가뜨린다. 한두 번은 발뒤꿈치를 들고 서 있을 수 있고 큰 걸음으로 걸을 수 있다. 하지만 그건 잠깐뿐이다. 이 왜곡은 비단 자신만 망가뜨리지 않는다. 주변의 많은 사람들까지 망가뜨리기 쉽다. 간단히 말해 완벽주의자는 자신에게든 남에게든 관대함이 없는 사람이고 밖의 시선과 기준에 따라 휘둘려 사는 어리석은 사람일 뿐이다. 보다 나은 결과를 위해 애쓰는 건 권할 일이다. 그러나 매사 완벽하지 않으면 스스로 용납되지 않고 다른 이들까지 들볶는 건 깊은 병이다.

중요한 것은 한계를 인정하고 고쳐나가는 것이다

공자는 제자들에게 늘 힘써 학문에 매진하라고 가르쳤다. 그러면서 자신도 늘 꾸준히 공부하는 모습을 보여주었다. 가장 뛰어난 제자인 안회조차 그만두려 해도 그만둘 수가 없어서 자신의 재능을 충분히 발휘해 계속 따라서 전진하려고 하지만 어떻게 달려갈지 모르겠다고 했다. 그런 안회를 보고 공자는 자신은 안회의 노력과 인품을 따르지 못한다고 고백했다. 그런 공자에게 염유가 자신은 능력이 부족하니 더 이상 학문에 매달리지 못하겠다고 말했다.《논어》,〈옹야편擁也篇〉의 한 대목이다.

> 염유가 말했다. "선생님의 사상이나 학설을 좋아하지 않는 것이 아니라 저의 역량이 충분하지 못합니다."
> 공자가 말했다. "역량이 충분하지 못하다면 반쯤 간 다음 멈출 수도 있다. 너는 지금 아예 갈 수 없다고 한계를 긋는구나."

도道는 완전함이다. 도에 뜻을 두었다면 반드시 힘써 배워야 한다. 처음부터 도를 얻을 수는 없다. 그것은 수많은 시행착오와 좌절을 이겨내며 서서히 다가가는 것이다. 그러므로 필요한 것은 꾸준하게 배우고 익히는 것이지 한순간에 득도하듯 얻는 게 아니다. 염유는 자신의 학업에 발전이 없었던 모양이다. 바라는 바는 완벽해지고 싶은 것이지만 진행은 더디고 그럴수록 자신은 형편 없는 사람이라고 여기기 쉽다. 염유가 공부하는 것이 싫어서 학문 연마를 접겠다고 한 것은 아닐 것이다.

이렇게 투덜대는 염유에게 공자는 따끔하게 질책한다. 이미 앞서 〈이인편里仁篇〉에서 "하루라도 인을 공부하고 노력할 수 있는 사람이 있는가? 나는 역량이 부족한 사람은 본 적이 없다有能一日用其力於仁矣乎 我未見力不足者."며 한 번에 얻기 어려우나 다른 한편으로는 행하기 쉬우며 행하고자 하기만 하면 행할 수 있다고 가르쳤다.

공자의 도에 힘을 다해 이르려 했지만 이뤄지지 않음을 한탄하는 염유에게 공자는 순서를 따라 점차로 나아가 스스로 덕에 들어갈 수 있는 것인데, 어찌 역량이 충분하지 못하다고 스스로 평계를 댈 수 있느냐며 책망한 것이다. 염유는 진도가 더딘 사람일지 모른다. 그러나 그가 그렇게 절망하고 안달하며 포기하고 싶어하는 것은 따지고 보면 스승인 공자의 경지에 도달하여 완전해지고 싶은 욕망 때문이기도 하다. 공자는 한 번도 자신이 완벽하다고 말한 적이 없다. 오히려 늘 자신의 배움이 부족함을 부끄러워하고 자신의 게으름을 한탄했다. 그것은 겸손한 그의 성품과 덕성 때문이기도 하겠지만 진정으로 중요한 것은 부단하게 진보하는 것 자체라고 보았기 때문이다.

엄격하게 말하자면 완전함이란 인간의 몫이 아니다. 물론 거기에 가까워지기 위해 최대한 노력해야겠지만 반드시 그것에 도달하고 성취해야 한다는 것은 오만한 생각이다. 그것은 자신이 그렇게 뛰어난 능력을 갖고 있음을 과시하려는 욕망에서 비롯된다. 혹은 자신을 믿지 못하여 그렇게 매사 완벽하게 해두지 않으면 불안해서 견딜 수 없는 소심함 때문이다. 또는 성급하게 완전함을 얻어 누리고 싶은 조급함 때문이다. 공자가 염유를 책망하는 것은 바로 그런 성정에 대한 질책이다.

그런 조급함이 젊은이들에게는 엉뚱한 방식으로 나타나기도 한다. 서애 유성룡이 여러 아들에게 보낸 편지에도 그런 걱정이 담겨 있다.

> "요즘 서울의 젊은이들은 시장에서 장사하는 사람들처럼 다만 효과가 빠른 것만 취하고 빨리 되는 방법만 찾는다. 성현의 책은 높은 시렁 위에 묶어두고, 날마다 영리하게 남을 기쁘게 할 자질구레한 글만 찾아다가 훔쳐서 슬쩍 바꿔 시험관의 안목에 들어 합격을 이룬

자가 많다. 하지만 이것은 일종의 벼슬길에 약삭빠른 자가 취할 방법이지, 너희처럼 성품이 우둔하고 이름을 다투는 데 능하지 못한 사람이 쉬 효과를 볼 수 있는 것이 아니다."

완전함 혹은 완전에 가까워지는 것은 오랜 시간의 연마와 노력의 과정에서 조금씩 획득되는 것이다. 따라서 젊은 나이에 그것을 꼭 달성해야 한다고 득달하는 것은 무익한 일이고 무의미한 일이며 자칫 자신과 타인을 기망하는 짓일 수 있다. 유성룡이 아들들에게 경고하는 말 가운데 '시험관의 안목에 들어'라는 대목을 눈여겨볼 필요가 있다. 완벽해지려고 노력하는 것은 가상한 일이나 자칫 남의 안목에 들고 그에 따른 상급을 원하기 때문이라면 그것이야말로 천박한 일이거니와 당초부터 불순한 것이다. 그런 생각을 지닌 사람이 설령 성공한다하더라도 그게 올바른 성공이라 할 수는 없다.

완벽은 없다. 늘 자신의 허물을 객관적으로 인식하고 하나씩 고쳐나가면 될 뿐이다. 모자람이 많고 그것을 깨달을 수만 있어도 복이다. 그 깨달음만큼 고쳐나갈 것이고 그만큼 진보하는 것이니 그것 이상 무엇을 꾀할 것인가?

완벽보다는 너그러움을

완벽의 고사에서 눈여겨봐야 하는 건 목현의 태도이다. 이미 짧게
언급했지만 목현은 자신의 보물을 욕심 많은 왕에게 빼앗겼지만
그 왕이 그걸 강대국에 빼앗기게 될 처지가 되자 기꺼이 인상여를
추천했다. 그가 진짜 그 보물의 주인의 자격이 있는 사람이다. 목현
뿐 아니라 인상여의 인품에서도 우리는 배워야 할 것이 있다. 어쩌
면 이 고사의 진짜 이야기는 그 다음에 나오는 일일지도 모른다.

인상여가 화씨의 구슬을 조나라로 다시 가져오자 혜문왕은 그
를 상경上卿에 임명했다. 적어도 그 고사에서는 왕이 그 보물을 원
래 주인에게 돌려주었다는 말은 없다. 혜문왕은 자기 보물을 되찾
은 것만 기뻐했을 것이다. 그런 인물이니 신하의 보물을 빼앗지
않았겠는가. 어쨌거나 목현의 식객에 불과한 '듣보잡'이 상경이
되었으니 다른 이들이 불평하지 않을 수 없었다. 특히 염파의 분
노는 극에 달했다. "나는 전쟁터를 누비며 평생을 보냈고 이 나라
의 땅을 넓혀 왔다. 그런데 세 치 혀를 놀린 것밖에 없는 자가 어
찌 상경이 될 수 있단 말인가! 어찌 내가 그런 자에게 고개를 숙일
수 있겠는가? 내 이 자를 만나면 반드시 톡톡히 망신을 주겠다."
그럴 만도 하다. 인상여는 염파를 피했다.

그런데 부하 하나는 잘 뒀던 모양이다. "저희들은 상공의 의로
움과 경륜을 흠모하여 지금까지 성심성의로 모셔 왔습니다. 그런
데 지금 상공보다 서열이 떨어지는 염파 장군을 두려워하여 몸조

심하시는 것은 오히려 저희들이 부끄러워 참을 수가 없습니다. 그래서 모두 집으로 돌아가기로 의견을 모았으니 용서해주십시오." 가신들은 자존심이 크게 상했던 모양이다. 그 정도 결기는 있어야 하지 않겠는가? 하지만 인상여의 그릇이 더 컸다. "자네는 진나라 왕이 무서운가, 염파가 무서운가?" 부하가 말했다. "당연히 진왕이 무섭지요." 그러자 인상여가 다시 말했다. "나는 진나라 왕에게도 큰소리를 친 사람이다. 그런 내가 염파를 두려워할 까닭이 있겠는가? 진나라가 우리 조나라를 경계하는 것은 염파와 나, 두 사람이 있기 때문이다. 그런데 염파와 나, 두 호랑이가 싸운다면 과연 누가 좋아하겠는가? 내가 염파를 피하는 것은 그런 까닭이라네."

이 말을 들은 염파는 자신의 어리석음과 경솔함을 깨닫고 스스로 웃통을 벗고 형구를 짊어진 채 인상여를 찾아가 무릎 꿇고 사죄했다. "이 미련한 인간이 상공의 높으신 뜻을 헤아리지 못하고 버릇없는 짓을 했습니다. 부디 벌해주십시오." 염파의 그릇도 그만큼 컸다. 스스로의 허물을 인정하고 사과하는 일은 생각보다 쉽지 않다. 인상여는 버선발로 달려 나가 염파를 일으켜 세우며 따뜻하게 위로했다. 그 이후 두 사람은 서로를 위해 목이라도 기꺼이 내주겠다는 우정을 쌓았고 똘똘 뭉쳐 조나라를 지켜냈다. 문경지교刎頸之交의 고사는 그렇게 해서 생겨났다.

만약 인상여나 염파가 오직 자기 기준과 잣대만 들이대며 처신했다면 과연 그런 일이 가능했을까? 그릇이 큰 사람은 자신에게 모자람과 허물이 있음을 인정하고 타인의 그것들에 대해서도 관대할 줄 아는 사람이다. 밭은 기준으로 완벽을 추구하는 건 바보 같은 짓이다. 완벽함의 진짜 의미를 제대로 파악할 일이다. 완벽 집착증 따위는 개에게나 줄 일이다. 하나씩 채우고 고치며 진보하는 것이 백 번 천 번 더 낫다. 어설픈 완벽놀이, 적어도 그건 젊음의 몫은 아니다.

고전으로 읽는

청춘의
주제어

02

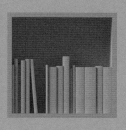

흔들릴 때마다 나를
일으켜 세워줄
가치들

인격은 타인에 의해서 만들어지는 게 아니라 자기 스스로 만들어내는 것이다. 그러므로 스스로 고독할 줄 모르는 사람은 성공할 수 없다. 청춘의 시기에 고독의 힘을 길러내는 연습을 할 줄 알아야 한다. 고독에도 훈련과 연습이 필요하다. 진정 당신 자신의 삶을 원하는가? 농밀한 삶을 원하는가? 그러면 고독하라, 기꺼이!

지금 이 순간이
내 인생의
가장 밑바닥이 아닐까?

《올리버 트위스트》_ 찰스 디킨스
《데이비드 코퍼필드》_ 찰스 디킨스

바닥을 치면 올라갈 일만 남는다

열두 살 된 소년이 감옥에 갔다. 그가 죄를 지어서가 아니라 하급 관리였으며 금전 관념이 희박한 아버지가 빚을 진 까닭에 감옥에 들어가야 했는데 가족도 함께 대동했기 때문에 어린 소년도 감옥에 들어갔던 것이다. 그는 한동안 구두약 공장에서 강제로 일을 해야만 했다. 그에게 과연 미래가 있을까? 희망은 있을까? 빈곤의 고통도 끔찍하지만 학교에도 거의 다니지 못하고 공장에서 일해야 했던 소년의 삶은 비참하고 끔찍했을 것이다. 소년은 사회의 모순과 부정을 너무나 일찍 겪어야만 했다.

그러나 소년은 가난에서 벗어나려고 부단히 노력했고 열다섯 살이 되었을 때 변호사 사무실의 사환 자리를 시작으로 계속해서 새로운 직업을 얻었고 거기에서 많은 것을 경험했다. 그는 자신이 겪은 삶을 토대로 승승장구하는 영국 번영의 뒤에 있던 무서운 빈곤과 비인도적 노동 등 사회의 어두운 면을 글로 써내려갔다. 그러면서도 삶에 대한, 미래에 대한 희망과 꿈을 버리지 않는 한 그에게는 좋은 삶이 주어진다는 희망을 담았다. 그의 이야기는 사회에 대한 비판이면서 동시에 사람들에게 희망을 주었다. 찰스 디킨스Charles Dickens, 1812~1870의 이야기이다.

세상이 너무 힘들고 어렵다. 좋아지는 일은 없고 계속해서 추락만 거듭한다. 1997년 외환위기 이후 경제는 줄곧 악화일로일 뿐이다. 많은 이익을 내는 기업들도 많지만 거의 이른바 재벌 그룹들뿐이다. 너 나 가리지 않고 바닥을 향해 떨어진다. 그런데 그 바닥조차 보이지 않는 듯 느껴질 때도 많다. 오죽하면 바닥인 줄 알았더니 삽을 주며 더 파 내려가라 하더라는 농담이 나올까?

어느 인명구조원의 이야기가 마음을 끌었다. 물에 빠지면 무조건 수면 위로 오르려 허우적대지 말고 강바닥에 내려가는 것도 좋은 방법이 될 수 있단다. 물론 너무 깊은 강물에서는 그것도 용이

하지 않겠지만 어지간한 깊이에서는 그게 도움이 된단다. 바닥에서 발을 박차고 올라가면서 체력을 소비하지 않는 것도 생명을 구할 수 있는 방법이라는 그의 말은 고개를 끄덕일 수 있는 내용이었다. 바닥에 닿으면 곧 죽음이라는 공포를 벗어나 차분하게 받아들이면 오히려 체력의 낭비도 줄이고 공포를 덜 수 있어서 더 오래 버틸 수 있다는 뜻일 게다.

사는 게 힘들고 지치면 절망한다. 미래의 희망도 당장 보이지 않고 출구도 보이지 않으면 체념할 수도 있다. 그러면 모든 것을 포기하거나 방관하게 된다. 내가 나를 방관하는 순간 그건 내 삶이 아니다. 얼마 전 해미 수연재樹然齋에 내려와 있는데 큰아들이 전화했다. 도대체 무엇을 어떻게 해나가야 할지 모르겠다며 한숨을 쉬었다. 아비로서 자식의 절망의 탄식을 듣는 것은 가슴 아픈 일이다. 그러나 내 가슴보다 그 녀석의 가슴이 더 아프고 쓰릴 것이다. 유학 중 입대를 앞두고 자퇴하겠다 휴학해라 티격태격 많이도 싸웠다. 결국 그 녀석은 스스로 학교를 접었다. 그리고 군대에 갔고 제대 후 큰 희망을 갖고 일을 하기 시작했다. 친구의 형과 친구와 함께 셋이서 인터넷 쇼핑 사업을 벌였다. 자본이 필요하다며 그 형이 대출을 받게 하여 제법 큰돈까지 투자했단다. 그러나 얼마 뒤 그 형은 그 돈을 들고 튀었다. 부모에게 말도 못하고 끙끙대던 아들은 영업사원으로 일했다. 하지만 정직하게 일해야 한다는 그의 태도는 번번이 조직 내에서 좌절을 겪어야 했던 모양이다.

"아버지, 어떻게 해야 하죠?"

"어차피 그건 네 옷이 아니었던 게야. 다른 일을 찾아보렴."

그러나 아들은 아비의 그런 말이 귀에 들어오지 않는 모양이었다.

"두려운 건, 제가 무엇을 하고 싶은지 모른다는 거예요. 꿈이 뭔지조차 모르겠어요. 바닥을 치고 있다는 느낌이 들지만 그것을 어떻게 벗어나야 할지, 어디로 벗어나야 할지 그것조차 모르는 걸요."

그 말을 듣는 아비는 가슴이 짠하고 아프고 두려웠다. 내 아들이 그런 고통 속에서 힘들어하고 있음을 모르는 바 아니었으나 자칫 간섭이나 개입으로 느껴질까 싶어, 그리고 이제 그 나이면 스스로 문제를 해결해야 하기에, 또한 어차피 겪어야 할 일이라면 겪는 수밖에 없기에 그저 지켜보기만 했는데, 그러면서 그것을 이겨내고 성숙해질 줄 알았는데, 아들이 느끼는 힘겨움은 내 짐작보다 훨씬 컸던 모양이다.

"아들아, 바닥에 있다는 건 더 이상 내려갈 데가 없다는 뜻이기도 하다. 그러니 포기하면 안 돼. 절망하는 건 괜찮지만 체념하면 안 된다."

부자는 앞으로도 이 힘든 과정을 더 겪어야 할 것이다. 하지만 나는 믿는다. 아들이 결국 그 터널을 스스로의 힘으로 벗어날 것임을.

올리버 트위스트의 삶

1838년에 찰스 디킨스가 발표한 《올리버 트위스트》는 본디 그가 편집인으로 있던 잡지 〈벤틀리 미셀러니〉의 초기에 실린 '흙탕 안개' 시리즈의 하나였다. 문학사적으로도 이 소설은 중요한 의미를 갖는데 그것은 바로 어린이를 주인공으로 한 최초의 소설 가운데 하나라는 점이다. 디킨스는 런던 사람들의 삶을 서민적 해학과 예리한 묘사로 그려냈는데 이 소설은 특히 당시 사회의 최하위층의 삶이 그대로 드러나 있다. 거기에 범죄소설의 플롯까지 가미되어 흥미진진하며 위험한 생활사의 속살이 고스란히 드러난다는 점에서 독자들의 흥미를 자극했을 뿐 아니라 당대의 사회를 읽어낼 수 있는 소설이기도 하다.

디킨스는 이 소설의 서문에서 "사익스는 도둑놈이고 페긴은 장물아비이며 소년들은 소매치기이고 여자애는 창녀."라고 밝히고 있다. 그는 단순히 런던이 범죄자 소굴의 위험성을 지닌 곳이라고 경각심을 불러일으키려는 게 아니라 올리버가 살아온 환경을 극적으로 도드라져 보이고자 했다. 물론 미꾸라지나 낸시처럼 범죄 소굴에서 평생을 보냈으면서도 인정과 유머와 생명력이 살아 있는 인물들을 통해 디킨스 특유의 낙관주의를 만날 수 있다.

주인공 올리버는 사생아이다. 게다가 그는 구빈원에서 자랐다. 사실 디킨스가 이 소설을 쓴 의도 가운데 하나는 바로 신구빈법에 대한 비판이었다. 영국은 전통적으로 교구의 빈민이나 취약 계층에게 책임감을 느끼는 온정주의적 전통을 면면이 이어온 신분제 사회였다. 지역의 교구는 미혼모에게는 아이의 아버지를 찾아주어 양육의 책임을 부과하고 경제적 지원을 해주며 빈민에게는 생존 가능한 수준의 경제적 원조를 해왔다. 한때는 빈민의 가족 수에 따라 지원금을 지원하기도 했다. 그러다 자본주의적 체제로 경제가 움직이면서 빈민에 대한 온정적 지원이 부담스럽게 다가왔고 그러한 지원은 오히려 빈민들의 의존심만 키워 사회악을 유발한다는 비판이 거세졌다. 급기야 1834년 기존의 구빈법을 개정한 신구빈법에 따라 오직 구빈원에 수용된 빈민만을 교구가 지원하도록 했다. 신구빈법에 따라 자립 능력이 없는 사람은 오직 구빈원 안에 수용되어야만 교구의 원조를 받을 수 있게 되었고, 구빈원은 수용된 빈민들을 노동과 통제로 혹독하게 다루었다. 이 제도가 가난한 사람을 '원조 받을만한' 빈민과 '원조 받을 자격이 없는' 빈민으로 구분하여 전자만을 구빈원에 수용하고, 구빈원이 안락한 곳이 되지 않도록 대우를 박하게 하고 일을 시키는 감옥으로 만들었다는 점에 대한 비판이 거세었다. 또한 신구빈법은 가난과 타락을 동일시했다. 하지만 디킨스는 이 책에서 가난한 사람은 타락한 사람이라는 단정을 깨뜨린다.

디킨스는 아이들의 고독과 절망에 대해 쓸 때는 그가 무슨 일을 하고 있는지 알았다. 그것은 그의 인생 역정에서 비롯된 것이었다. 그 자신도 한동안 구두약 제조 공장에서 일한 적이 있었다.

그의 아버지가 몇 달 동안 채무를 지고 감옥소에 간 일이 있었기 때문이다. 디킨스는 학교를 다니지 못하고 공장의 보조원으로 일해야 했다. 중간계급의 인정받는 신분에서 추락한 뒤 겪은 '워렌 블래킹 공장'에서의 일은 당시 열두 살의 그에게는 끔찍한 경험이었다. 그래서 자신의 삶의 마지막 말년은 그 경험에 의해 각인되었다. 디킨스는 그 소재들을 재차 삼차 그의 작품에서 살아나게 했다. 항상 불행하고 부모가 없는 아이들이 등장하고, 그들은 야만적인 세계에 아무런 보호자 없이 내버려져 있다.

구빈원에서 하는 일이라고는 멀건 귀리죽을 정기적으로 나누어주어 수용자들의 아사를 조금 늦추는 활동이 전부였다. 올리버는 그 귀리죽이나마 조금 더 달라고 수용소 소장에게 요청한다. "그런데 소장님, 저는 좀 더 먹고 싶습니다." 순간 그 소장은 자신의 귀를 의심했고, 정신없이 수용소 직원 범블을 부른다. 범블은 그 미증유의 사건에 충격을 받은 듯 곧바로 수용소 위원회에 보고한다. 수용소 위원회도 우선 놀라 아무런 말을 하지 못하고 있었다. 그리고 마침내 위원장이 제일 먼저 발언하기 시작했고, 올리버의 장래가 걱정된다고 말했다. 그 아이는 아무것도 안 되겠다고. 사람들은 그 아이가 곧 교수형을 당하는 것을 보게 될 거라고 말했다. 결국 올리버는 구빈원을 탈출하고 런던에서 한 도둑 집단의 수하에 들어가게 된다. 그 두목이 바로 악랄한 유대인 파진이다. 올리버는 자신과 같은 또래의, 사면된 소매치기 '아트플 도저'

와 함께 지내면서 훔치는 기술을 전수받게 된다. 하지만 올리버를 도덕적으로 타락시키려는 시도는 실패로 돌아간다. 올리버는 그 범죄 집단에 속한 공범자가 되지 않는다. 구빈원에서 탈출하였지만 소매치기 패거리에 끌려간 올리버만큼 바닥을 치는 경우가 있을까? 그러나 그는 끝내 자신을 타락시키지 않았다. 페긴 일파에 끌려들어가 소매치기를 하려다가 동료의 죄를 뒤집어쓰고 체포되지만, 다행히도 친절한 부자의 도움으로 악당들의 유혹과 협박을 물리친다. 뒤에 그 부자가 올리버 아버지의 친구라는 것이 밝혀져 그의 양자가 되어 행복하게 살게 되는 건 약간의 동화 같은 우연의 요소이겠지만.

19세기 말까지 런던 시민의 평균 수명이 고작 스무 살을 넘기지 못했다는 사실은 그만큼 섭생, 위생이 열악하고 노동 강도가 엄청났다는 뜻이다. 거기에는 물론 높은 영아사망률도 한몫을 했겠지만 그건 늘 있던 것이고 점차 줄어드는 상황이었다. 19세기의 런던은 세계에서 가장 크고 가장 발전한 도시였다. 하지만 급격한 도시화의 부작용으로 세계에서 가장 큰 빈민촌이 형성되기도 했다. 그 대표적인 곳이 바로 이스트엔드East End였다. 그곳은 빅토리아 시대에 형성된 대표적인 런던의 빈민촌이었다. 이곳에서 일하는 노동자들은 하루 15시간을 거칠고 험한 노동에 시달렸고 오염된 물로 인한 전염병으로 서른 살을 넘기지 못하고 죽는 경우가 허다했다고 한다. 이런 사람들이 당시 런던 인구의 80%를 차지하고 있었다.

그렇다면 또 다른 요인은 무엇일까? 그건 바로 어린 노동자들의 이른 죽음 때문이었다. 힘든 일을 하면서도 임금은 성인 남자의 절반 이하, 때론 절반의 절반쯤만 주면 되었으니 많은 자본가들이 이들을 데려다 썼다. 엄연한 착취였지만 아무도 그걸 막지 못했다. 학교에 가지 못하게 만든 건 바로 이들 자본가들이었다고 해도 지나치지 않다. 탄광에서는 그 정도가 더 심했다. 아이들은 몸집이 작아 갱도를 크게 만들지 않아도 되니 시설비용도 줄어들고 임금은 훨씬 싸니 소년광부들이 고용되어 죽어나갔던 것이다.

올리버가 살았던, 그러니까 정확히는 찰스 디킨스가 살았던 19세기의 영국에서 자본가가 아닌 사람들의 삶은 살아 있다고 해서 살아 있는 게 아닌 그런 삶이었던 셈이다. 무슨 희망이 있겠으며 무슨 낙이 있었을까? 그런 점을 비교해보면 지금 우리가 겪는 고통은 새 발의 피일지 모른다. 그러나 그 시대가 지금 우리 시대의 비교의 대상일 수는 없다. 그래서도 안 된다. 하지만 눈여겨봐야 할 점이 있다. 그런 극단의 상황에서도 올리버가 끝내 자신을 지켜낼 수 있었던 것은 무엇 때문이었을까? 그걸 읽어내야 한다.

또 하나의 작은 영웅 데이비드 코퍼필드

찰스 디킨스 자신이 가장 좋아했다는 소설 《데이비드 코퍼필드》의 주인공 데이비드 또한 역경 속에서 살아가면서도 끝내 작가로 성공한 인물이다. 실제로 디킨스의 삶과 닮은 점이 많아서 작가의 분신이라고 여겨지기도 하는 데이비드는 유복자로 태어났다. 게다가 유순하고 마음 약한 어머니는 재혼하였으니 그에게 고생길이 훤히 열렸다. 의붓아버지 머드스톤은 여동생의 고자질에 넘어가 데이비드의 어머니를 들볶았고 결국 그녀를 젊은 나이에 죽게 만들었다. 유일한 핏줄인 어머니를 잃은 데이비드를 감싸줄 사람은 없었다. 다행히 유모 페고티의 도움을 받아 초등학교를 다닐 수 있었지만 그를 미워하는 폭군 교장의 꾸지람에 들볶여서 조금도 마음이 편한 적이 없었다. 그래도 귀여운 스티어퍼스와 노력가 트럿들즈를 친구로 얻게 된 데이비드는 갖가지 고생을 참고 견뎠다.

의붓아버지 머드스톤은 아내가 죽은 뒤 얼마 되지 않아 데이비드에게 나가서 돈을 벌어와야 한다고 다그친다. 결국 데이비드는 런던의 공장에서 일해야만 했다. 열악한 환경, 착취 당하는 노동, 쥐꼬리만큼의 급여 등으로 그는 비참한 생활을 해야만 했다. 하지만 그는 자신의 고결함을 끝내 잃지 않았다. 낙천적 호인인 미코바와 페고티 그리고 가련한 소녀 에밀리 등이 데이비드가 주저앉지 않고 자신을 지킬 수 있도록 도왔다. 물론 미코바도 가난하지만 기지가 있는 사람이었다. 데이비드는 미코바로부터 삶을 대하는 태도를 자연스럽게 배웠다. 미코바는 적절한 자기 분수를 지키고 사는 것이 바로 진지한 삶, 행복한 삶의 바탕임을 가르쳤다.

> "연간 수입이 20파운드에 지출이 19파운드 19실링 6펜스면 행복한 사람이다. 연간 수입이 20파운드에 지출이 20파운드 6펜스면 불행한 사람이다."

흔히 '미코바의 원칙'으로 영어권에서 널리 알려진 이 구절은 빚지지 않고 살면서 자신을 잃지 않고 살면 그것이 가장 행복한 일이라는 교훈이다. 당시 화폐 단위로 6펜스는 겨우 0.025파운드에 해당한다. 푼돈 차이로 행복과 불행이 갈린다? 디킨스가 미코바를 통해 전하려는 요지는 빚지지 않는 인생의 중요성이다. 물론이것은 디킨스가 겪었던 어린 시절의 뼈아픈 교훈에서 비롯된 것이었다. 금전 관념이 희박했던 아버지 때문에 온 가족이 한때 감옥에서 함께 지내야 했고 열두 살 때부터 공장에서 일해야 할 만큼 빈곤의 고통을 겪었던 작가의 가르침이다. 그러나 동시에 아무리 힘들고 어려워도 자신의 분수를 지키며 견디면 반드시 행복해질 수 있다는 소박한 가르침이기도 하다.

데이비드는 결국 돈 한 푼 없이 그곳을 떠나 도버에 가서 아주 머니뻘 되는 괴벽한 배시 트롯트우드에게 신세를 지며 켄터베리의 학교에 들어가게 되었다. 그러나 천애의 고아이며 무일푼인 데이비드의 생활이 곤궁하지 않은 것은 아니었다. 아주머니의 고문 변호사인 위크필드의 집에 살면서 빼어난 미인이며 지성이 높았던 딸 아그네스가 그의 생활에 큰 영향을 미쳤다. 아그네스는 속으로 데이비드를 좋아했지만 그걸 모르는 데이비드는 졸업 후에 법률사무소의 서기가 되었고 도라 스펜로와 결혼하여 작가로서 유명해진다. 그러나 또다시 그에게 시련이 닥쳤다. 도라가 결혼 후 2년 만에 죽은 것이다. 아이러니하게도 그제야 그는 아그네스에 대한 사랑을 깨닫는다.

그런데 다시 두 사람에게 시련이 닥쳤다. 그녀의 아버지가 서기 율라이어의 술책에 걸려들고 말았다. 율라이어는 아그네스를 탐냈다. 하지만 미코바와 트럿들즈의 도움으로 율라이어의 비행이 폭로되어 투옥되었다. 마침내 데이비드는 아그네스와 결혼하였다. 그가 작가로 성공하고 다시 찾은 사랑으로 아그네스와 결혼하기까지 그에게는 늘 시련이 삶의 자연스러운 일부처럼 붙어 다녔다. 그러나 그는 자신의 삶에 대해서 원망하지 않았고 자신의 처지를 비관하지 않았으며 결코 자신의 고결함을 잃지 않았다. 《데이비드 코퍼필드》를 읽다 보면 어렸을 때부터 바닥을 치는 삶을 살았던 한 청년이 어떻게 그것을 극복하고 자신을 지키며 뜻을 이루는지 감동적으로 느끼게 된다.

바닥에서 단련된 삶이 강하고 고결하다

1997년 외환위기 이후 너나없이 삶이 피폐해졌다. 뜻하지 않은 명예퇴직이라는 불명예스러운 사태로 인해 가장들의 삶은 무너졌다. 젊은이들에게 그 시련은 더 혹독했다. 아예 취업이 전쟁이 된 것이다. 대마불사大馬不死라 여기던 거대 기업군들이 무너지고 대규모 해고와 임금의 삭감, 유가와 물가의 급상승 등은 삶을 송두리째 망가뜨렸다. 다행히 유례를 찾기 어려울 만큼 빠른 시간 내에 그 위기를 극복하고 다시 성장의 기반을 마련했지만 고용 없는 성장이고 나쁜 일자리만 양산하는 양상이 반복될 뿐이다.

기업들은 유동성을 풍부하게 마련하고 있지만 투자를 꺼린다. 경제가 불확실한 상태에서 위험 부담을 안고 투자를 주저하는 건 당연해 보인다. 그러니 새로운 고용의 창출은 어렵다. 취업은 갈수록 힘들어진다. 또한 걸핏하면 해고시키는 등 불안정한 고용 구조 때문에 너나 가리지 않고 공무원 시험에 매달린다. 사회를 위해 봉사하겠다는 숭고한 뜻으로 공무원을 선택하는 것이 아니라 고용이 안정적이고 연금 체계가 상대적으로 낫다고 생각하기 때문이다. 또한 이른바 학교 서열 따위도 개입되지 않는 완전 경쟁이기 때문에 더 매력적이기도 하다.

그러나 젊은이들이 그렇게 공무원 시험에 매달리는 것이 그다지 좋아 보이지 않는다. 공무원이 매력 없는 직업이라는 뜻이 아니다. 과연 젊은이들에게 삶의 안정성이 가장 중요한 가치일 수 있느냐 하는 안타까움 때문이다. 물론 모험을 기꺼이 선택하라고 떠밀 수는 없다. 그러나 내 꿈과 의미를 포기하면서까지 그렇게 안정된 삶에만 몰두했을 때 과연 당장 먹기엔 곶감이라지만 나중에 그 허탈함은 어찌할 것인지 두렵다. 내 삶이다. 한 번밖에 없는 내 삶이다. 물론 힘들고 어렵다. 시급 고작 5천 원쯤의 아르바이트 전전하면서 살 수는 없는 노릇이다. 게다가 그게 끝이 보이지 않으니 절망의 부피는 더 크다. 그래서 영혼을 팔아서라도 안정된 삶을 얻을 수 있다면 뭐든지 맡길 것만 같을 것이다.

내가 지금 너무 절박하여 다른 선택이 없을 것 같지만, 다른 각도에서 보자면 그 절박성 때문에 예전 같으면 거들떠보지도 않았을 분야에서 새로운 가능성과 도전의 실마리를 찾을 수 있다. 내가 진짜 원하는 일, 진정 바라는 삶의 방식에 대해서는 너무 쉽게 포기하면 안 된다. 지금 당장은 힘들어도 그걸 이겨내야 비로소 내 삶의 주인이 되어 내가 원하는 삶을 실현할 수 있다. 내가 지금 아무리 힘들고 어려워도 올리버 트위스트나 데이비드 코퍼필드의 처지보다는 낫지 않은가. 하나씩 양보하고 타협하면 나도 모르는 사이에 결국 나의 영혼도 삶도 다 헐값에 팔아넘긴다.

어렵다. 정말 어렵다. 하지만 이제는 거의 바닥에 다 왔다. 더 이상 내려갈 곳도 없다. 물러설 곳도 없다. 맞서 싸울 일만 남았다. 그런데 그렇게 바닥에서 다져진 내공이 결코 만만하거나 가볍지 않다. 이제 곧 그 힘을 발휘하게 된다.

바닥을 겪어본 사람의 삶이 훨씬 더 단단하고 옹골차다. 물론 지나치게 옹색하거나 엄격해서 지질리거나 힘과 돈에 쉽게 넘어가 아부하기 쉽다는 점도 가볍게 여겨서는 안 된다. 남들은 그래도 나는 절대 그렇지 않을 거라고 장담할 일도 아니다. 그 사람들도 다 그렇게 생각하면서 '자연스럽게' 그런 삶을 선택했다. 그걸 내가 따라야 하는 건 아니다. 그건 내 삶이 아니라고 단단히 오금을 박아야 한다. 그런 결의가 내 삶을 고결하게 만든다. 그런 고결함과 당당함이 앞으로 나 자신이 내 삶의 주인이 되게 한다.

잠자는 숲 속의 공주가 아니라
안티고네가
아름답다

《잠자는 숲 속의 공주》_ 샤를 페로 원작
《안티고네》_ 소포클레스

잠자는 숲 속의 공주는 정말 행복했을까?

어렸을 때 가장 많이 읽었던 동화 가운데 하나를 꼽으면 아마 《잠
자는 숲 속의 공주》가 들어 있을 것이다. 주인공은 공주로 태어났
다. 슬하에 자식이 없어 슬퍼하던 왕과 왕비에게 그보다 더 큰 기
쁨은 없었을 것이다. 그래서 성대한 파티를 열었는데 못된 마녀는
자신이 초대받지 못한 게 분해서 파티가 끝날 때쯤 나타나서(그래

도 상당히 매너 있는 마녀가 아닌가? 초장부터 파티 망치게 하지 않는 배려와 센스!) 그 파티의 주인공에게 저주를 퍼붓는다. 그래서 그녀는 열여섯 살이 되는 해에 물레 바늘에 찔려 죽을 운명이 된다. 왕 부부는 나라 안의 모든 물레를 불태웠지만 우리가 아는 바처럼 공주는 호기심에 성의 꼭대기 방에서 노파로 분장한 마녀를 만났고 결국 그녀가 돌리던 물레에 찔려 죽는다. 그렇게 100년 동안 깊은 잠에 빠진다. 그리고 100년 뒤 이웃나라 왕자가 성 안에 공주가 잠들어 있다는 이야기를 듣고 성으로 들어가 공주에게 키스한다. 공주는 잠에서 깨어났고 왕자와 결혼하여 행복하게 살았다. 이 동화를 읽으면서 여자아이들은 자신이 공주가 되어 자신을 구원해줄 왕자를 기다리는 꿈을 꾸고, 남자아이들은 자신의 키스로 깨울 아름다운 공주를 사모하게 된다.

살다 보면 내 힘만으로 해결하지 못하는 일들이 많다. 어렸을 때는 어른이 되면 뭐든 다 할 수 있을 거라는 희망이 가득하지만 막상 그 나이가 되면 그 희망이 꺾이고 접히는 경우가 많다. 그럴 때 누군가에 의해 혹은 어떤 초월적 힘에 의해 그 난관들이 뻥 뚫리고 탄탄대로가 쫙 펼쳐졌으면 하는 바람이 든다. 어렸을 때 동화에서 읽었던 그 꿈은 늘 남아 있다. 백마 탄 왕자를, 아름다운 공주를 만나기를 꿈꾼다.

하지만 냉정하게 따져볼 일이다. 과연 잠자는 숲 속의 공주는 살아 있기는 한 것일까? 죽은 것도 산 것도 아니다. 어쩌면 그것은 박제의 삶을 상징하는지도 모른다. 내 힘으로 일어나지 못하고 누군가가 키스를 해줘야 눈을 뜨고 일어날 수 있다. 한 발짝도 앞으로 나가지 못하는 삶이다. 차라리 끝까지 눈뜨지 못한 채 있는 것이 더 낫지 않을까?

이 동화에는 반전이 숨어 있다. 아니, 숨겼다고 해야 옳을 것이다. 이제 그 숨겨진 반전을 꺼내봐야 한다. 이 동화는 본디 샤를 페로Charles Perrault, 1628~1703의 동화집《옛날이야기Histoires ou Contes du Temps Passé》에 있던 것을 그림 형제가《어린이와 가정을 위한 동화집Kinder-und Hausmarchen》에 다시 수록하면서 널리 알려진 이야기이다. 물론 이 동화가 아주 멋지게 각색된 것은 월트 디즈니사에 의해 1959년에 만들어진 애니메이션《잠자는 숲 속의 공주Sleeping Beauty》였다. 오로라 공주와 필립 왕자의 사랑이 아름답게 묘사된 이 만화영화는 어린이들이 아련한 꿈을 꾸게 만들기 충분했다.

사실 이 반전은 우리에게 많은 것을 생각하게 해준다. 그림 형제는 동화를 수집하면서 가공하지 않고 그대로 실어둔 것들이 많은데 뜻밖에 매우 잔인하기도 하고 공포스럽기도 하기 때문에 아이들이 보기에 적절하지 않다고 여겨지는 일이 많다. 디즈니사는 그런 이야기들을 아름답고 꿈같은 동화로 마음껏 각색했다. 만약 그림 동화에 있는 걸 그대로 옮겼다면 그 영화는 외면받았을 것이다. 하지만 그림 형제가 이런 잔혹한 내용들까지 그대로 수록한 것은 나름대로 이유가 있었다. 동화는 단순히 꿈을 꾸게 하는 아름다운 이야기로 그치는 것이 아니라 인생의 다사다난한 과정과 곡절을 상징적으로 보여주며, 그에 대한 대비를 하도록 하는 목적을 담고 있다. 그런 비슷한 일이 닥쳤을 때 어릴 적 읽었던 동화를 떠올리며 막연한 두려움에 떨지 않고 차분하고 냉정하게 해결책을 찾아볼 수 있게 한다. 그런데 아이들이 읽는 이야기는 당연히 아름다워야만 한다는 어른들의 노파심이 정작 그 대목, 즉 인생의 쓴맛과 해법을 빼버렸다. 그런 태도 한구석에는 자칫 아이들로 하여금 어른들에 대한 불신과 두려움이 생기면 어쩌나 하는 두려움도 깃들었다. 가장 자유스럽다는 스웨덴에서 영화 〈ET〉를 정작 아이들이 보지 못하게 하려던 까닭이 바로 ET를 숨겨주려는 아이들과 잡아가려는 어른들의 대립이 아이들에게 어른에 대한 불신과 나쁜 감정을 갖게 될까 싶어서였다는 것과 다르지 않다.

어쨌거나 이렇게 지나치게 친절한(?) 어른들의 생각 때문에 덜어내진, 그래서 우리가 아는 《잠자는 숲 속의 공주》는 100년간의 잠에서 깨어나 왕자와 함께 오래오래 행복하게 살았다는 이야기만 달랑 남았다.

그럼 숨겨진 그 이야기는 어떻게 전개될까? 그 비밀을 들어보기 전에 먼저 상상을 해보자. 공주는 마냥 늘 행복하기만 했을까? 아니면 지나친 풍요가 금세 지겨워서 성 밖으로 나가서 마음껏 놀고 싶었을까? 원래 이 이야기의 원작은 2부로 구분되어 있다. 1부가 공주가 왕자와 결혼하는 대목까지이고, 2부는 결혼 이후의 이야기였다. 1부의 끝 대목은 분명 해피엔드이다. 그럼 2부는 어떻게 전개될까? 결혼을 했으니 이제 본격적인 부부의 삶이 시작된다. 그런데 왕자의 어머니가 여간 깐깐한 게 아니다. 아무리 옛날에는 시간에 따른 변화가 크지 않다 하더라도 100년 동안 잠만 잤으니 세상 물정에 어두웠을 것이다. 왕비(왕자의 어머니였으니 그랬을 것이다. 혹은 후궁일 수도 있겠지만)의 입장에서는 며느리로 들어온 공주가 자신이 정해준 아들의 배필도 아니니 뭔가 마뜩지 않았을 것이고 사사건건 갈등을 겪었을 것이다. 공주의 삶은 '불행 끝 행복 시작'의 칸타타가 아니었던 것이다.

이런 모습이 아이들에게 삶에 대해, 그리고 결혼에 대해 좋지 않은 생각을 갖게 할까 싶어 점차 순화시키는 과정에서 아예 2부는 빼고 1부의 이야기만 남겨놓았다. 하지만 2부가 있었더라면 좋았을 것 같다는 생각이 든다. 아이들이라고 꿈만 꾸고 살지는 않는다. 그런 꿈만 꾸다가 나중에 꿈과 어긋나는 현실에 맞닥뜨리면 절망하고 좌절한다. 현실을 너무 어둡고 괴롭게만 보는 것도 위험하지만 온통 무지갯빛으로 도색하는 것도 그리 바람직하지 않다. 공주건 왕자건, 여자건 남자건 각자 주어진 제 삶을 사는 것이지, 외부의 요인에 의해 인생이 바뀌는 건 아니다. 또 아니어야 한다. 외적 요인에 의해 삶이 바뀌는 건 남의 삶이고 박제의 삶이다.

자신의 삶을 산 공주 안티고네

같은 공주지만 잠자는 숲 속의 공주와 전혀 다른 과의 공주가 있다. 바로 안티고네이다. 그녀는 테베의 비극적 왕 오이디푸스의 딸이었으니 엄연히 공주였다. 아버지의 비극은 딸에게도 유전될 수밖에 없었다. 아버지를 죽이고 어머니와 결혼할 것이라는 신탁 그대로 결국은 부왕을 죽이고 어머니인 이오카스테와 결혼해서 낳은 딸이었으니 이오카스테는 안티고네의 어머니이자 또한 할머니인 운명의 비극을 안고 있었다. 결국 안티고네의 아버지 오이디푸스는 자신이 아버지를 죽였고 어머니와 결혼했다는 것을 알고는 스스로 제 눈을 찔러 장님이 되었고 왕위를 버리고 테베를 떠났다. 안티고네의 어머니 이오카스테 또한 자살했다. 풍비박산도 그런 풍비박산이 없을 재앙이었다. 그녀는 눈 먼 아버지의 길을 안내하며 길을 따라나섰고, 마침내 아버지가 죽고 난 뒤 테베로 돌아왔다.

그러나 그녀에게 가혹한 운명은 그것으로 그치지 않았다. 두 오라비가 왕위를 놓고 다투고 있었다. 안티고네는 두 오라비 에테오클레스와 폴리네이케스를 설득하려 했지만 무위에 그쳤고 결국 두 오라비는 서로 싸우다가 모두 죽었다. 여기까지만 해도 어린 처녀에게 너무나 가혹한 삶이고 기구한 팔자다. 엄밀하게 따지자면 왕위 계승자로 남은 건 안티고네뿐이었다. 그러나 본디 왕위에 욕심이 있던 외숙부 크레온이 왕위를 차지했다. 갈수록 태산이다.

사실 두 형제가 싸운 것도 외숙부 크레온의 농간 때문이었다. 크레온은 자신에게 살갑던 에테오클레스는 구국의 영웅으로 선언하여 장례를 후하게 치러주었다. 하지만 평소에 자신을 못마땅하게 여기며 사사건건 대들던 폴리네이케스는 역적으로 몰아 아무도 그 시신을 수습조차 하지 못하게 엄명을 내렸다. 자신에게 대들면 이렇게 될 것이라는 무언의 공포를 조장하려는 까닭이었다. 폴리네이케스는 들개나 까마귀의 밥이 될 신세였다. 바로 그때 안티고네가 오라비의 시신을 거두어 장례를 치렀다. 시신에 손대지 마라는 인간의 법칙과 누구나 마땅히 죽은 이의 시신을 거둬 장례를 치러야 한다는 신의 법칙 앞에서 그녀는 갈등하지 않았다. 그녀는 의연하게 신의 법칙을 따랐다. 안티고네는 불의한 임금의 명령보다 정의로운 신의 법칙이 마땅히 더 중요하다고 판단했기 때문이다.

안티고네 : 나와 함께하겠니? 날 도와주겠어?

이스메네 : 무슨 일인데? 대체 무슨 뜻이에요?

안티고네 : 나를 도와서 그 시체를 들어내지 않겠어?

이스메네 : 장례를 지내겠다는 거예요? 온 장안 사람들에게 금지령을 내렸는데도?

안티고네 : 내 오빠, 그리고 싫건 좋건 네 오빠가 아니냐? 아무도 내가 오빠에게 잘못했다고 말하진 않겠지.

이스메네 : 어떻게 감히 그렇게… 크레온 왕이 금하고 있는데.

안티고네 : 그분에게는 권리를 내게서 떼어놓을 권리는 없는 거야.

이스메네 : 글쎄 그래도 언니, 생각해봐요. 우리 아버지는 지겹고 부끄러운 일을 당해서 스스로 죄를 들춰내고 결국 당신 손으로 두 눈을 찔러서 돌아가시고 말았죠. 그리고 그분의 어머니면서 아내라는 두 이름을 가진 분은 스스로 만든 고리로 목숨을 끊으셨죠. 그리고 이제 두 오빠는 같은 날 무참하게도 동기간에 피를 흘리고 둘이 다 서로 죽이고 말았죠. 그러고는 이제 우리 둘만 남았어.

그러니 언니, 우리가 만약 명령을 어겨서 왕의 법이나 권력을 손상시킨다면 우리가 그 어떤 경우보다도 얼마나 비참한 죽음을 당하겠어요! 우린 약한 여자예요. 이건 잊지 말아요. 남자와 싸우도록 타고나질 않았거든요. 게다가 우리는 우리보다 강한 자에게 지배받고 있고. 그래서 이런 것만이 아니라 이보다 더 쓰라린 명령에도 복종해야 해. 그러니 돌아간 분들에게도 용서를 빌고 아무래도 어쩔 수 없는 일이니 나는 지배자에게 복종하겠어. 분수에 넘는 것은 어리석은 일이야.

안티고네 : 억지로 하라는 것은 아니다. 아니, 이제 네가 하겠다고 해도 네 도움은 고맙지 않다. 너 좋을 대로 하렴. 내 손으로 그분의 장례를 치르겠다. 그 일로 해서 내가 죽는다면 얼마나 행복하냐! 이 고귀한 죄 때문에 나는 내가 사랑하는 그분과 함께하련다. 살아 있는 사람보다는 죽은 사람을 섬기는 동안이 더 길단다. 나는 저 세상에서 영원히 살겠다. 그러나 신께서 숭고하게 세우신 법을 비웃고 싶거든, 실컷 비웃으려무나.

이 대사는 소포클레스Sophocles, ?B.C.496~B.C.406의 희곡 《안티고네》에서 안티고네와 그녀의 여동생 이스메네의 대화의 일부이다. 이스메네는 "우린 약한 여자예요. 이건 잊지 말아요. 남자와 싸우도록 타고나질 않았거든요. 게다가 우리는 우리보다 강한 자에게 지배받고 있고, 그래서 이런 것만이 아니라 이보다 더 쓰라린 명령에도 복종해야 해."라고 언니를 설득하려 한다. 그러나 그것은 언니를 설득하는 것이기도 하고 자신을 합리화하는 자기 설득이기도 하다. 심리학 용어로 말하자면 투사projection와 정당화라는 억압기제를 사용하고 있는 것이다. 이스메네의 선택은 대부분의 여자 혹은 약자들이 따르는 선택이다. 그러나 안티고네는 의연하게 그러한 나약함을 거부했다.

크레온이 그 기회를 놓칠 리 없었다. 어쨌거나 잠재적인 왕위의 위협자인 조카딸이 아닌가? 그렇잖아도 제거해야 할 빌미를 찾고 있었던 참이었을 것이다. 아니, 어쩌면 안티고네를 잡으려고 일부러 그런 포고령을 내렸는지도 모를 일이다. 그게 권력이다. 어쨌거나 왕명을 거역한 안티고네는 체포되었다. 그리고 안티고네는 감옥에서 스스로 목을 매 숨졌다. 그 자살은 두려움과 공포, 혹은 절망 때문이 아니다. 그것은 자신의 죽음을 부패하고 음흉한 외숙부 크레온의 손에 맡기지 않겠다는 의연한 선택이었다. 그것을 나약한 자살로 보면 안 된다. 그런데 그 값은 크레온에게도 고스란히 돌아갔다. 그의 아들 하이몬은 안티고네를 사랑했는데 그녀의 죽음에 절망하여 칼로 자신의 배를 찌르고 죽었다. 그리고 아들의 죽음에 절망한 어머니, 즉 크레온의 아내 에우리디케 역시 침실에서 스스로 죽음을 맞았다.

안티고네는 부당한 국가 권력에 당당하게 맞서는 강한 여성을 상징했다. 그 힘은 신의 법칙을 따르는 데서 나온 것이다. 신의 법칙은 곧 자연의 법칙이다. 크레온은 자신이 만들어놓은 법으로 세상을 지배하려 했지만 안티고네는 그보다 더 고귀한 법칙을 선택했다. 결국 크레온의 불의와 오만은 보편적 가치와 정의에 굴복할 수밖에 없었음을 상징적으로 보여주었다.

박제의 삶을 살 것인가? 자신의 삶을 살 것인가?

얼핏 보면 잠자는 숲 속의 공주는 고민도 갈등도 없어 보인다. 사랑 담뿍 받다가 마녀의 저주에 따라 열여섯 살에 갑자기 죽었고 100년 동안 곱게 잠들어 있다가 한 남자의, 그것도 잘생긴 왕자의 키스로 다시 살아났고 그 왕자와 결혼해서 궁에서 살았으니 뭐 부러울 게 있을까 싶다. 하지만 그건 거죽으로만 보는 행복일 뿐이다. 굳이 2부에서처럼 시어머니와의 갈등이 없더라도 그녀의 삶은 온통 껍데기뿐이다.

공주의 부모인 왕과 왕비는 혹여 딸이 물레에 찔려 죽을까 싶어 아예 그 가능성을 원천봉쇄했다. 온 나라의 물레란 물레는 모두 긁어모아 몽땅 불질렀다. 그러면 될 거라고 여겼다. 그러니 공주는 물레를 본 적도 없이 자란 셈이다. 물레는 여성들의 가장 기본적인 노동이고 생활의 방책이다. 그녀가 공주라서 노동을 안 했다는 의미보다는 노동 자체에 접근하는 것이 봉쇄되었다는 상징인 셈이다. 그것은 철저하게 삶에서 유리된 것이다. 또한 물레라는 그 말 자체가 그 나라에서 금기어였을 것이다. 금지된 것이 있다는 것, 그런데 그 금지의 대상은 전혀 볼 수도 없다는 것만큼 자유가 박탈된 것도 없다. 공주의 삶은 그렇게 철저하게 유폐되어 있는 삶이다. 그 행복을 부러워할 까닭이 있을까?

그에 반해 안티고네는 부모의 비극적 운명을 고스란히 떠안아야 했다. 아버지는 자신이 저지른 일에 대해 절망하여 스스로 제

눈을 찌르고 왕위를 내놓고 나라를 떠났고 어머니는 자살했다. 그러나 그녀는 자신의 처지를 원망하기보다 불쌍한 아버지의 길잡이가 되기 위해 기꺼이 질곡의 길을 떠났다. 그것은 그녀 스스로의 선택이었다. 운명의 비극을 죽을 때까지 이고 살면서 아버지가 겪는 고통을 옆에서 지켜보는 것만큼 괴로운 게 있을까? 그러나 그녀는 자신의 처지보다 아버지의 비극에 대한 안쓰러움의 무게를 더 크게 받아들였다.

그런 그녀는 저절로 부귀와 영화의 무의미함을 뼈저리게 느꼈고 삶의 진정한 의미와 가치에 대해 깨달았다. 그래서 아버지가 죽은 후 돌아와서 또다시 겪어야 했던 오빠들의 죽음에 대해서도 의연하게 대처했다. 자신의 동지여야 할 피붙이 여동생마저 국법을 핑계로 적당한 타협으로 남은 기득권을 유지하려 했으니 그녀는 완전히 고립무원이었다. 하지만 그녀는 자신의 신념을 택했다. 어찌 그녀라고 그게 두렵지 않았을까? 그녀의 강인함은 이미 눈먼 불쌍한 아버지를 따라나서면서 단단해졌을 것이다. 두려움이 없어졌을 때 그녀는 자신의 운명을 정면으로 바라봤고, 자신의 삶을 스스로 선택했다. 겉으로 보기에 그녀는 고통과 죽음으로 끝났으니 행복과는 완전히 떨어져 있는 셈이다. 하지만 그녀는 자신의 삶을 살았다. 안티고네는 박제로 살기보다는 훨훨 날아가는 살아 있는 작은 새이기를 선택했다.

그대, 독립의 삶을 선택하라

안티고네의 삶은 분명 고통스럽고 비참하다. 테베의 공주였던 그녀가 겪은 질곡은 여느 사람도 견디고 버티기 어려운 고통이었다. 누구도 그런 삶을 원하지 않는다. 그러나 그녀는 자신의 삶을 당당하게 살았다. 그녀가 죽음을 선택한 것조차 크레온에게 자신을 처형하는 권리를 인정하지 않으려는 것이었음을 함축한다. 그것은 생명의 마감을 뜻하는 죽음이 아니다. 자신의 생명을 스스로 마감하라는 그런 뜻이 아니다.

살아 있어도 자신이 주체가 되지 못하고 수많은 외부 요인에 휘둘리며 살거나 그저 잠깐의 영화와 물질적 풍요, 명예와 쾌락을 위해 내 뜻과 어긋나는 삶을 살면서 때론 아부하고 심지어 내 주변의 사람들을 짓밟으면서까지 악다구니 마다하지 않는 삶이야말로 가장 비참한 삶이다. 그걸 의연하게 거부하는 것은 사실 엄청나게 힘들다. 남들은 다 쉽게 사는데 왜 나만 힘들고 어렵게 사는지 답답하고 한심하고 세상이 원망스러울 때가 어찌 없겠는가? 게다가 요즘 세상은 없는 이들에게는 한없이 혹독하고 약자에겐 매몰차서 서럽고 억울한 일 허다할 것이다.

안티고네의 다음 독백에 귀 기울여보자.

> "당신네들의 그 행복에 난 욕지기가 나와요. 어떤 짓을
> 해서라도 붙잡고 늘어지려는 당신네들의 욕심이, 마치

무엇이건 눈에 보이는 대로 핥아먹는 개 같아요. 겨우
욕심껏 바란다고 해도 고작 찾아내는 건 지루한 행복,
평범한 요행뿐. 난 전부를 원해요. 그것은 완전한 전체
여야 해요. 그렇지 않으면 거절하겠어요. 만일 삶이 자
유로울 수 없고, 화려하지 않다면 차라리 죽음을 선택
하겠어요."

우리가 원하는 건 그냥 지루한 행복, 평범한 요행이 아니다. 나
의 삶이고, 내가 주인인 인생이다. 그게 진짜 행복이다. 당장은 힘
들고 어려워도 그까짓 별것 아니라고 툭 털어낼 수 있는 어느 정
도의 오만이라도 허용할 수 있는 주체적인 삶의 행복이다. 두 개
를 내주고 하나를 얻는 삶이 아니라 그 자체가 전부이고 완전한
전체인 것이 과연 무엇일까?

흔히 권력이나 부, 명예나 쾌락 등 도드라지게 얻은 게 많고 누
리는 게 많으면 성공적인 삶이라 여긴다. 사실 그걸 마다할 사람
없을 것이다. 누구나 꿈꾸는 목적이기도 하다. 때론 그 가운데 하
나만 제대로 얻어도 큰 성공인데 한꺼번에 다 누리고 싶어 무리하
다 패가망신하는 어른들 보면서도 그 꿈을 접지 않는다.

우리는 흔히 '성과적 삶'을 성공으로 여기는 경향이 강하다. 누
구나 존경하고 선망하는 뛰어난 성과를 거둔 삶은 분명 좋다. 그
러나 진짜 성공한 삶은 그런 성과적 삶보다는 자신이 원하는 삶을

사는 것이고, 자신이 주인이 되어 주체적으로 사는 삶이다. 그러니 가장 중요하게 고려해야 되는 성공의 삶은 바로 나 자신이 누구인지, 진정 원하는 삶이 무엇인지 깨닫고 선택하는 일이다.

안티고네는 포기한 게 아니라 끝까지 자신의 신념을 고수했다. 크레온이 승자일까? 아니다. 진정한 승자는 안티고네였다. 안티고네는 끝까지 자신의 자존감을 지켰다. 진정한 독립적 삶은 그런 자존감과 의지에서 비롯된다. 아직도 잠자는 숲 속의 공주처럼 자기 주체를 포기하면서 백마 탄 왕자가 오기를 기다리는 것보다 바보짓은 없다. 차라리 내가 왕자가 되면 끝날 일이다. 달콤한 키스로 깨워줄 왕자를 기다리기보다 성 밖으로 나가 길을 잃더라도 용감하게 자신의 길을 선택하거나 마음에 드는 남자를 찾아내면 될 일이다.

내 삶의 행복을 남의 삶의 풍요로움에 끼워 넣어 얻으려 하지 말아야 한다. 오히려 '내가 너를 행복하게 해주마' 하는 당당함으로 살아야 한다. 그대, 잠자는 숲 속의 공주이길 원하는가, 안티고네이길 원하는가?

고독하라,
기꺼이!

○

《고독한 군중》_ 데이비드 리스먼
《호밀밭의 파수꾼》_ 제롬 데이비드 샐린저

혼자인 것이 두려운가?

어린 학생들이 스스로 목숨을 끊는 일이 끊이질 않는다. 한국이
OECD 국가 중 자살률이 최고인 것도 충격적이지만 10대들의 자
살이 빠르게 증가하고 있는 것은 더 두려운 일이다. 2012년 기준
10대 자살률은 전년보다 6.8% 증가한 373명이었다. 통계에 잡히
지 않은 수도 상당할 것이라 짐작하면 놀라운 수치이다. 10대에서

30대까지 사망 원인 1위가 자살이었다는 것도 주목해야 한다.

비단 자살이라는 비극으로 끝나는 일에 국한된 건 아니다. 가까스로 버티고 견디며 다행히 목숨을 포기하지 않고 10대의 강을 건넜지만 그 트라우마를 지니고 살아야 하거나 여전히 새로운 유형의 암담한 현실로 인해 자살충동을 수시로 느끼며 살아가는 청년들이 얼마나 많은가. 10대들은 장년층과는 달리 생활고 때문에 자살하는 비중은 높지 않다. 그들은 주로 집단 따돌림, 이른바 왕따와 폭력을 견디지 못해 삶을 포기하는 경우가 많다.

나 혼자만 내던져졌다는 느낌이 들 때 자존감은 사라지고 삶은 고통스럽다. 인간은 사회적 동물이다. 그래서 무리에서 튕겨져 나오게 되면 불안하고 소외감은 증폭한다. 결국 그걸 견디지 못하고 어린 생명들이 몸을 던진다. 그들이 당한 고통을 남은 우리가 온전히 체감하는 것은 쉽지 않다. 오죽하면 그랬을까 싶기도 하고 그깟 일로 자살하는 아이들의 나약함을 탓해보기도 하지만 정작 그들의 고통은 모른다. 하지만 우리들 중 누구라도 그런 경우를 당하면 자살의 충동을 느낄 것이다. 그것은 어쩌면 인간의 숙명인지도 모른다.

인간은 누구나 다른 사람과 더불어 있고 싶어 한다. 현대인은 더욱 고독하다. 그런데 고독이 두렵다. 그래서 자꾸만 거기에서 벗어나려 애쓴다. 혼자 있으면 스마트폰을 들여다보며 혹시 누가 문자라도 보내지 않았는지, 페이스북이나 트위터에 남긴 글은 없는

지 수시로 확인한다. 그가 궁금해서가 아니라 내가 홀로 소외된 것 같은 느낌을 감당하기 어렵기 때문인지도 모른다. 그러나 함께 있다고 해서 고독이 해소되고 소외를 극복할 수 있는 것은 아니다.

일찍이 데이비드 리스먼David Riesman, 1909~2002은《고독한 군중 Lonely Crowd》에서 대중사회 속에서 타인들에 둘러싸여 살아가면서도 내면의 고립감으로 번민하는 사람들의 사회적 성격을 지적했다. 리스먼은 그것을 사회구조의 변화에 따른 세 가지 타입의 서로 다른 인간유형을 통해 설명했다. 전통적 가치를 따라 전통과 과거를 행위 모형의 주요한 기준으로 삼는 유형의 인간은 전통지향적 성향이 지배하는 환경에서 나타난다. 그러다가 초기 공업시대까지는 가족에 의해 학습되고 내면화된 도덕과 가치가 인간행위의 기준이 되는 내부지향적 성향이 나타났다. 이렇게 사회적 전통과 가정이 맡아오던 가치관과 정체성이 현대에 들어서면서 주변의 또래집단이 대체하게 된다. 고도 산업사회에서 이런 현상은 두드러진다. 이른바 외부지향적 인간의 출현이다. 이처럼 고도 산업사회에서 탄생한 '외부지향형' 인간들은 타인들의 생각과 관심에 대해 예민하게 반응하며 그 집단에서 격리되지 않으려고 노력한다. 겉으로 드러난 사교성과는 달리 내면적으로는 고립감과 불안으로 언제나 번민하는 '고독한 군중'이 바로 현대인의 자화상이라는 것이 리스먼의 분석이다.

"물질적인 풍요는 기술적으로 가능한데도 불구하고 사람들은 계속해서 일만 한다. 아니 일을 만들어서 한다. 그리고 그 속도는 과도적 인구성장기의 전시대적 상황과 보조를 맞추려는 듯 매우 정력적이다. 그만큼 행동의 유동성과 추진력이 성격구조 안에 깊숙이 뿌리박혀 있는 것이다. 그러나 이제 요구되고 있는 것은 특산품도 아니며 기계도 아닌, 퍼스낼리티인 것이다.

타인지향적 퍼스낼리티의 유형과 그것들이 발판으로 삼아 서 있는 경제적인 배경을 비교해보면 아주 재미있는 현상이 목격된다. 즉, 퍼스낼리티의 생산에도 독점적 경쟁의 일반적 특징이라고 할 수 있는 일종의 '제품차(製品差)'가 존재한다는 점이다. 경제학자들이 흔히 말하는 제품차란, 어떤 회사가 상품의 가격을 다르게 책정하지 않고 광고를 이용하는 등 지극히 사소한 방법적 차이를 통해 다른 회사 제품과 구별을 둠으로써 비슷비슷한 상품 상호간의 경쟁을 벌이는 것을 말한다."

나의 가치를 나 스스로 판단하며 결정하지 못하고 다른 사람들이 내리는 판단에 따라 '스스로 결정되는' 자아는 이미 자유로운 개인으로서의 자신이 아니다. 타인지향적인 퍼스낼리티가 흔히 외향적 기질로 나타난다. 스스로 내부지향성을 차단하면 자신은 단순히 제품의 상태로 드러날 뿐이다. 계속해서 일을 해서 타인이 지불하려는 자신의 가치를 높여야만 자존감을 느낀다. 그러나 속은 텅 비어 있다. 고독한 군중의 속내는 그렇다. 함께 있어도 속이 비어 있으니 늘 공허하고 외롭다. 누군가가 옆에 없으면 불안하고 누군가가 자신을 평가해주지 않으면 두렵다.

수전 케인Susan Cain은 《콰이어트》에서 시끄러운 세상에서 조용히 세상을 움직이는 힘은 바로 자기 내면을 충일하게 다듬는 내향적인 사람이라고 지적한다. 인류의 가장 위대한 사상, 예술, 발명품 중 수많은 것들이 '조용하고 이지적인 사람들'에게서 탄생했다. 이들은 자신의 내면세계에 접속하여 그곳에서 보물을 찾아낼 줄 아는 사람들이었다. 조용하고 의연한 사람이 세상을 바꾼다. 그것은 그가 자신의 삶을 직시하고 성찰하며 대응하는 법을 스스로 체득하기 때문이다. 그런데도 그것을 고립으로 착각하거나 진면목을 파악하지 못하기 때문에 자꾸만 외향성으로 치닫게 되는 데에서 비극이 싹튼다고 지적한다. 문화역사학자인 워런 서스먼Warren Susman은 현대가 '인격의 문화'에서 '성격의 문화'로 전환했고, 결코 회복하지 못할 개인적 불안이라는 판도라의 상자를 열어버렸다고 날카롭게 분석했다.

인격의 문화에서 이상적인 자아는 진지하고, 자제력 있고, 명예로운 사람이었으며 대중에게 어떤 인상을 주느냐가 아니라 홀로 있을 때 어떻게 행동하느냐가 중요하다. 하지만 성격의 문화에서는 타인이 자신을 어떻게 바라보느냐에 집중한다. 사람들은 대담하고 재미있는 사람들에게 매혹되었다. 서스먼은 그것을 이렇게 표현한다. "새로운 성격의 문화에서 가장 각광받는 역할은 연기자였다. 미국인은 너 나 할 것 없이 '연기하는 사람'이 되어야 했다." 서스먼의 지적은 지금 우리에게도 고스란히 적용된다.

《콰이어트》의 저자인 수전 케인은 최상의 로펌에서 매우 잘나가는 하버드 출신의 변호사였지만 늘 무엇인지 공허했고 그 원인을 추적하다가 자신의 삶이 온통 외향성에 휘둘려 있음을 깨닫는다. 그녀는 이 책에서 진정한 가치인 내향성을 외면했기 때문에 삶이 무의미하게 느껴졌음을 고백한다. 그 길로 그녀는 변호사를 접고 이 문제에 천착하기 시작했다. 흥미로운 사실은 어렸을 때는 외향적인 사람이 내향적인 사람보다 성적이 좋지만 나이가 들고 상급학교에 올라갈수록 내향적인 사람의 성적이 훨씬 좋아진다는 것을 자료를 통해 밝혀낸 점이다.

> "내향적인 사람은 대학원 학위와, 전국 우수학생장학(National Merit Scholarship) 프로그램의 최종 후보 자리와, 파이 베타 카파라는 우등생 단체의 회원에게 주는 열쇠를 불균형할 정도로 더 많이 보유하고 있다. 이들은 왓슨-글레이저 비판적 사고 평가(Watson-Glaser

Critical Thinking Appraisal) 시험에서 외향적인 사람들보다 더 좋은 점수를 받는다."

그런데도 자꾸만 외향적 인간이 되고 싶어 한다. 외향적인 사람이 성공할 것이고 행복한 삶을 살 것이라고 여기는 건 사실 유아기적 사고와 판단에 고정된 상태로 사유하기 때문이다. 그러나 현실은 내향적인 사람이 훨씬 더 성공적인 삶을 살고 있다. 이것이야말로 놀라운 지적이다. 그런데도 여전히 우리는 외향적인 사람이 되고 싶어 한다. 어쩌면 우리는 내향성과 고독의 가치에 대해 제대로 인식하는 기회조차 스스로 상실하고 있는지도 모른다. 그 원인은 무엇일까?

누구나 고독은 두렵고 불편하다. 그러나 분명하게 구분하지 않으면 안 된다. 고독과 고립을 구분하지 못하는 경우가 많다. 고독은 자발적 고립이다. 반면 고립은 타율적 고립이다. 나의 의지에 상관없이 따돌림을 당하는 것은 고립이다. 학교 등에서 집단 따돌림이 문제가 되는 것은 고립이지 고독이 아니다. 나의 의지와 아무런 상관없이 타인의 외면과 소외에 의해 일어나는 달갑지 않은 상황이다.

때로는 고독과 고립을 뭉뚱그려 해소하려는 경우도 있다. 세상으로부터 도피하여 자신만의 안전한 공간에 머물려는 일종의 칩거증후군이 그것이다. 자신의 안전을 위해서라지만 타인으로부터 받을 고통을 원천적으로 그러나 자발적으로 차단한다는 점에서 고독과 고립을 한 묶음으로 대처하는 경우이다. 바로 코쿤cocoon 족이다. 흔히 '나홀로족'이라고도 불리는 이 이름은 누에고치에서 유래한 말이다. 불확실한 사회에서 단절되어 보호받고 싶은 욕망을 해소하는 공간으로서의 코쿤은 외부에 나가서 타인들과 시간을 허비하는 대신 자신만의 공간에서 안락함을 추구하는 자폐적 형태로 나타나기도 한다. 인터넷과 비디오방은 코쿤족의 환경을 확장시켰고 통신판매나 야식집 등 음식배달업이 증가하는 것도 이들의 증가와 무관하지 않다.

문제는 이들이 자신만의 고치에 웅크리고 칩거하는 것은 그다지 건강하지 않다는 점이다. 고립과 고독을 구분하지 못하거나 그것을 두루뭉술하게 묶어 자신의 방식으로 해소하려 하지만 근원적 문제는 결코 해소되지 않는다. 왜냐하면 고독은 완전히 자발적인 선택이며 그것을 통해 자아를 온전히 대면하고 확장시킬 수 있는 발판일 뿐 아니라 건강한 사회적 관계를 마련할 수 있는 바탕이기 때문이다.

고독은 두려워할 일이 아니다. 오히려 기꺼이 선택해야 하는 선물이다. 그런데 그걸 고립과 구분하지 못하거나 한 묶음으로 이해하고 해결하려 하니 자꾸 문제만 꼬이게 될 뿐이다.

고독할 수 있는 사람이 강한 사람이다

살아가면서 남을 의식하지 않을 수는 없다. 남의 눈 전혀 의식하지 않고 제멋대로 행동하는 건 폭력이다. 조폭과 다름없다. 나의 욕망을 통제할 수 있는 것도 다른 사람의 시선이 있기에 가능한 일이다. 그런 점에서 사회의 구성원으로 살아가면서 남을 의식하는 것이 꼭 나쁜 것만은 아니다. 그러나 거기에도 정도가 있는 법이다. 사사건건 남의 시선에 신경 쓰는 건 겸손 때문이 아니라 자신감이 없기 때문이다. 혹은 나의 속셈을 따져서 이익을 계산하기 때문이다. 그런 관계는 결코 깊은 인간관계로 발전할 수 없다.

이렇듯 남의 시선을 의식하는 것도 무시하는 것도 모두 어렵다. 그 경계선 또한 애매한 경우가 많다. 중용이 필요하지만, 젊음에게 중용은 이제 겨우 발판을 마련하며 키워나가기 시작하는 단계이지 그것을 완성하거나 통달할 시기는 아니다. 젊음에게 어울리는 것은 당당함이다. 때론 오만하게 보이더라도 그런 자신감을 가져야 한다. 심지어 의식적으로라도 그래야 할 필요가 있다. 나이 들면 그런 자신감이나 남 시선 신경 쓰지 않는 것은 오만불손이거나 반사회성으로 나타난다. 그때는 용서되지 않는다. 그러나 젊음에겐 어느 정도 허용될 수 있다. 그에게는 그런 오만이 당당함으로 발전할 수 있고, 설령 그릇된다 해도 본인이 깨닫기만 하면 언제든 고칠 수 있는 가능성이 열려 있다.

우리가 미래의 삶을 선택할 때는 최우선적으로 자신의 삶에 대한 고민과 성찰이 선행되어야 한다. 어떤 직업을 선택하는 것이 자신이 꿈꾸는 삶의 방식에 가장 적절한지 고려해야 한다. 하지만 현실에서 그런 고려는 별로 힘을 얻지 못한다. 당장 생계를 해결해야 하는 입장에서 그런 고민이나 선택은 배부른 허세에 불과하기 쉽다. 안정된 미래가 보장된 삶이 최우선일 수밖에 없다. 그래서 공무원을 최고의 직업으로 여기며 공무원 시험에 매달린다. 공무원이 매력 없는 직업이란 뜻이 아니다. 공무원은 다른 직업에 비해 직접적으로 사회적으로 기여하며 공공선을 실현할 수 있다는 점에서 대단히 매력적이다. 그래서 사회적으로 의미 있는 삶을 꿈꾸는 젊은이들에게는 최우선적 선택의 대상일 수 있다. 그러나 단지 그 직업이 정년이 어느 정도 보장되어 있으며 안정적이란 이유 하나만으로, 그저 생계를 해결할 수 있는 직업 자체로만 선택하는 것이라면 안타까운 일이다.

자신이 꿈꾸던 자신의 일에서 보람을 얻는 일은 정말 중요하다. 물론 공무원 생활을 하면서 공공의 이익과 사회적 봉사의 삶을 깨우치면서 의미를 실현할 수 있다. 그러나 그저 안정적 직업으로 선택할 뿐이라면 '영혼 없는 공무원'이 되기 십상이다. 그건 개인의 문제로 국한되는 게 아니라 시민들에게도 해롭다. 젊은이들이 자신의 미래를 오로지 생활의 안정을 최우선으로 선택하는 현실을 만든 건 어른들의 허물이다. 자기들은 부모 세대들이 뼈를 깎고 배를 주리며 가르치고 일한 덕에 좋은 일자리 구하고 누리며 살았으면서 자식들 세대에게 더 나은 미래를 넘겨주지 못한 건 어떤 변명도 통하지 못할 허물이다. 그런 점에서 나는 여러분들에게 죄인이다. 물론 그렇다고 기성세대들이 누리고 살기만 한 건 아니다. 단지 지금보다 일자리 구하기만 조금 쉬웠을 뿐이지 삶은 곤궁했고 치열했다.

자신의 직업은 분명 자신의 판단에 따라 결정한다. 그런데 알게 모르게 누군가가 나의 판단에 작용한다. 물론 가장 큰 것은 부모님의 개입이다. 또한 사회적인 시선도 작용한다. 이러한 개입들이 내가 진짜 하고 싶은 것을 가리고 덮는다. 어렸을 때라고 정말 자신이 하고 싶은 걸 제대로 모른다고 단정할 수는 없다. 어쩌면 그게 가장 순수한 희망일지도 모른다. 물론 살아가면서 스스로 접하게 되는 삶과 세상을 통해 자신의 꿈을 구체화시키기도 하고 바꾸기도 한다. 그건 자연스러운 일이다. 그러나 은연중 타인의 시선을 통해 나의 미래를 결정하는 것이 생각보다 크고 많다.

물론 누구나 다른 이들로부터 존경받고 경제적으로도 넉넉해서 아쉬운 소리 하지 않으면서 살아가고 싶다. 그런데 문제는 타인의 시선을 지나치게 의식하게 되면 정작 내 삶은 없어진다는 사실이다. 아무것도 결정된 게 없는 젊은 시절에는 돌아볼 것도 없고 후회할 것도 없다. 그러나 10년이 지나고 20년이 지난 뒤 지금의 자신의 삶을 돌아봤을 때 과연 스스로 원하는 삶을 원하는 방식으로 살아왔을까 돌아본다고 상상해보라. 아무리 지위가 높고 경제적으로 풍요롭다 해도 정작 자신이 꿈꿨던 삶이 아닐 때 그 삶이 온전히 행복하다고 할 수는 없을 것이다. 편안한 삶일지는 모르지만 꿈꾸던 삶이 아니었음을 확인할 것이다.

그러니 남의 시선을 의식해서 자신의 삶을 결정하지 말아야 한다. 내 삶은 나의 것이지 남의 것이 아니다. 남의 시선은 그대로 그의 몫으로 돌려주어라.

고독은 주체성의 바탕이다

독특한 작가의 특이한 작품이라면 뭔가 기이하거나 엽기적인 것을 연상하기 쉽다. 그러나 이 작가와 작품은 그 자체로 하나의 아이콘이자 거울이다. 바로 제롬 데이비드 샐린저Jerome David Salinger, 1919~2010의 《호밀밭의 파수꾼》이다. 샐린저 자신이 성적 불량 등의 이유로 학교를 중퇴했다는 점에서 소설의 주인공과 겹치는 부분이 많은 책이기도 하다. 자전적 요소가 짙다는 평가를 받는 이 소설은 미국 현대소설에서 가장 중요하게 평가받는 작품 가운데 하나이다. 샐린저는 이 소설의 성공 이후 갑작스럽게 은둔의 삶으로 전환했고 나중에는 인터뷰조차 하지 않았다. 본디 다작이 아닌 샐린저는 이 작품 이후 작품 활동조차 뜸해졌지만, 어쩌면 이 작품만으로도 이미 그는 큰 울타리를 하나 쳐놓은 셈이다.

《호밀밭의 파수꾼》의 주인공 홀든 콜필드는 또다시 퇴학을 당했다. 퇴학 후 집에 돌아오기까지 48시간을 독백 형식으로 담고 있는 이 소설은 어른이 아니라 10대의 눈과 글로 거칠게 그러나 때론 섬세하고 때론 시니컬하게 세상을 바라본다. 거침없는 언어는 종종 읽는 이를 당혹스럽게 만든다. 사실 퇴학과 거침없는 비속어 때문에 미국의 여러 학교에서 금서로 지정되기도 했다. 이 소설의 주인공 콜필드는 자아가 아주 강한 소년이다. 아이도 어른도 아닌 10대 소년은 그러나 자신의 삶의 방향이 어떨지에 대해서는 단호하다. 실제로 거장 감독 엘리아 카잔은 이 소설에 흠뻑 빠져 꼭 영화로 만들고 싶어 했지만 샐린저는 거절했다. 샐린저가 거절하면서 했던 말이 걸작이었다. "홀든(콜필드)이 싫어할까 봐 두렵소." 이 단 한 편의 걸작을 남기고 은둔한 샐린저는 어쩌면 평생을 콜필드를 간직하며 살았던 것인지도 모른다.

감수성 예민한 콜필드는 어른의 사회를 알면 알수록 모순과 위선 투성이라고 느낀다. 그러면서 자신은 세상과 타협하지도 않고 피하지도 않되 자신만의 방식으로 맞설 것이라고 결심한다. 콜필드라고 그럴듯한 직업에 대한 동경이 전혀 없지는 않았다. 그러나 세상의 속살을 조금 일찍 들춰보면서 환멸과 두려움을 느낀다. 과연 그런 세상에서 자신은 어떤 삶 어떤 사람으로 살아갈 수 있을까? 그것은 본질적인 물음이다.

"변호사는 괜찮지만… 그렇게 썩 끌리는 건 아니야. 그러니까 죄 없는 사람들의 생명을 구해준다거나 하는 일만 할 수 있다면 좋겠지만, 변호사가 되면 그럴 수만은 없게 되거든. 일단은 돈을 많이 벌어야 하고, 몰려다니면서 골프를 치거나, 브리지를 해야만 해. 좋은 차를 사거나, 마티니를 마시면서 명사인 척하는 그런 짓들을 해야 한다는 거야. 그러다 보면, 정말 사람의 목숨을 구해주고 싶어서 그런 일을 한 건지, 아니면 굉장한 변호사가 되겠다고 그 일을 하는 건지 모르게 된다는 거지. 말하자면, 재판이 끝나고 법정에서 나올 때 신문기자니 뭐니 하는 사람들한테 잔뜩 둘러싸여 환호를 받는 삼류 영화의 주인공처럼 되는 거 말이야. 그렇게 되면 자기가 엉터리라는 걸 어떻게 알 수 있겠니? 그게 문제라는 거지."

너무 조숙한, 세상을 너무 일찍 알아버린 불량 청소년(퇴학을 당했다는 점에서), 그러나 진짜 순수한 10대인 콜필드는 그럴듯한 삶, 근사한 직업이라는 것이 어쩌면 자신을 엉망으로 엉키게 만드는 것일 수 있다는 것을 너무 일찍이 알았다. 그는 어른의 사회를 위선으로 규정하고 거부한다. 그 안에는 억압된 자아의 목소리가 짙게 깔렸다. 콜필드는 '어쩔 수 없이 그렇게 되어버리는' 삶을 단호히 거부한다. 그는 '자신의 삶'을 원했다. 그 성찰은 바로 고독에서 성장한 것이다.

그런 콜필드는 무엇이 되고 싶었을까?

> "나는 늘 넓은 호밀밭에서 꼬마들이 재미있게 놀고 있는 모습을 상상하곤 했어. 어린애들만 수천 명이 있을 뿐 주위에 어른이라고는 나밖에 없는 거야. 그리고 난 아득한 절벽 옆에 서 있어. 내가 할 일은 아이들이 절벽으로 떨어질 것 같으면, 재빨리 붙잡아주는 거야. 애들이란 앞뒤 생각 없이 마구 달리는 법이니까 말이야. 그럴 때 어딘가에서 내가 나타나서는 꼬마가 떨어지지 않도록 붙잡아주는 거지. 온종일 그 일만 하는 거야. 말하자면 호밀밭의 파수꾼이 되고 싶다고나 할까."

그게 직업이랄 수 있을까? 샐린저는 콜필드의 독백을 통해 말하는 사람이 관심을 가지고 있는 이야기를 신 나게 하고 있다면 그대로 내버려두라고 조언한다. 그 관심이 애정이건 염려이건 그건 그의 이야기일 뿐이고 어쩌면 그 자신에게 던지는 이야기일 뿐이다. 그가 내 삶을 살아주는 것도 아니지 않은가? 그러니 그냥 내버려두고 너의 삶에 대해서만 충실하라는 것이 샐린저의 충고이다.

대기업 고문 변호사 아버지를 둔 뉴욕의 유복한 가정의 소년은 어째서 직업이랄 수도 없는 '호밀밭의 파수꾼'이 되겠다고 마음먹었을까? 일찍 죽은 동생, 할리우드에서 자신의 재능을 돈과 맞바꾼, 일찌감치 위선의 어른이 된 형, 세상 물정을 도무지 모르고 순수하기만 한 동생. 성적 불량으로 퇴학을 두 번씩이나 당한 골칫덩이 아들인 콜필드는 기존의 사회 코드를 받아들이지 못해 지속적으로 방황하는 10대를 상징한다. 그가 본 어른의 세상만 고약한 게 아니다. 친구들도 자기 얘기를 전혀 들어주지 않는다. 어른들은 상대가 상류층이나 명사가 아니면 상대도 하지 않는 속물들일 뿐이다. 여자 친구마저 자신을 이해하지 못한다. 그가 자신들의 생각과 다르다는 이유만으로 콜필드는 방황하고 외로움이 깊어갈 뿐이다. 그가 만난 거의 모든 사람들은 그를 실망시킬 뿐이다. 그런 콜필드는 아이들이 호밀밭에서 마음껏 뛰놀아야 한다고 믿는다. 쑥 자란 호밀밭에서 아이들의 눈에는 앞이 보이지 않는다. 그저 손으로 휘휘 저으며 길을 만든다. 가끔은 숨기도 하면서. 그러나 그 밭의 끝에는 절벽이 있다. 그 절벽 아래로는 위선과 모순의 세계만 있을 뿐이다. 콜필드는 그 절벽으로 아이들이 더 나아가지 못하게 파수꾼의 역할을 하겠다는 것이다.

세속의 눈으로 보면 그건 일이랄 것도 없다. 변호사처럼 거액을 받는 것도 아니고 의사처럼 존경받는 일도 아니다. 그러나 확실한 것은 그게 콜필드가 정말 하고 싶은 일이라는 사실이다. 누가 시킨 것도 가르쳐준 것도 아니다. 오로지 자신의 삶을 통해 알게 된 세상에서 자신의 역할이 무엇이어야 하는지 느꼈을 뿐이다. 그건 바로 그의 삶이고 꿈이다.

> "미성숙한 인간의 특징이 어떤 이유를 위해 고귀하게 죽기를 바라는 경향이 있다는 것이다. 반면 성숙한 인간의 특징은 동일한 상황에서 묵묵히 살아가기를 원한다는 것이다."

너무 일찍 세상을 알아버린 콜필드가 정신병에 걸린 것은 어쩌면 필연인지도 모른다. 그러나 남의 시선, 남이 이끌어간 삶을 내 삶이라고, 내 삶이고 싶다고 그 모순과 위선의 길로 나서는 이들이야말로 정신을 잃어버린 것이 아닐까? '고귀하게 죽기를 바라는 경향'이 사실은 허튼 이념일 수도, 엄청난 부일 수도, 대단한 권력과 지위일 수도 있다. 하지만 거기에 나의 모든 삶을 다 거는 것이야말로 미성숙한 사람의 몫이다.

남이 뭐라거나 말거나, 나의 삶은 전적으로 나의 것이다! 그걸 놓치면 나는 없다.

고독이 나의 삶을 농밀하게 만든다

요즘은 의식하지 않아도 자연스럽게 코쿤족이 되는 경향이 있는 듯 보인다. 관계라는 것도 직접적으로 대면하지 않아도 끊임없이 다양한 방식으로 이어진다. 문제는 그것이 온라인상으로만 이루어진다는 점이다. 하기야 카페에서 만나서도 소소한 이야기를 나누는 것보다 서로 제 스마트폰 만지작거리고 있는 걸 보면 왜 저리 만나고 있나 싶을 때도 있다. 그러면서 혼자 있는 걸 두려워한다. 휴대전화가 걸려오지 않거나 문자가 뜨지 않으면 불안해한다. 수시로 카카오톡을 들여다보고 여기저기 트위터에 리트윗하면서 관계를 확인한다.

조용히 침잠하여 자신을 만나고 자신에게 모든 시간을 할애하는 농밀한 시간을 누릴 줄 모르는 삶은 공허하기 쉽다. 아무리 온라인상에서 수다를 떨어도 지나고 나면 대부분 공허한 이야기들이다. 조용히 책 읽고 명상하는 시간을 가져야 한다. 일부러라도 그런 고독의 시간을 만들어야 한다. 그런데 정작 고독할 줄도 모르고 고독의 값을 모르니 그런 시간을 감당하지 못한다. 그러면서 그걸 고립으로 착각한다.

10대들이 책 읽는 습관을 가지고만 있어도 집단따돌림에도 의연하게 넘길 수 있을 것이다. 자신의 실력과 내공이 쌓이면 저절로 극복될 뿐 아니라 그것이 삶의 추동력이 될 수 있다. 그 가치를 맛본 사람은 가능한 한 공허한 만남을 절제하고 자신의 시간에 충

실하려고 애쓴다. 조용하고 의연한 사람은 타율적 고립이건 자율
적 고립이건 이겨낼 수 있다. 그러나 그렇지 않은 사람은 그걸 견
뎌내지 못한다. 그러면서 자꾸만 허튼 만남과 관계에 시간을 낭비
한다.

　자신의 삶에 충실하기 위해서는 기꺼이 고독할 수 있어야 한
다. 그런 사람만이 휩쓸려 살지 않을 뿐 아니라 자신의 삶을 자신
의 선택으로 능동적으로 살아갈 수 있다. 삶은 예측할 수 없다. 언
제 어디서 어떻게 무엇이 튀어나올지 모른다. 고독을 통해 농밀한
삶을 체험한 사람은 예상치 못한 상황에서도 의연하게 대처한다.

　뉴저지 주의 코리 부커 뉴어크Newark 시장이 예일대학교 졸업
식장에서 건넨 '일류 인생'에 관한 내용이 눈길을 끈다.

>　"Always understand that first class in life has
> nothing to do with where you sit on an airplane.
> First class in life has nothing to do with the
> clothes you wear, the car you drive or the house
> you live in. First class is and always will be about
> the content of your character, the quality of your
> ideas, the kindness of your heart."
>
> (일류 인생이란 비행기 일등석에 앉아 있는 것과 관계없음을
> 알라. 일류란 명품 옷을 걸치는 것과도 관계없고, 고급자동

차를 타거나 고급 저택에 사는 것도 아니다. 일류란 여러분의 인격, 아이디어 격[格], 그리고 따스하고 온화한 가슴에 달려 있다.)

잘 먹고 잘 사는 게 성공한 게 아니다. 자신의 삶을 의연하고 충실하게 살아온 사람이 진정 성공한 삶을 누린다. 인격은 타인에 의해서 만들어지는 게 아니라 자기 스스로 만들어내는 것이다. 그러므로 스스로 고독할 줄 모르는 사람은 성공할 수 없다. 청춘의 시기에 고독의 힘을 길러내는 연습을 할 줄 알아야 한다. 고독에도 훈련과 연습이 필요하다.

진정 당신 자신의 삶을 원하는가? 농밀한 삶을 원하는가? 그러면 고독하라, 기꺼이!

검색이
아니라
사색

《숲 속의 생활》_ 헨리 데이비드 소로
《소로우의 강》_ 헨리 데이비드 소로
《침묵의 세계》_ 막스 피카르트

정보보다 지식, 지식보다 지성

정보가 넘치는 세상이다. 온갖 정보들이 떠다닌다. 정보가 많을 뿐
아니라 접근도 쉽다. 예전에 정보는 독점적 권력의 소유 방식이었
다. 그 정보에서 멀리 떨어져 있으면 거기에 비례하여 힘에서 멀
어졌다. 고대뿐 아니라 근대 초기까지만 해도 글을 해독하는 사람
들은 극소수였다. 정보는 곧 권력이었다. 심지어 권력에 있는 이

들 가운데서도 글을 읽고 쓰지 못하는 이들이 많았다. 중세 유럽 교회의 성직자들 가운데서도 라틴어를 온전하게 구사하지 못하는 이들도 있었다. 세계에서 가장 오래된 금속활자인《직지심체요절 直旨心體要節》의 경우(더 오래된 것이 1234년에 주조되어 인쇄된《고금상 정예문》이지만 활자도 인쇄된 책도 없고 기록만 있을 뿐이다)도 물론 불교 국가였던 고려의 종교적 산물이고 불교의 학술적 종교적 가치를 지녔지만, 동시에 고관들이 '소장본'으로 가졌을 것이다. 그걸 가지고 있다는 것만으로 자신의 지위를 과시할 수 있었기 때문이다. 마치 1970~1990년대 한국에서《브리태니커 백과사전》을 책장에 '보관'했던 것처럼.

그러나 이제는 거의 모든 정보들이 개방되어 있고 누구나 접근할 수 있으며 그것을 사용할 수 있다. 심지어 내가 그 정보 생산에 참여하여 정보를 보완하거나 수정할 수도 있고 완전히 새로운 정보를 만들어낼 수도 있다. 정보와 지식을 딱 부러지게 구별하는 것은 쉽지 않다. 대부분의 정보와 지식은 서로 섞여 있기 때문에 더 그럴 것이다. 일반적으로 정보는 데이터 혹은 그것을 일정한 형식으로 처리 가공한 내용을 지칭한다. 정보는 사실로부터 출발하고 개인에게 소용되는 것이다. 거기에는 내가 개입할 여지가 없다. 나는 오직 선택할 뿐이다. 그에 반해 지식은 여러 정보가 집적되어 일반화된 형태로 정리된 것이다. 달리 말하면 유용성을 위해 추상화되고 일반화된 정보이다. 지식은 여러 정보를 생성하고 취득하는 과정에서 주관적으로 해석되는 경우도 많다. 그런 점에서는 능동적이다. 많은 정보들이 목적성에 따라 지식의 형태로 구성된다. 사실 정보와 지식은 그 자체로 고정된 것이 아니다. 정보들이 쌓여 지식이 되고 지식은 또 하나의 정보로 작용하기 때문이다.

사실 지금 우리가 안고 있는 문제는 정보나 지식의 부족이 아니라 오히려 과잉이다. 익스포메이션exformation이라는 말도 그래서 생겨난 신조어新造語이다. 안으로in 들어와 구성formation되는 것이 정보information이다. 그러나 너무 많은 정보들이 쏟아져 들어와 뒤죽박죽이 되거나 판단이 마비될 지경이면 문제다. 온갖 스팸들이 날마다 우리의 일상과 정보체계로 들어온다. 이른바 쓰레기정보인 정크포메이션junkformation들의 범람은 우리의 올바른 판단마저 마비시킨다. 그래서 그런 정보들을 밖으로 내빼는 것이 바로 익스포메이션이다.

정보 접근의 용이함과 정보의 다양성, 그리고 정보의 풍부함을 얻는 대신 우리가 잃고 있는 것이 결코 적다고 할 수 없다. 사실 예전(그래봤자 불과 30년쯤 전의 일이다) 대학원 시절에는 필요한 지식을 얻을 수 없는 경우가 많았는데 그때마다 외국에 책을 주문해야만 했다. 주문하고 그걸 받는 데에 두세 달은 족히 걸렸다. 그런데 막상 받아보면 원하는 내용이 아닐 때도 많았다. 대학 도서관에 없는 걸 찾기 위해서 소장 도서가 가장 많았던 국회도서관에 가서 하루 종일 찾는 일도 허다했다. 하지만 이제는 인터넷을 통해 원하는 지식과 정보를 검색하고 내려받거나 주문할 수도 있게 되었다. 얼마나 편리한가!

그러나 그 불편한 과정에서 얻었던 것들도 많았다. 예를 들어 그 책이 도착하여 내가 펼쳐보고 확인하기 이전 동안 많은 시간을 그것에 대해 더 생각하고 다른 자료 찾아보고 유추와 추론도 해보면서 전체의 얼개와 주제를 재확인하는 건 사실 큰 소득이다. 만약 지금 여러분이 그걸 경험해보고 싶으면 서점에 가보시라. 제목과 표지를 보고 그 책의 큰 주제를 어림잡아보라. 그 뒤에 목차를 펼쳐보고 그 책의 내용이 어떻게 전개될지, 거기에서 그 문제를 어떻게 다루게 될지, 그 결론과 의미가 무엇일지를 예상하거나 혹은 상상해보라. 곧바로 내용을 살펴보지 말고 추론과 연상 등을 통해 자신의 생각이 어디까지 미치고 있는지, 자신의 지식은 어디에 머물고 있는지를 확인하는 것도 매우 유용하다.

조금만 궁금하면 곧바로 스마트폰이나 컴퓨터로 검색하는 습관을 고쳐보는 것도 좋을 것 같다. 급한 건 물론 바로 찾아봐야 하지만 그렇지 않은 경우라면 먼저 머릿속에서 유추해보고 상상해보는 것도 좋다. 자신의 모든 정보와 지식 체계를 동원하여 짐작해본 뒤에 자신의 유추와 실제의 내용이 일치하는지 확인하는 게 의외로 알찬 소득을 줄 것이다.

자, 그렇다면 이제 이 문제를 조금 더 확장해보자. 검색이 능사가 아니다. 그건 누구나 다 한다. 그리고 똑같은 내용들이다. 우리에게 진짜 필요한 건 검색이 아니라 사색이다. 누구에게나 열려 있는 정보와 지식에서 중요한 건 판단력이다. 판단력은 단순히 지식과 정보의 축적에 의해서만 이루어지는 게 아니다. 그걸 골라내고 분별하며 자신의 것으로 소화하려면 반드시 사색의 과정이 필요하다. 우리에게 부족한 건 정보와 지식이 아니다.

헨리 데이비드 소로의 사색

세상에 수많은 사색가들 명상가들이 있었다. 그 가운데 나는 이 사람을 꼽고 싶다. 바로 헨리 데이비드 소로Henry David Thoreau, 1817~1862가 그 사람이다. 그는 목소리가 큰 사람도 아니었고 살아 있을 때 크게 주목을 받은 사람도 아니었다. 하버드대학교를 졸업한 뒤에 토지측량을 하기도 하고 가업인 연필 제조업에 종사하기도 했던 소로는 에머슨의 영향을 받아 자신의 삶과 생각에 대해 천착하면서 주옥같은 작품을 써냈다. 사실 그는 생계를 위해서 그리고 자신의 이상 실현을 위해 교사가 되고자 했다. 하지만 학생들을 체벌해야 하는 콩코드 마을학교의 현실을 견딜 수 없어 2주 만에 포기했다. 나중에는 형과 함께 학교를 세워 직접 운영하기도 했지만 형이 아프게 되어 그것도 접고 말았다. 그의 글은 함성도 아니었고 위대한 지식을 담은 것도 아니었다. 그런데 시간이 흐를

수록 많은 사람들이 그에게 매료되었고 영향을 받았으며 추앙되고 있다. 그 힘은 어디에서 오는 것일까?

소로는 1845년 여름 근처의 월든 호수에 들어가 만 2년 2개월 동안 살았다. 땅의 소유주는 바로 에머슨이었다. 소로는 그 땅에 직접 아주 작은 통나무 오두막집을 지었다. 도끼로 나무를 베고 잘라 집을 짓는 데에 쓴 돈은 모두 합해 28달러였다. 그곳에서 그는 모든 문명의 이기를 버리고 인간이 생존할 수 있는 최소한의 조건을 몸소 체험하면서 완전히 자연과 동화하는 삶을 살았다. 그는 책을 읽고 쓰고 산책하며 명상에 몰두했다. 1865년 그곳에서의 생활과 성찰을 담은 책《숲 속의 생활(흔히《월든》이라 부르기도 하는)》이 나온 것은 그 결실이었다.

"내가 숲 속으로 들어간 것은 인생을 의도적으로 살아 보기 위해서였다. 다시 말해서 인생의 본질적인 사실들만을 직면해보려는 것이었으며, 인생이 가르치는 바를 내가 배울 수 있는지 알아보고자 했던 것이며, 그리하여 마침내 죽음을 맞이했을 때 내가 헛된 삶을 살았구나 하고 깨닫는 일이 없도록 하기 위해서였다."

소로는 그 책에서 이렇게 고백하고 있다. 비록 그가 월든 호수의 통나무집에서 지낸 시간은 2년 남짓에 불과했지만 그는 삶과 죽음 전체를 꿰는 성찰을 이어갔던 것이다. 그러나 그는 월든에서 세상과 담을 쌓고 살지는 않았다. 멕시코 전쟁에 반대하여 인두세 납부를 거부한 죄로 투옥당하는 일도 겪었다. 하지만 그는 이 경험을 토대로 《시민의 반항》(1849)을 썼고 훗날 간디의 운동 등에 큰 영향을 미치기도 했다. 그런 점에서 그는 행동하는 양심이었고 성찰과 실천이 분리되지 않은 정직하고 용감한 삶을 살았다. 그는 사회문제에 대해서 늘 민감하게 반응했다. 1850년 의회에서 도망 노예법이 통과되자 그는 그 법에 반대하며 1854년 보스턴에서 강연하였고 1859년 하퍼즈 페리의 반란 사건이 발생하자 〈본 브라운 대위의 변호〉를 여러 곳에서 강연하기도 했다. 그는 언제나 자신의 엄격한 원칙에 따라 살기 위해 노력했다. 그 힘은 바로 그의 성찰과 사색에서 비롯된 것이다. 《숲 속에서의 생활》을 꼼꼼하게 읽어보면 그가 단순히 자연친화론자이거나 명상가에 그치는 것이 아니라 글 곳곳에 퍼렇게 날이 선 그의 정신이 촘촘하게 박혀 있음을 발견할 수 있다.

그의 삶이 금욕적이라 여겨서 지레 거리감을 느낄 건 없다. 그건 그의 삶의 철학이며 태도일 뿐이다. 핵심은 그가 모든 일상을 철저하게 사색과 더불어 수행했다는 점이다. 그는 책에서 오두막 짓는 과정을 세밀하게 서술하고 있다. 심지어 사소한 것들까지 모든 가격을 적었다. 못 한 개의 값까지 다 기록했다. 왜냐하면 그것은 단순히 집을 짓는 데에 소용된 비용으로 그치는 것이 아니라 그 과정을 통해 영혼을 튼실하게 채우는 것을 구체적이며 동시에 은유적으로 표현한 것이기 때문이다. 그는 월든에 머물기 전에 철저한 고립과 은둔에 대해 1852년 1월의 일기에서 이렇게 썼다. "나는 내 마음이 완전히 흐트러질지 모르기 때문에 여행을 많이 하거나 명소에 가는 것이 두렵다."

소로는 왜 군이 그렇게 월든 호수에 작은 통나무집을 직접 짓고 사는 이상한 짓(?)을 했을까? 소로가 보기에 사람들은 집의 노예였고 재산의 노예였다. 또한 일의 노예였다. 그런데 150여 년이 넘은 지금 우리 또한 여전히 그러한 노예로 살고 있지 않은가? 인간의 멈추지 못하는 욕망은 자신의 삶을 진지하게 바라보지 못하게 한다. 그가 직접 그리고 최소한의 공간으로 집을 지은 것은 스스로의 노력에 의해 노예로서의 삶을 살지 않겠다는 선언이고 증명이었다. 그가 원하는 삶은 바로 자유인의 삶이었다. 그것은 비단 시간이 남아돌아서 얻는 게 아니다. 또한 그냥 빈둥빈둥 시간만 보내는 삶이 아니다. 불필요한, 없어도 되는 것임에도 불구하고 포기하지 못하고 평생을 매달려 사는 미망들을 털어내고 자신에게 충실한 그런 삶이다.

소로는《숲 속의 생활》에서 이렇게 간결하게 말하고 있다.

"간소하게, 간소하게, 간소하게 살라! 제발 바라건대, 여러분의 일을 두 가지나 세 가지로 줄일 것이며, 백

가지나 천 가지가 되도록 하지 말라. 백만 대신에 다섯이나 여섯까지만 셀 것이며, 계산은 엄지손톱에 할 수 있도록 하라."

과연 우리는 그렇게 살고 있는가? 계속해서 검색만 하면서 바쁘기만 할 뿐 실속도 내재화도 없는 정보의 홍수 속에서 허우적거리며 소화도 하지 못할 온갖 정보들을 서핑하고 이리저리 담기에만 바쁘지는 않은가? 나중에는 그게 어떻게 저장되고 분류되었는지조차 스스로 알지 못하는 경우도 있을 것이다. 그건 사실 정보도 지식도 아니다. 하물며 제대로 된 판단력이나 실천력이 따르는 힘도 되지 못한다.

부질없이 매일 반복되는 검색은 오히려 정신을 어지럽히는 경우도 있다. 습관처럼 여기저기 서핑하면서 꼬리를 물고 이어지는 클릭으로 시간을 낭비하고 있지 않은가? 그러면서도 그것이 마치 자신의 미래와 성공에 분명히 도움이 되고 소용이 있을 것이라고 여기지는 않는가? 결국 그런 삶은 허기와 피로의 반복으로 이끌 뿐이다. 자신을 자유롭게 만들기는커녕 오히려 쓸데없는 거미줄로 자신을 칭칭 동여매고는 거기에서 헤어나지 못한다. 그런 삶에 대해 소로는 따끔하게 충고한다.

"밥벌이를 그대의 직업으로 삼지 말고 도락으로 삼으

라. 대지를 즐기되 소유하려 들지 말라. 진취성과 신념
이 없기 때문에 사람들은 그들이 지금 있는 곳에 머무
르면서 농노처럼 인생을 보내는 것이다."

진정한 사색은 자신의 삶을 발견하게 한다

소로의 삶은 뜻밖에도 짧았다. 불과 45년의 시간이 그에게 허락된
삶의 전부였다. 우리는 흔히 그가 월든 호숫가에 정착하며 사색하
고 저술한《숲 속에서의 생활》때문에 그의 삶이 고립되고 정적인
것으로만 여기기 쉽다. 그러나 그의 첫 번째 책인《소로우의 강》을
보면 사색이 꼭 조용한 곳에 틀어박혀 명상하거나 숲을 산책하는
것으로 국한되는 것이 아님을 알 수 있다. 사실 그는 명상가이며
시인이고 사상가이기 이전에 탐험가요 모험가였다. 그의 삶 자체
가 도도한 탐험이고 모험이었다.

　이 책에서 소로는 영혼을 맑게 하는 건강한 책을 읽어야 한다
고 역설한다.

　　　"우리는 책을 골라 읽을 필요가 있으니, 책은 평생 사
　　　귀어야 하는 길동무이기 때문이다. 마음을 맑게 하는
　　　진실한 책만 읽어라. 통계, 소설, 뉴스, 보고서, 정기간

행물 따위는 읽지 말고, 위대한 시만 읽어라 (…) 적어
도 하루에 한 번은 삶의 길을 스스로 헤쳐나갈 수 있어
야 한다. 하루가 온종일 대낮일 필요는 없으나, 하루가
저절로 싹틔울 수 없는 시간이 적어도 하루에 한 시간
씩은 있어야 한다."

인터넷은커녕 다양한 정보가 제공되지 않았던 19세기 중반에
이미 그는 정보의 더미에서 허우적대지 말고 삶을 성찰할 수 있
는 책을 읽으라고 충고하고 있다. "인쇄하고 제본했다고 해서 전
부 책이 되는 것은 아니고, 책이라고 해서 다 문필에 속하는 것도
아니다."라며 제대로 골라 읽어야 한다는 충고도 곁들인다. 지평
선의 산봉우리들도 과학의 눈으로 보면 산맥의 일부에 불과하다.
생각의 흐름은 기울어진 물길로 줄곧 내달리는 강물보다는 해와
달의 영향으로 오가는 밀물을 더 많이 닮았음을 알아야 한다. 자
잘한 원인과 결과의 과정보다 훨씬 더 큰, 더 근원적이고 본질적
인 흐름을 봐야 한다. 그런 시선으로 자신의 삶을 바라봐야 한다.
그것이 바로 사색의 힘이다. 검색에서는 결코 얻어질 수 없는 것
이다.

"여행하는 내내 강물 따라 흐르기를 바라는 독자는 내
해(內海)를 다니는 자신의 작은 배가 큰 물결이 이는

바다에 이르면 바닷물이 자꾸 솟구쳐 올라와 멀미가 난다고 불평한다. 하지만 바다의 흐름은 배 쪽으로 밀려오는 것이 아니라, 해와 달 쪽으로 밀려가는 것이다. 하지만 우리가 이런 책들을 읽으며 글이 지닌 흐름을 제대로 느끼기 위해서는 숨 쉴 때처럼 페이지마다에서 솟아오르고 드르릉 돌아가는 맷돌처럼 옳으니 그르니 따지는 생각들을 싹 씻어버리리라는 것을 짐작해야 한다. 물결이 자신의 앞이나 뒤에서 좀 더 높은 곳까지 솟구쳐 오르는 것이다."

누구나 자신의 삶의 주인이고 싶어 한다. 먹고살아야 하는 까닭에 내 삶의 많은 부분을 노동으로 제공하는 것을 피할 수는 없다. 노동은 또한 나의 자아를 실현하는 방식이며 존재의 의미와 가치를 향상시키는 근원이라는 점은 분명하다. 일을 통해 성취를 이루는 건 신성하고 가치 있는 일이다. 그러나 일이 나의 모든 것이 되고 그 일을 통한 평가가 나의 삶의 척도가 될 때 나는 일의 노예가 된다. 그 임계점은 어느 한순간에 온다. 그리고 거기에 도달하고 결국 붕괴될 때까지 임계점을 스스로 알 수 없다.

자신의 삶의 주인이 되고 진정 원하는 삶을 살기 위해서는 그 분별이 명확해야 한다. 그리고 그 분별과 선택은 바로 사색을 통해서 이루어진다. 소로는 "강은 이미 깨어 있었고, 신선한 물결이

해를 마중하러 나와 있었다."고 썼다. 그가 강을 따라 모험에 나섰
던 건 바로 그러한 발견과 체험을 위해서였다. 강은 단순한 공간
이 아니라 사색의 흐름이고 과정이었다. 내 삶의 강물은 어디로
흐르고 있는가? 그것을 과연 정보나 지식으로 알 수 있을까? 지
금 우리에게 사색이 필요한 것은 바로 그 때문이다. 나의 강도 이
미 깨어 있고 신선한 물결이 해를 마중하러 나와 있을 텐데 그 순
간에조차 잡다한 정보 검색에만 매달려 밤을 새우고 있는 건 아닌
지 돌아볼 일이다. 그 강과 신선한 물결은 사색하는 이가 누릴 것
이다. 소로는 사색을 멀리하는 우리들을 본 듯, 이렇게 말한다. "어
떤 생각이든 진실한 생각이라면 억누를 수 없다." 진실한 생각, 그
건 검색이 아닌 사색에서 오는 선물이다. 그 순간 지식이 지성으
로 한 계단 올라설 것이다.

침묵 속에서 본질을 발견한다

막스 피카르트Max Picard, 1888~1965는 《침묵의 세계》에서 이렇게 말
한다.

> "침묵은 수동적인 것이 아니고 단순하게 말하지 않는
> 것이 아니다. 침묵은 능동적인 것이고 독자적인 완전

한 세계다. 침묵은 시작도 끝도 없는, 창조되지 않은 채 지속되어온 존재다."

　가슴이 뜨끔하다. 우리는 말의 홍수 속에서 살고 있다. TV며 라디오에서 쏟아져 나오는 말, 신문과 잡지에서 튀어나오는 글의 홍수 속에 허우적댄다. 그러면서 정작 침묵하는 법은 모른다. 검색은 넘치지만 사색은 부족한 부박함의 원인 가운데 하나는 바로 침묵을 두려워하기 때문이다. 사실 지금 우리의 시대는 말이 필요한 시대가 아니라 침묵이 필요한 시대이다. 침묵은 단순히 말의 단절이 아니다. 쓸데없는 말의 감옥에서 벗어나 있는 그대로의 나와 세상을 만나는 중요한 공간이다. 침묵 속에서 나를 비껴갈 수는 없다. 피카르트는 말은 더 이상 정신적으로 존재하지 않고 다만 음향적 잡음으로만 존재한다고 비판한다. 그가 살았던 시대에는 라디오가 주된 매스컴이었으니 만약 그가 지금의 시대에 살고 있다면 과연 무엇이라 말했을지 궁금하다. 그에 따르면 말은 자신의 배후에 하나의 세계, 즉 침묵의 세계를 가질 뿐 아니라 자기 곁에 또 하나의 세계, 즉 진리의 세계를 갖는다. 그런 관점에서 본다면 지금 침묵을 잃고 있는 우리는 자기 곁에 둬야 할 또 하나의 세계를 상실하고 있는 셈이다. 그런데도 자꾸만 소음에 불과한 소리들에 여전히 귀를 쫑긋 기울이고 있다.

"시는 침묵으로부터 나오며, 또한 침묵을 동경한다. 시는 인간 자신과 마찬가지로 한 침묵에서 다른 침묵으로 가는 길 위에 있다. 시는 침묵 위를 비상하고, 선회하는 것과 같다. (…) 시인의 말은 그것이 태어났던 침묵과 자연적으로 연관되어 있을 뿐 아니라, 말 안에 깃든 정신을 통해서 스스로 침묵을 생산하는 능력을 가지고 있다. 그러한 말의 창조적 작용을 통해서 자연에 지나지 않을 뿐인 침묵이 정신에 의해서 되풀이된다. 그러한 말은 아주 강력하며 아주 철저히 완벽한 말일 수 있는 까닭에 그 대립물, 즉 침묵이 저절로 존재하게 되며 그 침묵은 말에 흡수된다. 즉 완벽한 침묵은 완벽한 말의 메아리로 들린다."

　우리가 모두 시인일 까닭은 없다. 그러나 피카르트가 말하는 시가 꼭 시인의 시를 지칭하는 것은 아니다. 시는 자신의 삶과 세상에 대한 자기 방식의 표현이며 본질의 재발견이다. 침묵을 상실한 것은 말의 상실과 다르지 않다. 헛되고 삿된 말의 범람에서 우리는 헛되고 삿된 삶을 꾸려간다. 사색은 바로 그런 침묵으로 자신을 회귀시키며 헛되고 삿된 것을 걸러낸다. 그러니 사색의 힘은 얼마나 대단하고 중요한가. 무의미한 소음에 불과한 말들에서 잠시라도 벗어날 필요가 있다. 그렇지 않으면 우리는 핏기 없는 회색의 얼굴로 살아갈 뿐이다. 피카르트의 경고를 기억해야 한다.

"오늘날 인간의 얼굴에는 어떠한 바다도 어떠한 산도 없다. 얼굴이 더 이상 그것들을 받아들이지 않고, 자신에게서 밀어내버린다. 얼굴에는 더 이상 그런 것들을 위한 자리가 없다. 그리하여 모든 것이 뾰족한 극단에 놓이게 되고, 외부세계는 그 뾰족한 극단에서 떠밀려 흔들려 떨어질 것처럼 보인다. 얼굴에서 나무들이 베어져 나가고, 산은 파여 없어지고, 바다는 말라붙었다. 그리고 그러한 텅 빈 얼굴 속에 거대한 도시가 세워졌다."

사색을 잃으면 껍데기만 남은 '나'일 뿐이다. 고독과 침묵은 두려움의 대상이 아니다. 그것은 나의 얼굴을 회복하는 본질적이고 근원적인 것이다. 사색은 바로 제대로 된 나를 되찾는 일이다. 그런데 그걸 두려워할 까닭이 어디 있을까? 기꺼이 침묵의 숲으로 들어가보자.

익스포메이션이 필요한 시간

앞에서 말한 익스포메이션은 불필요한 쓰레기 정보들을 가려내서 없애는 것을 뜻한다. 'ex'라는 말에는 '제거하다'라는 의미가 들어 있다. 스팸과 정크포메이션의 과잉 상태에서 그걸 부지런히 덜어 내지 않으면 정작 필요한 정보 입력이 되지 않을 수 있다. 혹은 정상적 정보와 쓰레기 정보가 뒤섞여 모두 아무런 쓸모가 없게 된다. 그런 점에서 부지런한 익스포메이션 작업이 필요하다.

그걸 덜어내기 전에 아예 그런 정보에 접속하지 않는 게 현명하다. 물론 호기심을 유발하고 온갖 기법을 동원해서 낚는 까닭에 쉽게 걸려드는 것도 사실이다. 지금 우리에게 필요한 건 일차적으로 정상 정보와 쓰레기 정보를 구별하는 판단력이고, 부차적으로 쓰레기 정보 더미에 접근하지 않는 절제력이 필요하다. 거기에는 부단한 훈련이 필요하다. 그걸 해결할 수 있는 가장 좋은 방법 가운데 하나가 바로 사색이다.

사색이라고 정보와 차단된 것은 아니다. 사색이 좋은 결실을 얻을 수 있으려면 적절하고 적당한 정보와 지식이 있어야 한다. 그러나 때론 그것들이 과잉상태가 되면 올바른 사색에 방해가 되기 쉽다는 점을 기억할 필요가 있다. 적당한 지식과 정보가 적절한 사색과 어우러지면 지혜가 생긴다. 그것은 타인의 것이 아니라 바로 나 자신의 것이다. 분별력은 빌어올 수 있지만 판단은 빌어올 수 없다. 따라서 내가 주인이 되어 살기 위해서는 반드시 바른 판단력이 필요하며 사색이 필수적이다.

이런 상태가 되면 익스포메이션은 또 다른 의미로 확장될 수 있다. 'ex'가 '제거하다'는 뜻뿐 아니라 '밖으로'라는 의미도 있다는 점에 주목해보자. 밖에서 안으로 들어와in 구성된 것이 정보 information이라면 안에서 밖으로ex 나가 새로운 것을 만들어내는 것이 바로 익스포메이션exformation이 될 수도 있지 않겠는가? 그것이 바로 상상력이고 창의성이며 주체성이기도 하다. 내가 모든 지식과 판단의 주인이 되었을 때 비로소 나의 행동은 주체적이며 당당해진다. 아무리 많은 정보를 쌓은들 정작 행동하지 못하는 나약함에 머문다면 아무 짝에도 소용이 없다.

실제로 소로는 숲에 은둔하여 명상과 사색만 하지 않았다. 그는 불의와 거짓에 대해 분연히 일어나 저항하고 질책하며 맞서 싸웠다. 소로가 매력적인 것은 단순히 초월적 명상에 머물지 않고 생태학적인 관심을 잃지 않으며 혼자서 모든 것을 해내는 독립성뿐 아니라 노예 폐지론과 부당한 전쟁에 반대하고 실천한 윤리적 당당함까지 갖췄기 때문이다. 그의 예리하고 시적인 스타일과 철저하게 관찰하는 습관이 단순하게 사색과 명상에 그친 것이 아니라 행동으로 이어진 것은 바로 자신의 앎에 대한 겸손하면서도 당당한 주체의식에서 비롯된 것이다. 사색의 진정한 힘은 바로 그런 실천에 있다.

소로가 모든 것을 버리고 월든 호숫가 숲에 들어간 것을 지금 우리의 처지에서 생각해보면 쓰레기더미 정보를 버리고 간결하게 그러나 본질을 놓치지 않고 천착하고 사색하는 힘으로 치환하면 될 것이다. 그리고 그 숲에서의 성찰과 사색으로 자신의 삶을 튼실하게 마련하고 실천한 것이 바로 오늘 우리가 닮아야 할 새로운 의미의 익스포메이션이 될 것이다.

자, 잠시 숨을 고르고 조용히 사색해보는 건 어떨까? 다비드 르 브르통David Le Breton이 《걷기 예찬》에서 우리에게 속삭여줬던 말을 기억해보면서….

> "걷는다는 것은 잠시 동안 혹은 오랫동안 자신의 몸으로 사는 것이다. 걷는다는 것은 대개 자신을 한곳에 집중하기 위하여 에돌아가는 것을 뜻한다."

사색하는 사람은 자기 시간의 하나뿐인 주인이다. 모든 경험의 주도권인 나 자신을 돌려받아야 할 때이다. 바로 지금.

감성도
훈련이
필요하다

○

〈애너벨 리〉_ 에드거 앨런 포
〈선성견두견화宣城見杜鵑花〉_ 이백
〈기우騎牛〉_ 권만

가까이 보고 오래 볼 수 있는 마음을

광화문 교보빌딩에 한 달에 한 번씩 내걸리는 문장이 사람들의 하
루를 행복하게 해주면서, 이제는 다음엔 뭐가 걸릴까 궁금해한다.
그것을 통해 널리 알려진 시 한 편이 있다. 워낙 짧아서 그게 시의
전문이라는 걸 잘 모를 정도이다.

자세히 보아야 예쁘다

오래 보아야 사랑스럽다

너도 그렇다

　　나태주 시인의 〈풀꽃〉이란 시의 전문이다. 물론 시 자체도 예쁘지만 그 상황을 그려보면 이 시가 담은 뜻이 훨씬 더 아름다운 걸 느낄 수 있다. 나태주 시인은 공주 지역에서 평생을 초등학교 선생님으로 살았다. 교장으로 정년퇴임할 때까지 늘 아이들과 살았다. 시골의 한 작은 학교에서 선생님과 아이들이 학교 주변 혹은 어디 멀지 않은 들판에 나갔을 모습을 떠올려보자. 사람들은 흔히 장미나 튤립처럼 크고 화려한 꽃에 먼저 마음이 끌린다. 눈에 잘 띄니 아무래도 그럴 수밖에 없다. 꽃집에 가서 돈 내고 사는 꽃들도 다 그렇다. 돈으로 환산되는 꽃이니 쉽게 가늠도 된다. 그런데 들판에 핀 야생화들은 대부분 작고 낮게 핀다. 이름도 잘 모른다. 돈으로 셈 되는 꽃도 아니다. 그래서 눈길도 마음도 끌지 못하고 외면당하기 일쑤다.

　　그런데 시인은 아이들에게 그런 꽃들이 자세히 보면 얼마나 예쁜지 모른다고 자분자분 말한다. '자세히 보렴. 얼마나 예쁜지 몰라.' 자세히 보지 않으니, 마음에 두지 않으니, 크지 않고 그저 소박하게 들에 깔려 있으니 모르고 지났을 그 꽃들에 눈길을 나누며 자세히 보려면 무릎을 꿇어야 한다. 사진을 찍으려면 아예 엎

드려야 한다. 그것은 곧 겸손함의 표현이기도 하다. 복종이 아니라 겸손한 마음으로 다가서는 그 마음이 이미 예쁘다. 꽃도 예쁘다. 그러니 나는 이미 꽃과 하나가 된다. 자세히 보면 모든 것이 그렇게 예쁘다. 내 삶도 별것 아닌 것처럼 보이고 느껴질지 모르지만 매순간을 뜯어보면 전율할 만큼 아름답고 농밀하다. 남들도 시시해 보이거나 무관심하게 대했지만 자세히 들여다보면 살갑고 예쁘다. 내 삶에, 남에게 시간도 눈길도 마음도 던지지 못하니 그저 흘러가는 시간의 일부일 뿐이다.

시인인 선생님은 아이들에게 다시 말한다. 그 꽃들을 그냥 힐끔 보아서는 진가를 모른다고. 그러니 오래 들여다보라고. 그렇게 오래 보니 사랑스러워진다고. 사랑하는 사람은 오래 봐도 질리지 않는다. 봐도 또 봐도 늘 보고 싶다. 때론 눈 깜빡이는 것조차 아깝다. 또한 오래 보면 저절로 사랑스러운 면이 보인다. 사람도 삶도 그렇다. 내 삶을 오래 보면 애틋하고 살갑다. 잘나야만 사랑스러운 게 아니다. 성공하고 부자 되어야만 사랑스러운 게 아니다. 내 삶을 지긋하게 오래 보면 절로 사랑스럽다. 물론 힘들고 서럽고 어렵지만 그래도 남의 삶이 아니고 내 삶이다. 내가 살아가는, 내가 주인이 되어 하나하나 채우고 키우는 내 삶이다. 나를 사랑하지 못하는 삶은 행복하지도 사랑스럽지도 않다. 또한 남도 그렇다. 시인의 짧은 한 구절이 우리를 깨운다. 이 시의 장면을 상상해보라. 선생님과 아이들이 들판에 핀 풀꽃 앞에 모두 쪼그리고 앉아 그

작은 꽃을 한참동안 바라보고 있는 모습은 얼마나 아름다운가!

마지막 행은 그냥 이어서 읽으면 맛이 없다. 시인은 거기서 한 템포 쉰다. 그러면서 아이들에게 천천히 고개를 돌려 따뜻하게 말한다. '너도 그렇다'고. 그 아이들이 모두 예쁘고 사랑스럽다고. 그 눈길을 받은 아이들은 얼마나 행복했을까? 선생님의 따뜻한 눈길 손길이 닿은 어깨는 얼마나 신이 났을까? 감동 그 자체였을 것이다. 그 '너'가 또한 시를 읽는 바로 '나'가 아닌가? 그게 바로 내 삶이 아닌가! 그래서 이 시를 읽으면 힘이 솟고 웃음이 절로 인다. 그래서 내 삶이 더 애틋하고 소중해진다. 다른 사람을 보는 눈과 마음 또한 그러할 것이다.

삶이건 사람이건 자연이건 자세히 보고 오래 보는 눈과 마음을 마련해야 한다. 행복은 급하게 달려가고 화려한 것만 좇아서 얻어지는 게 아니다. 그것은 다시 더 크고 더 화려한 것, 더 높은 자리 더 많은 재산을 탐하게 될 뿐이다. 그렇게 무작정 달려가면서 내 인생은 속으로 멍들고 곪아 터진다.

동서고금을 짧게 섭렵하는 방법

여러 해 전 아주 여러 해 전
바닷가 어느 왕국에

당신이 알지도 모를 한 소녀가 살았다네.

그녀의 이름은 애너벨 리.

날 사랑하고 내 사랑받는 일밖엔

다른 생각일랑 하지 않던 소녀가 살았다네.

It was many and many a year ago,

In a kingdom by the sea,

That a maiden there lived whom you may

know.

By the name of Annabel Lee：

And this maiden the lived with no other

thought

Than to love and be loved by me.

에드거 앨런 포Edgar Allan Poe, 1809~1849의 대표시 〈애너벨 리〉의 첫 연이다. 사랑의 아름다움과 처연함을 이처럼 뛰어나게 그려낸 시도 흔치 않을 것이다. 청춘의 가장 큰 특권이자 행복은 바로 사랑이다. 사랑이 언제나 달콤하지만은 않을 터. 그러나 사랑하는 이를 땅에 묻은 시인의 마음을 헤아리면 있을 때 잘하라는 말이 절로 떠오른다. 그러면 밉다가도 어지간한 일은 풀어지고 그 존재가 애틋해진다. 사랑은 그런 너그러움에서 자란다. 이 시의 마지막 연을 읽어보면 그걸 확연히 느낄 수 있다.

그래서 나는 밤이 새도록

나의 사랑, 나의 사랑, 나의 생명, 나의 신부 곁에

누워만 있네.

바닷가 그곳 그녀의 무덤에서,

파도 소리 들리는 바닷가 그녀의 무덤에서.

And so, all the night-tide, I lie down by the side

Of my darling, my darling, my life and my bride

In her sepulchre there by the sea-

In her tomb by the sounding sea.

　　사랑에 국경이 어디 있고 시간의 낡고 새로움이 어디 있으랴. 셰익스피어의 〈소네트〉 한 편을 읽는 것도 좋을 것이다. 내가 시인의 눈으로 세상을 바라보고, 내 삶을 성찰하며, 모든 일들을 짚어볼 때, 그저 타성으로 보이던 것들이 새롭게 보일 것이다. 그게 시의 힘이다. 짧은 시 한 편만큼 동서고금을 마음껏 왕래하며 누릴수 있는 게 또 있을까? 이번에는 중국의 당나라로 가볼까?

　　　　파촉에서 들었던 두견새 소리

　　　　선성의 두견화에 다시 보다니!

　　　　그 울음 한 번 울며 애간장 한 토막씩 끊어지니

춘삼월 내 고향 파촉이 그립고 또 그립구나

蜀國曾聞子規鳥 宣城還見杜鵑花

一叫一廻腸一斷 三春三月憶三巴

　당나라 때인 시인 시선詩仙 이백李白, 701~762의 〈선성견두견화
宣城見杜鵑花〉(선성에서 두견화를 보며)라는 시다. 고향인 파촉을 떠
나 멀리 선성에서 노년을 지내던 이태백이 두견새(소쩍새)와 두견
화(진달래)를 함께 묶어 자신의 처지를 애잔하게 그려낸 작품이
다. 사랑도 잃었을 때 사랑의 고마움 알고, 고향도 떠나봐야 소중
함 아는 법이다. 가족 또한 그럴 것이다. 이 시는 젊은이들의 시가
아니라 노년들의 감성에 맞는 시이다. 하지만 이런 시를 미리 읽
어두면 지금 누리고 있는 삶이 얼마나 소중한지 깨닫게 한다는 점
에서 젊은이들이 미리 읽어둠 직한 시이기도 하다. 노년의 감상을
그대로 느끼지는 못하겠지만(그렇게 느끼는 것도 그리 바람직하지는 않
다) 짐작은 짚어가며 그 눈으로 미리 저 앞의 삶에서 지금의 삶을
바라보면 느끼는 바도 얻는 바도 제법 있을 것이다. 짧은 시, 그것
도 멀리 당나라 시인의 시를 통해 인생을 이렇게 함축적으로 느낄
수 있는 게 시 말고 또 있을까?
　시만큼 경제적인 게 없다. 장편대서사시가 아니고서야 고작 여
러 줄에 그치는 게 시이다. 하지만 거기에는 어마어마한 부피의
삶과 세상과 감성이 녹아 있다. 그야말로 인생의 압축파일이다. 시

간도 그리 걸리지 않는다. 지하철 기다리는 동안 스크린도어에 붙어 있는 시 한 편 읽어보고 마음에 들면 스마트폰에 찍어서 가끔 꺼내보며 느껴보라. 혹은 친한 친구에게 그 사진을 보내보라.

　감성도 훈련이 필요하다. 그리고 그 감성이 살아가면서 큰 자산이 된다. 이성과 지성만 힘이 되는 게 아니다. 몇 해 전《시 읽는 CEO》니 뭐니 하면서 '~하는 CEO' 시리즈가 인기를 끌었다. 그런데 놓쳐서는 안 될 게 있다. 최고경영자가 되어서 시를 읽고, 그림을 감상하는 게 아니라, 평소에 꾸준히 시를 읽고 그림을 감상해왔기 때문에 CEO가 된 것이라고 해석해야 한다. CEO가 교양을 갖추는 게 아니라 교양 있는 사람이 CEO가 되는 것이다. 그래야 한다. 자존감과 희망은 저절로 생기는 것도 아니고 누가 주는 것도 아니다. 내가 만드는 것이고 내가 채워가는 것이다. 남 탓할 게 아니다.

한 달에 한 편의 시를 외우자

소 타는 게 이리 좋은 줄 내 몰랐더니

말이 없으니 이제야 알겠구나

성 밖 십 리 먼 길 나들이 가면서

봄날과 함께 느릿도 하구나

不識騎牛好 今因無馬知

長郊十里路 春日共遲遲

　권만權萬, 1688~?의 〈기우騎牛〉 즉 '소를 타고'라는 옛 시이다. 우리는 늘 바쁘다. 그렇지 않으면 실패한 삶이 될 거라고 믿는다. 일이 없다고 한가하지 않다. 외려 일 없는 청춘이 더 바쁘다. 취업 공부해야지, 여기저기 아르바이트하며 짬짬이 돈도 벌어야지, 나이는 들어가지 마음은 동동 일은 둥둥 하루가 짧다. 하지만 느리다고 처진 삶이 아니고 실패하는 인생이 아니다. 노상 한가로울 수는 없다. 진짜 휴가를 맛보는 사람은 일하느라 정신없이 산 사람이다. 일자리를 얻은 청춘은 일하느라 바쁘고 일자리 아직 못 얻은 청춘은 일자리 얻느라 바쁘다. 그럴 때일수록 가끔은 숨도 고르며 의식적으로라도 천천히 가는 법을 배우고 익혀야 한다. 그래야 오래갈 수 있고 버티고 견뎌낼 수 있다.

　소를 탈 일은 거의 없다. 빠르게 가려면 말을 타면 될 일이니 더더욱 그렇다. 우보牛步, 즉 소걸음은 느릿느릿하다. 말 타고 다닐 때는 그 느림이 한심스러웠을 것이다. 소 타는 재미가 무슨 묘미가 있을까 싶어 코웃음만 쳤을 것이다. 그런데 막상 소를 타고 길을 나서니 천천히 둘러보며 모든 풍광을 느릿느릿 완상하는 맛이 있다. 봄날은 쉬 지나간다. 말 타고 가는 사람에게는 말의 질주처럼 봄도 빨리 지난다. 하지만 소를 타고 가니 봄날마저 어기적어기적 느릿느릿하다.

봄은 청춘이다. 가장 좋은 시기라고 하지만 그건 늙은이들의 한탄에서나 들을 말이지 정작 청춘에게는 그 봄날이 답답하고 처연할 뿐이다. 봄은 짧다. 청춘의 시기도 짧다. 그러니 아무리 청춘에게 봄날이 답답하더라도 그 시기를 누리고 즐기지 못하면 억울하다. 청춘은 레이스카를 타고 질주하고 싶어 한다. 하지만 가끔은 털털대는 완행버스를 탈 줄도 알아야 한다. 천천히 창밖도 내다보며 꾸벅꾸벅 졸기도 하면서 시간을 음미하고 누릴 줄 알아야한다. 그건 유약한 삶이 아니다. 진짜 강한 건 그런 힘이다. 충전할 줄 모르면 금세 방전된다.

짧은 시 한 편이 정신을 버쩍 들게 하기도 하고 삶을 천천히 돌아보며 누릴 수 있게 하기도 한다. 학교에서 배운 시는 시심을 익히기도 전에 분석이니 해석이니 해대며 그저 찢어발기고 뜯어내는 법을 배우는 통에 시의 맛도 뜻도 누리지 못한다. 그러니 졸업한 이후에도 시는 읽을 일이 없다. 다행히 좋은(그러나 학창시절에는 '고약하다' 여겼을) 국어선생님 만나면 숙제 삼아 시를 외운 경우도 있을 것이다. 졸업한 이후에도 그 시는 그냥 입에 척 달라붙어 가끔은 저절로 읊조리거나 떠올리기도 할 것이다. 한 달에 시 한 편 외는 것쯤이야 그리 어렵지 않다. 이 시만 해도 그리 길지 않으니 마음만 먹으면 원문까지 욀 수 있다. 외워두면 아무 때나 마음 내킬 때마다 꺼내 읊어보고 시심을 누려볼 수 있을 것이다. 그러니 한 달에 시 한 편 외는 습관을 키우자. 모여서 음주가무를 즐기는 것도 좋지만 느긋하게 차 한 잔 하면서 서로 시 한 편 읊어보는 것도 해봄 직하지 않을까? 또한 그게 삶의 격조가 아닐까.

진짜 힘은 부드러움에서 나온다

감성은 무른 감정이나 여린 감상이 아니다. 무른 것과 부드러운 것은 다르다. 강하기만 하면 꺾인다. 내가 꺾일 뿐 아니라 그 이전에 남에게 상처를 준다. 진짜 힘은 부드러운 데서 나온다. 노자는 말한다. 부드러움이 강함을 이긴다고. 최고의 선은 물과 같은 것(上善若水 혹은 上善如水)이다. 유연함이란 바로 자기 자신을 이기는 힘이다. 껍데기의 강함을 내세우는 것은 사실 비겁과 유치함을 위장하는 것일 뿐이다. 유연함은 자신의 강함을 녹인 상태이다. 노자는 그것이 바로 자기 자신을 이기는 것이라고 말한다.《도덕경》에서 노자의 말을 옮겨보자. 여기에서 말하는 수컷과 암컷의 비유는 남성과 여성의 이분법이 아니라 그것을 초월하여 융합하는 힘이라는 것을 명심하면서.

"수컷의 강함을 갖고 있으면서도 언제나 암컷의 부드러움을 유지해 세상의 낮은 계곡이 돼라. 세상의 낮은

계곡이 되어 참된 마음을 지닌 채 어린이 같은 순수함
으로 돌아가야 한다."

　　노자는 남자와 여자를 가르고 나눈 게 아니다. 굳셈을 품고 부
드러움을 보이라는 것이다. 남성성과 여성성을 함께 지닌 사람이
참되고 온전한 사람이다. 강함이 없는 것이 아니라 강함을 녹여서
깊이 묻는다는 말의 속뜻을 잘 헤아려야 한다. 자신의 뛰어남을
녹여 없애고 남의 부족함과 함께해야 한다는 노자의 가르침은 바
로 부드러움의 실체가 무엇인지 상징적으로 보여준다.

　　감성은 무르고 유약한 것이 아니다. 그것은 진짜 속이 강한 사
람이 참된 부드러움을 드러낼 수 있게 하는 힘이다. 그것은 바로
내적 힘이다. 그 부드러움을 길러내는 것이 감성의 자기 절제와
배양의 조화에서 비롯된다. 부드러움이 중요한 것은 그것이 생기
를 품고 있기 때문이다. 삶의 생기는 이성에서 오는 것이 아니라
오히려 감성에서 자라나는 것이고 그 둘이 온전한 조화를 이룰 때
비로소 외유내강한 인격이 된다.

　　감성을 기르는 건 어쩌다 감상적인 느낌을 누리는 것이 아니
다. 그것은 삶의 속살을 단단히 하는 깊은 내공이다. 그건 가끔 영
화 한 편 보고 코끝 찡해짐을 느낀다고 생기는 게 아니다. 그건 여
린 감상일 뿐이다. 젊을 때부터 감성의 내공을 길러내야 한다. 그
게 당신의 삶을 생동감 넘치게 만들 것이다. 한가할 때, 여유 있을

때, 나이 들었을 때 감성적 삶을 누리겠다고 미루지 말라. 지금 행복하지 못한 이가 미래에도 행복할 수 없듯이 지금 감성을 배양하지 않으면 미래에도 감성은 자라나지 않는다.

자, 오늘부터 틈틈이 시 한 편씩 읽고 한 달에 하나쯤 외워보자. 거기서 출발하는 것도 또한 즐겁지 않을까? 지하철 기다리면서 스마트폰만 들춰보기보다 한가롭게 스크린도어에 적힌 시 한 편을 감상해보자. 하루가 달라질 것이다.

열심히
'일할' 당신,
떠나라! 홀로!

○

《이탈리아 여행기》_ 괴테
《열하일기》_ 박지원
《승사록》_ 최두찬

여행, 그 짜릿한 일탈

"푸른 언덕에 / 배낭을 메고

황금빛 태양 / 축제를 여는

광야를 향해서 / 계곡을 향해서

먼동이 트는 / 이른 아침에

도시의 소음 / 수많은 사람

빌딩 숲 속을 / 벗어나 봐요."

1985년 발매된 조용필의 7집에 나온 〈여행을 떠나요〉라는 노래의 일부이다. 이 노래만 들어도 우리는 답답한 도심의 울타리에서 벗어나 깊은 숨 맘껏 들이켜는 해방감을 맛본다. 여행이 주는 해방감이다!

여행이라는 말만큼 듣기만 해도 설레고 행복한 낱말이 그리 흔하진 않을 것이다. 특히 젊은이들에게 여행은 특권이고 자산이다. 사전적 의미로 여행이란 유람을 목적으로 다른 고장이나 외국에 가는 일 또는 자기 거주지를 떠나 객지에 나다니는 일, 그리고 다른 고장이나 다른 나라에 가는 일 등을 말한다. 여기에서 눈여겨봐야 할 것이 바로 '유람을 목적으로' 라는 대목이다. 일 때문에 다른 곳에 가는 출장을 여행이라고 할 사람은 없다.

'유람을 목적으로' 다른 고장이나 나라에 간다는 것은 생각만큼 쉬운 일이 아니다. 흔히 여행을 가기 위해서는 최소한 세 가지가 동시에 필요하다고 한다. 건강, 시간, 그리고 돈이 바로 그것이다. 젊은이들은 건강하고 시간은 있으되 돈이 없어서, 중장년들은 건강하고 돈은 있지만 시간이 없어서, 그리고 노년층들은 시간과 돈은 있지만 건강을 잃어서 여행, 특히 해외여행을 가기 어렵다고 한다. 그 세 가지를 동시에 갖는다는 건 생각만큼 쉽거나 흔한 일이 아니다. 언급했듯이 젊은이들에게는 돈이 부족하다. 그래서 여행은 큰맘 먹어야 하고, 오랜 저축을 필요로 한다. 게다가 요즘 같은 불경기에는 그것이 사치스럽게 느껴지기도 한다. 그러나 다른 두 가지에 비해 돈을 모으는 것은 상대적으로 쉽고, 큰돈이 아니라면 사실 누구나 해볼 만한 일이다.

한때 유행했던 광고 중에 '열심히 일한 당신, 떠나라'는 매혹적인 카피가 있었다. 그러나 젊은이들에게는, 특히 지금처럼 전쟁 같은 구직난에 허덕이는 시대의 청춘들에게 그것은 언감생심인 경우가 많다. 도대체 일하고 싶어도 일할 수 없는데 어찌 '열심히 일한 당신'이 되겠는가? 하지만 꼭 그렇게 막힌 생각을 가질 필요는 없다. '열심히 일할' 여러분들이기에 미리 투자하는 것이라 여기면 저지를 수 있다. 다람쥐 쳇바퀴 돌 듯 반복적인 일상은 누구나 지겹다. 거기에서 잠깐이라도 벗어나는 일은 설레고 기쁘다.

여행은 사실 아무런 목적 없이 떠날 때 가장 여행다울 수 있다. 여행조차도 어떤 목적을 가졌거나 용도에 맞추면 그건 제대로 즐기는 여행이 아니다. 앞에서 사전적 의미의 여행을 정의하면서 '유람을 목적으로'라고 했는데, 요즘은 그런 의도를 관광이라고 칭한다. 그러나 관광의 본디 뜻은 그냥 편하게 차 타고 돌아다니며 여기저기 명승지 등을 둘러보는 것이 아니다. 그 낱말은《역경易經》에 나오는 말로, '관국지광, 리용빈우왕觀國之光, 利用賓于王'이라 하여 '나라의 빛을 본다'는 뜻으로 처음 사용되었다. 그러니까 요즘으로 따지자면 선진국 등을 시찰하고 연수하는 것에 가깝다고 할 수 있다. 다른 나라의 발전 요인을 보기 위해 여러 나라를 순회 여행하는 것이거나 그 나라의 토지, 풍속, 제도, 문물을 관찰하는 것이다. 그렇게 함으로써 견물을 확대하여 제 나라를 다스리는 큰 틀을 설계한다는 행정 목적을 수행하는 행위를 지칭하는 것이었다. 그러니까 엄밀히 말하자면 요즘 여행과 관광이라는 말은 그 본디 의미가 뒤바뀐 셈이라고나 할까?

여행이건 관광이건, 늘 머물던 곳에서 잠시라도 벗어나는 것은 단순한 일탈이 아니다. 그런데 젊은이들에게 여행은 조금은 다른 의미로 다가와야 하지 않을까 싶다. 여행은 크게 두 가지로 나눌 수 있다. 하나는 견물을 넓히는 것이고, 다른 하나는 자신에게 오롯하게 충실할 수 있는 시간을 갖는 것이다. 물론 또래들과 함께 어울려 하루나 이틀 가까운 곳에 몰려가서 모꼬지 행사를 하며 우정과 동료애를 돈독하게 하는 것도 그들이 누릴 수 있는 특권이기는 하지만, 여기서 그건 일단 제외하자.

주제를 갖고 떠나라

먼저 '주제'라는 낱말에 주목해주면 좋겠다. '목적'이 아니라 주제라고 잡은 건 그 범위의 넓고 좁음의 의미가 아니라 자신이 주체가 되어 어떤 문제의식을 갖고 떠나라는 뜻이다. 그저 유명한 곳,

명승지를 둘러보는 여행보다는 하나의 주제를 설정하여 떠나는 것을 권하고 싶다. 예를 들어 건축물을 중심으로 여러 곳을 다닌다든지, 또는 음식을 주제로 삼는다든지 민속이나 풍습을 관찰하고 조사하는 등의 여행을 해보라. 그리고 그냥 눈으로 훑어보기만 하지 말고 미리 조사도 하고 가서 그 내용과 맞는지를 직접 확인하며 보충적 지식과 정보를 얻는 것이 도움이 될 것이다. 또한 가능하면 현지의 사람들을 많이 만나보는 것이 좋다. 밖에서 관찰자의 시선으로 보면 한계가 있을 수밖에 없고 거죽만 보거나 책이나 잡지에 짤막하게 묘사한 것을 겉만 확인하는 데에 그치기 쉽다.

특정한 지역을 택해 머물며 그 주제 의식을 갖고 여행한 대표적인 경우가 바로 괴테Johann Wolfgang von Goethe, 1749~1832의 《이탈리아 여행기Italienische Reise》이다. "내가 로마 땅을 밟은 그날이야말로 나의 제2의 탄생일이자 내 삶이 진정으로 다시 시작된 날이라고 생각한다."는 괴테의 고백은 여행의 위대함을 그대로 대변하는 증언이라고 할 수 있다. 괴테에게 이탈리아 여행을 꿈꾸게 한 결정적 계기는 바로 고고학자 요한 빙켈만Johann Joachim Winckelmann, 1717~1768의 《고대 예술의 역사》라는 책이었다. 빙켈만은 로마를 '세계의 대학'이라고 불렀고, 로마를 중심으로 이탈리아의 역사와 문화를 서술했다. 그러나 더 중요한 것은 그 내용이 단순하게 지식을 쌓는 것보다는 깊은 체험을 통한 변화의 힘을 강조했다는 사실이다.

이에 자극받은 괴테가 여행을 떠나는 목적으로 삼은 것은 인간으로서 그리고 예술가로서의 자기 수양이었으며, 새로운 세계를 체험함으로써 자신의 생각과 삶을 넓히고 깊은 성찰로 자신을 키우는 일이었다. 따라서 그에게 로마는 하나의 '학교' 그 자체였다. 그가 로마에 도착한 뒤 내뱉은 첫 마디는 "나는 다시금 살아가는 법을 배워야 하는 어린아이와 같다."였다. 그것은 그가 살았던 세계인 바이마르를 벗어나 보편 세계인 동시에 유럽 문화의 뿌리를 지닌 로마에서 자신을 새롭게 발견하고 키우는 목적과 부합했다. 그렇게 그는 스물두 달 동안 이탈리아를 여행하며 자신을 새롭게 구축했다. 오죽하면 그 여행이 자신을 다시 태어나게 하고 혁신시키며 충실을 기할 수 있게 한 사건이라고 평가했을까!

사실 괴테는 한가한 사람이 아니었다. 공직을 맡아 바쁜 생활을 해야 했고, 지치지 않는 문학에의 열정으로 끊임없이 글을 쓰고 있던 시기였다. 하지만 그는 과감하게 그것들을 다 내려놓고 이탈리아로 떠났다. 물론 정치적 곤경도 한몫을 했고, 피폐해진 그의 건강도 고려한 결정이었지만 이후 그는 이 여행을 통해 거듭났다고 고백했다. 실제로 그가 카를 아우구스트 공에게 보낸 편지를 보면 그가 이 여행을 통해 얼마나 큰 성과를 거뒀는지 짐작할 수 있다.

"제 여행의 중요한 의도는 육체적·도덕적 폐해를 치

유하는 것이었습니다. (…) 다음은 참된 예술에 대한 뜨거운 갈증을 진정시키는 것이었습니다. 전자는 상당히, 후자는 완전히 성공을 거두었습니다."

이탈리아는 괴테에게 잠자고 있던 그의 천재성을 다시 일깨워주었다. 실제로 그는 이탈리아에서 원고를 쓰고, 이전에 썼던 글을 고쳤고, 새로운 학문을 배웠다. 그의 대표작인《파우스트》도 이때의 영감과 아이디어에서 비롯된 것이었다. 그는 자신의 내적 에너지를 이 여행을 통해 마음껏 충전했다. 괴테의 이탈리아 여행은 북유럽의 편협성을 벗어나 자유로움과 조화를 중시하는 남유럽 정신으로 샤워함으로써 정열과 고귀함의 고취를 모색한 계기가 되었다. 그는 그냥 둘러보지 않았다. 모든 것을 꼼꼼하게 살폈고 기록했다. 편지, 메모, 일기, 스케치, 그림, 자료 등을 엄청나게 생산하고 참고했다. 그의 여행기는 이후 이탈리아 여행의 모델이 되었을 뿐 아니라 기행문의 전범이 되기도 했다.

그게 어디 괴테뿐이겠는가? 박지원朴趾源, 1737~1805의《열하일기熱河日記》는 여행기의 백미라 할 수 있다. 1780년(정조 4)에 청나라 건륭제의 일흔 살 생일을 축하하기 위해 사신으로 간 집안의 친척형인 박명원을 수행하여 따라가서 황제의 피서지인 열하를 여행하였는데, 그는 단순히 그곳을 눈요기로 보지 않고 엄청난 관찰과 사상의 힘까지 쏟아 당시 중국의 문물을 기록하고 해석하였다. 또한 당시 중국의 문인, 명사들과 교유하면서 그들을 통해 중국을 접했고 그 문물제도를 소상하게 들었고 그것을 꼼꼼하게 기록했다. 분량만으로도 26권 10책의 엄청난 것이지만 그 내용과 뛰어난 통찰력은 지금의 우리에게도 경이로움을 느끼게 만든다.

흔히 우리나라 사람들은 기록 문화에 충실하지 않거나 그 결과물이 빈약하다고 하지만 그건 지나치게 단순한 시각이다. 수많은 사건들을 겪으면서 기록물이 삶과 죽음을 가르는 자료로 쓰이는 것을 경험한 까닭에 그리된 것은 뒷날의 일이다. 신라의 승려 혜초慧超, 704~787는 고대 인도의 5천축국을 답사한 뒤《왕오천축국전往五天竺國傳》이라는 위대한 기록을 남겼다. 727년(성덕왕 26)의 일이다.

심지어 일부러 떠난 여행이 아니라 표류해서 어쩔 수 없이 잠시 머물게 된 경우에도 그곳의 문물과 인물에 대해 두루 관찰하고 꼼꼼하게 기록하고 해석한 경우도 있다.《승사록乘槎錄》이 바로 그것이다. 조선 선비 최두찬崔斗燦, 1779~1821은 제주 대정현의 현감이 된 장인의 간곡한 청으로 제주도에 가서 1년을 지내다가 귀향하던 차에 풍랑을 만나 중국의 강남에 표류했다. 그는 강남에 체류하면서 거의 매일 수많은 중국 지식인들을 만나 교류하고 서신과 시를 주고받았으며 그들과 학문적 네트워크까지 구성했다. 이처럼 우리의 조상들은 예기치 않은 여행(?)에서도 그것을 기회로 삼아 문물과 견문을 넓히고 인적 네트워크를 키웠을 뿐만 아니라 그것을 기록으로 남겼다.

자, 이제 우리의 여행도 그보다 훨씬 더 깊이 있는 내용으로 채워야 할 때다. 예전보다 접근할 수 있는 정보의 양도 많고, 이동할 수 있는 수단도 비교할 수 없을 만큼 편리해졌다. 그럼에도 단지 사진을 남기기 위한 여행만을 추구하는 건 안타까운 일이다. 독서는 앉아서 하는 여행이고, 여행은 서서 하는 독서라고 한다. 젊은 시절의 여행을 단순한 일탈이나 호사가 아니라 지식과 정보를 쌓고 그것을 체감하며 앞으로 큰 자산으로 만들 수 있는 기회로 삼아야 하지 않을까?

기꺼이 불편하라!

요즘 사람들은 조금만 불편해도 손사래 친다. 하기야 온갖 편리한 도구들이 널렸는데 굳이 힘들고 피곤한 걸 따르는 건 합리적이지 않다. 그러나 여행지에서까지 편리함만 추구하는 건 그저 돈 쓰고 다니는 일에 그치기 쉽다. 여행을 뜻하는 영어 단어 'travel'의 어원인 라틴어 'travail'은 고생 혹은 고난이다. 지금이야 맘만 먹으면 어디든지 쉽고 빠르게 갈 수 있다. 지구 반대편도 하루 안에 도착할 수 있는 세상이다. 하지만 예전에는 집 밖으로 나가는 건 고스란히 고생길이었다. 그야말로 '집 떠나면 개고생'이었다. 유럽에서도 여행이 즐거움이 된 건 19세기 이후였다. 그 이전에는 여행은 고통이고 고난이었을 뿐이었다. 1780년만 해도 런던에서 맨체스터까지 역마차로 4~5일은 족히 걸렸다. 끔찍했을 것이다. 그러니 걷는 건 더 말할 것도 없다. 그러다가 19세기 말이 되자 기차여행이 일반화되었고, 런던에서 맨체스터까지 불과 5시간이면 충분했다. 이제 여행은 바깥세상을 즐기고 누리는 사치가 되었다.

물론 그 조짐은 18세기부터 불기 시작했다. 유럽의 18세기는 여행에 대한 열기가 놀랄 만큼 고조된 시기였다. 루이 부갱빌Louis Bougainville, 1729~1811이 프랑스인으로서는 최초로 범선을 타고 세계를 일주하며, 멜라네시아 군도를 발견했고, 영국인 제임스 쿡James Cook, 1728~1779은 세 번이나 세계여행에 나서 오스트레일리아의 동쪽 해안을 탐사하고 태평양의 무수한 섬들을 찾아냈다. 유럽의 제국주의는 여행에 대한 동경을 불러일으켰다. 여행가들 말고도 고명한 학자들까지 유럽 안팎의 새로운 땅들을 두루 돌아다녔다. 그 결과 무수한 여행 그룹이 생겨나고 많은 종류의 여행기들이 출간되었다. 그래서일까. 여행은 낭만과 여유, 그리고 바쁜 삶에 대한 보상을 상징하는 의미로 강화되고 변화하였다. 그리고 지금 우리의 여행도 그런 흐름과 크게 다르지 않다.

하지만 젊음의 여행은 그런 것이 아니다. 쉽고 편한 여행을 일부러라도 거부할 수 있는 패기가 있어야 한다. 국내여행이건 해외여행이건 여행은 기꺼이 어려움과 새로운 것에 대한 낯섦을 받아들이고 즐길 수 있는 마음가짐이 필요하다. 속도에 지친 현대인이 여행에서조차 다시 속도를 이용하고 그것을 누리려고 하는 것은 아이러니이다. 여행은 최대한 느리고 불편한 이동과 숙박을 마다하지 않을 때 뜻하지 않은 즐거움을 누릴 수 있다. 그게 바로 젊은 이들만이 누릴 수 있는 특권이다.

또한 젊은이들의 여행은 정해진 길만 따라가는 것이 아닐 수 있어야 한다. 여행은 우리의 익숙한 '경로의존성path dependency'에서 벗어나는 쾌감을 누릴 수 있는 절호의 기회이다. 그런데도 교통의 편의적 시스템에 아무 저항 없이 따르며 적당한 편리함만 구가한다면 그건 또 다른 경로의존에 불과할 뿐이다. 스스로 경로의존성을 벗어날 수 있는 것만으로도 그의 삶은 자주적이고 주체적일 수 있다. 이 얼마나 값진 자산인가!

때론 일부러 카메라를 버리고 떠나는 것도 좋다. 물론 마음에 드는 대상을 사진에 담아 두고두고 즐기는 것이 나쁘다는 것은 아니다. 그러나 자칫 찍는 일에 마음 팔려 정작 제 눈으로, 마음으로 먼저 보는 걸 놓치는 건 안타까운 일이다. 그럴 때는 차라리 거추장스러운 카메라를 내려놓고 눈으로 실컷 즐기는 것도 필요하다. 꼭 필요한 건 스마트폰으로 찍어도 무방하다. 미국의 비평가 수전 손택Susan Sontag, 1933~2004은 언제부터인가 현대인들에게 여행은 사진을 찍기 위한 하나의 전략이 되고 있다고 한탄했다. 그녀는 일에만 매달린 사람들일수록 휴가나 여행 중에 카메라에 매달린다고 비평했다. 또한 일 중독자나 노동에 대해 엄격한 자기 기준을 가진 사람들은 일을 하지 않는 데서 오는 불안감을 카메라라는 기계를 작동시킴으로써 일하고 있다는 착각을 느낀다고 분석했다. 그녀의 말을 전적으로 다 따를 건 아니지만, 적어도 때론 카메라로부터 온전히 자유로울 필요도 있다.

여행은 편리함보다는 날것으로의 생동감을 느끼고 원시성으로 회귀할 수 있는 절호의 기회이다. 그걸 제대로 누리기 위해서는 기꺼이 불편을 감수해야 한다. 그게 제대로 된 여행, 바로 travail로서의 여행이기도 하니까.

떠나라! 혼자!

다 그런 건 아니지만 떼를 지어 다니거나 대여섯 명 무리 지어 여행 다니는 경우를 많이 본다. 맘에 맞는 사람들과 어울려 함께 여행하는 것은 행복한 일이지 탓할 일은 아니다. 그러나 가끔은 혼자 다니는 여행도 즐길 줄 알아야 한다. 일과 일상에서 벗어나 자신과 오롯하게 만나고 대화할 수 있는 흔치 않은 기회이기 때문이다. 여행은 장소의 이동이 아니라 사고의 이동이라는 아나톨 프랑스의 말이 아니더라도, 고독하게 떠나는 여행이 은근히 많은 걸 얻게 해준다.

대학 시절 나는 혼자 훌쩍 여행을 떠나곤 했다. 당시엔 용산과 마장동에 시외버스정류장(그때는 '터미널'은 고속버스에만 붙였다)이 있었는데 수업이 일찍 끝나거나 공강인 날, 혹은 갑자기 휴강인 날이면 무작정 달려가서 출구에서 맨 먼저 나오는 버스를 탔다. 그 당시만 해도 버스에는 차장이 있어서 그에게 표를 끊을 수 있었다. 그렇게 올라 탄 버스가 어디로 가는지 확인하고는 아무 곳이나 마음 내키는 곳으로 표를 끊어 그곳에 내려 한나절이나 반나절쯤 돌아다녔다. 때론 볼만한 곳이 있는 경우도 있었지만 대개는 그냥 처음 가보는 시골 마을들이었다. 그런데 그게 그렇게 좋을 수 없었다. 그 습관은 대학 시절 내내 이어졌다.

사실 여럿이 어울려 어디 여행이라도 가려고 하면 서로 시간 맞추고 장소며 준비물 따위를 조정하는 일이 여간 곤혹스럽지 않을 때가 많다. 그런데 혼자 떠나는 여행은 언제든 내 맘이 내키면 저지를 수 있다. 그리고 그 시간을 오롯이 나 혼자 쓸 수 있고, 나와 오래 대화할 수 있는 시간의 기회를 누릴 수 있다. 그래서 그 돌발 여행이 무척 즐거웠다.

물론 여러분들에게 내가 했던 것과 같은 무계획적인 여행을 권하는 건 아니다. 다만 때론 혼자 떠나는 여행도 즐겨보길 권할 뿐이다. 떠나보시라. 후회하지 않을 것이다.

고전으로 읽는

청춘의
주제어

03

나와 세상을 바꾸는
작지만 위대한
생각들

나처럼 길을 찾는 이에게 묻고 그와 함께 길을 찾는 것을 두려워하지 않을 때 내 길을 찾는다. 그 역시도 따로 떼놓고 보면 나와 같이 헤매는 한 개인에 불과하지만 직접 길을 나서 제 길을 찾고 있다는 점에서 나의 동반자요 도반일 수 있다. 때로는 그렇게 힘을 합하여 길을 만들 수도 있을지 아는가?

즐겨라,
그러나 제대로
즐겨라

○
《호모 루덴스》_ 요한 하위징아
《향연》_ 플라톤

무의미한 반복과 모방을 거부하라

봄이면 온 나라가 축제 열풍이다. 대학은 어김없이 축제의 바람에
휩싸인다. 축제, 듣기만 해도 저절로 신 나고 어깨가 들썩거리는
말이다. 일 년 내내 축제만 이어진다면 얼마나 좋을까? 하지만 지
금은 축제의 과잉 상태다. 각 지방자치단체들은 그 기원도 모호하
고 의미도 어정쩡한 축제를 남발한다. 물론 좋은 축제는 지역민들

의 사기를 북돋을 뿐 아니라 타지에서 찾아온 사람들로 인해 경제적 부가가치도 제법 높다. 그러나 그저 남들 하니까, 우리 지역에는 축제 하나라도 없으면 아쉽고 안타까우니까 급조한 축제들 때문에 제대로 된 축제들까지 한 묶음으로 비난받는 건 아쉽다.

그런데 축제라고 하면 이제는 연예인들을 초청하지 않으면 제대로 대접조차 받지 못한다. 제법 이름깨나 알려진 연예인들을 불러야 사람도 모이고 축제다웠다고 평한다. TV에서나 보던 사람들을 눈앞에서 보는 게 즐거운 일이긴 할 것이다. 그런데 그 비용이 결코 만만치 않다. 그렇다고 그들을 부르는 데에 얼마의 비용이 들었는지 공개하는 축제는 거의 보지 못했다. 아마 그 내역을 알게 되면 기절초풍할지도 모른다. 이 나라의 연예인들은 축제나 모임에 가서 행사하는 것 아니면 살아가기 어려울지도 모른다. 그들도 살아야 하는 일이다. 하지만 너도나도 축제마다 그들을 불러야만 하는 건 뭔가 이상하다.

대학이라고 예외가 아니다. 사실 본격적인 축제는 대학에서 비롯되었다고 할 수 있다. 물론 우리의 전통적 축제들이 없다는 게 아니다. 강릉의 단오제, 밀양의 백중제 등 빼어난 민속적 가치가 있는 축제들이 많다. 마을마다 있었던 당제堂祭나 동제洞祭들은 또한 얼마나 멋진가? 그러나 대부분 일제시대와 해방 이후 산업화 시대에 거의 다 사라지고 말았다. 그래서 아마도 근대화 이후 우리나라의 축제를 하나의 잔치로 만든 건 대학문화에서 비롯되었다고 해도 지나친 말은 아닐 것이다.

해방 이후 한국전쟁을 겪으면서 대학들이 축제에 관심을 가질 여유도 명분도 없었다. 그러나 60년대 들어서 숨을 돌리고 난 뒤에 대학들은 자연스럽게 축제를 시작했다. 당시만 해도 대학은 극소수의 선택받은 사람들만 갈 수 있었다. 이들은 대학생이라는 희소성 그 자체만으로도 사회의 '뉴리더'로 자리매김했다. 당시 대학의 축제는 일단 서양의 문화를 수입해서 나름대로 소화하려는 몸짓이었다. 그래서 상당 부분은 서양식 축제였다. 그게 낯설고 신기해서 대학축제가 대단한 사회적 관심이기도 했다. 많지도 않은 신문의 지면을 할애하면서까지 그걸 보도하기도 했다. 대학 축제의 꽃은 가면무도회 형태의 카니발이었고, 여자 대학의 '메이퀸 선발대회'는 모든 축제의 상징이었다(찬반 논쟁이 이어지다가, 덕성여대 메이퀸이 명동의 한 호텔에서 떨어져 죽은 사건을 계기로 급속하게 폐지 쪽으로 기울었다. 결국 70년대 들어 사라졌다). 그 축제에 갈 수 있는 사람은 한정되었다. 초대권이 있어야만 참석할 수 있었다. 그래서 대학 축제에 갈 수 있는 게 하나의 특권처럼 여겨졌다.

이 당시만 해도 대학의 축제는 동경의 대상이었다. 그도 그럴 것이 그것을 누리는 대학생이라는 존재 자체가 희소하고 아무나 갈 수 있는 곳이 아니었으며, 말 그대로 최고 학부의 재원들이 벌이는 아주 새롭고 신기한 것이었기 때문이다. 오죽하면 많지도 않은 지면을 가진 신문에 대학의 축제가 보도되었을까? 가난한 대학생들은 축제에 참가하기 위해 세탁소에서 양복을 빌려 입는 일도 허다했다고 한다. 최고의 선남선녀의 만남이 이루어질 수 있는 기대의 축제였으니 그럴 법도 했을 것이다. 60년대의 축제는 그렇게 철저하게 소수의 두뇌들만 누릴 수 있는 특권이었다.

축제도 시대와 상황에 따라 변모했다. 70년대는 정치적 억압과 맞물려 축제가 억압된 젊음의 발산지 역할을 동시에 했다. 특히 70년대 들어 맥주, 청바지, 통기타로 대변되는 저항과 소비의 젊은 문화가 욕구하는 새로운 문화를 만들기 위한 몸짓이 대학 축제에서 다양한 시도로 나타났다. 새로운 포크 음악은 대학을 중심으로 각 대학의 재간꾼들이 서로 돌아가며 공연되었다. 이 당시 각 대학에는 대표적인 노래꾼들이 있었다. 트윈 폴리오, 양희은, 이정석 등 각 대학의 스타들은 대학의 축제와 방송에서 젊음을 대변했다. 그래서 70년대 대학 축제의 꽃은 대학 강당에서 열리는 콘서트였다. 물론 여전히 축제는 아직은 소수에 불과했던 대학생들만의 잔치였다. 초대권을 보내는 게 어깨 힘이 들어가는 일이었다. 당시에는 방송의 PD들이 대학 축제들 찾아다니며 참신한 아이디어를 구하고 새로운 대학 스타를 물색하기도 했다. 마침내 1977년에는 대학가요제라는 게 열려서 이들의 신선한 음악적 시도를 일반인들에게 선보였고, 폭발적인 인기를 얻었다. 대학의 재간꾼들은 이제 더 이상 대학 축제를 돌아다니며 노래하는 학사 가수(당시에는 대학을 졸업했거나 다니고 있는 가수들이 드물었다. 상당수의 가수들이 지방을 순회하는 가무단 출신들이었다. 그래서 이들을 '학사 가수'라고 불렀다)가 아니라 '대중 스타'가 되었다.

　그러나 80년대 들어서 대학은 크게 변했다. 박정희 정부의 유신독재는 그의 사망과 더불어 사라졌지만 신군부의 집권으로 정치적 상황은 더 암울했다. 신군부 정권은 비판적인 대학생들에게 재갈을 물릴 수 있는 방법을 모색했다.

　무엇보다 대학의 정원이 갑자기 세 배쯤 늘었다. 이제 대학은 최고의 지성의 상아탑이라는 특수문화권이 아니라 대중적 지식의 장이 되었다. 대학생들은 이전까지의 학생문화운동이 서양의 모방이었다는 점과, 대중과의 교류가 없는 '그들만의 축제'였다는 반성을 하게 되었다. 무엇보다 자신들의 민주화 운동이 외부로 확산되지 않는다는 절박감이 이러한 반성의 촉매가 된 점도 있다. 이제 대학의 축제가 바뀌었다. 초대권은 더 이상 발행되지 않았다. 누구나 드나들 수 있었다. 동네 할머니 아저씨들도 구경 삼아 대학 축제를 찾았다. 이때 축제의 방향은 대동제大同祭의 성격으로 전환되었다. 민중과 호흡하는 대학의 문화적 자각과 사회적 환경에 따른 접근이었다. 그래서 대학 축제의 꽃은 모두가 운동장에 함께 모여 노래하고 춤추며 어울리는 마당으로 급속하게 바뀌었다. 70년대가 각 대학의 그룹사운드가 하이라이트를 장식했다면, 80년대의 축제는 풍물패가 이끄는 놀이로 바뀌었다. 민중에의 접근이 80년대 축제의 가장 큰 특징이었다.

90년대는 어느 정도 민주화가 이뤄지고(물론 여전히 야합적 상황은 지속되었지만) 이전의 민중적 대중화 욕구도 사그라졌다. 각 대학 총학생회의 탈정치화 탈이념화도 가속되었다. 이제 대학의 축제는 축제 본연의 모습인 놀이와 잔치로 전환되었다. 그러나 어떻게 놀아야 하는지 축적된 게 없었다. 그래서 공중파에서 친숙하게 보던 여러 놀이들을 모방했다. 이전의 타성적 놀이들과 어우러진 이 축제는 금세 시들해졌다. PD들도 더 이상 대학 축제를 기웃거리지 않았다. 방송은 막대한 자금과 기술적 지원으로 멋지게 놀이를 하는 데 반해, 학생들은 자금도 여건도 부족했다. 그러니 어설픈 모방이나 어색한 패러디는 금세 외면받았다. 새로운 시도도 별로 없었다. 그저 작년에 있었던 아이템을 반복할 뿐이었다. 무엇보다 새로운 대학문화의 정립 자체가 모색되지도 성숙되지도 않았다. 그러니 학생들은 제 돈으로 만든 축제에 더 이상 미련을 갖지 않고 참여도 하지 않았다.

축제의 본질은 인간해방이다

축제는 개인 또는 공동체에 특별한 의미가 있거나 결속력을 주는 사건이나 시기를 기념하여 의식을 행하는 행위를 지칭하는 말이다. 그래서 축제는 종교적 색채가 강하다. 축제가 민속과 관련이 깊은 것도 그런 까닭이다. 그런 의미에서 축제는 강력한 사회통합력을 가지며 성스러운 존재나 힘과 만날 수 있는 의사소통의 수단이 되기도 한다. 에밀 뒤르켐이 축제를 사회적 통합을 위해 기능하는 일종의 종교적 형태라고 규정한 것도 그런 분석에 기인한다. 그러나 프로이트는 축제를 해방을 향한 문화라고 보았다. 그래서 축제는 통합과 질서의 유지보다는 억압에서 벗어나 본능에 충실하게 반응하는 것이고 다소의 공격성과 즉흥성이 수반되는 것이라고 규정했다.

네덜란드의 역사학자 요한 하위징아Johan Huizinga, 1872~1945(우리말로 옮겨진 책에서 '호이징가', '호위징하' 등으로 표기되어 있는데 주로 영어나 독일어 식으로 읽어서 그렇다. 회이징아라는 표기가 더 적절하다는 사람들도 있는데, 네덜란드 발음으로는 하위징아가 맞다고 한다)는 《호모 루덴스》에서 인간의 유희적 본성이 문화적으로 표현된 것이 축제라고 설명했다. 호모 루덴스homo ludens는 '놀이하는 존재'라는 뜻으로 도구인 혹은 공작인을 뜻하는 호모 파베르homo faber와 대칭되는 개념이다. 도구인이 노동의 개념과 합리성을 함축하고 있다면 유희인은 놀이와 비합리성을 담고 있다. 하위징아는 놀이의 특성을 네 가지로 나눈다. 즉 자유, 상상력, 무관심성, 긴장이 바로 그것이다. 놀이는 자발적 행위라는 점에서 자유롭고 자유는 어떤 목적성 특히 유용성을 전제하지 않는다. 그저 재미 삼아 노는 것뿐이다. 그 재미는 삶의 구체적인 용도에 맞춘 것이 아니다. 어떤 면에서는 일상의 삶에서 벗어나는 것이다. 그래서 실제적인 모습보다 온갖 상상력을 동원하여 즐거움을 배가시킨다. 그러니 구체적이고 유용한 어떤 목적이 없고 함께 노는 사람을 이해관계로서 보지 않는다. 무관심성이란 관심이 없다는 뜻이 아니라 이해interest가 없다는 의미이다.

그러면 긴장은 무엇인가? 젊은이들이 놀이나 축제에서 특별히 관심을 기울여야 하는 것은 바로 이 부분이다. 모든 놀이에는 상상력과 자유와 무관심성이 존재한다. 그런데 젊은이들의 놀이에는 실험성과 도전성이 담겨야 한다. 하위징아가 놀이에서 언급하는 긴장이란 다양하게 놀이를 결합하고 해체하며 재구성하는 과정을 통해 해결의 방식을 찾아내는 것이고 그것은 삶의 과정의 전형적인 모습이다. 즉 실험, 기회, 경쟁, 욕망, 끈기, 역량, 그리고 공정성을 자연스럽게 학습하게 된다. 또한 놀이를 통해 관계성을 습득한다. 그런 점에서 놀이는 사회적 방식의 끊임없는 변주이며 실험이다.

하위징아의 다음 말을 경청해보라.

> "문화와 놀이의 관계는 차원 높은 형태의 사회적 놀이, 가령 한 집단 혹은 서로 대항하는 두 집단의 질서 정연한 행위 속에서 잘 드러난다. 혼자서 하는 놀이는 문화적 생산에 크게 기여하지 못한다."

지금은 예전보다 훨씬 놀이의 종류가 많아지고 다양해졌지만 관계성은 오히려 크게 쇠퇴했다. 누군가와 함께 놀려면 '관심-배려-성실'이 따라야 했다. 아무 때나 불러내서 놀 수 있는 게 아니다. 함께 놀고 싶은 친구의 생활 방식을 유심히 살펴야 하고 관심을 갖고 지켜봐야 언제 그와 놀 수 있는지 알 수 있다. 나만 좋아한다고 놀이를 정할 수는 없다. 상대도 좋아할 수 있는 놀이를 골라야 한다. 그러려면 상대가 무엇을 좋아하는지 관찰해야 한다. 그리고 놀이를 함께할 때는 반드시 약속을 지키고 규칙을 따르겠다는 상호 신뢰와 성실이 따라야만 놀이를 즐겁게 끝낼 수 있다. 술래가 되었다고 놀이 중에 집에 가버리면 다시는 함께 놀 수 없다. 그런데 지금은 각자 자기 방에 틀어박히거나 PC방, 게임방에 가서 전원을 켜거나 돈을 내면 언제든 내 마음대로 놀 수 있다. 함께 놀아줄 친구가 없어도 무방하다. 그렇게 우리는 놀이를 상실하고 있다. 하위징아가 "혼자서 하는 놀이는 문화적 생산에 기여하지 못한다."고 지적한 말을 명심해야 한다.

사실 놀이가 꼭 사람들만의 전유물은 아니다. 경쟁, 자랑, 과시, 허세 등은 동물의 생활에서도 나타난다. 새들도 춤을 추고 날아가기 시합을 한다. 오스트레일리아 울새와 기타 새들은 자기 보금자리를 장식하는 경우도 있으며 어떤 새들은 아름다운 노래를 부른다. 꼭 배우자를 부르기 위한 구애나 서로에게 정보를 전달하기 위한 노래만 부르는 게 아니라 그냥 재미 삼아 노래를 부르는 새들도 제법 있다는 것이 조류학자들의 설명이다. 그런데 그걸 문화로 만들어내는 것은 인간뿐이다.

놀이를 하나의 문화로 만들어낸 것이 축제라고 할 수 있다. 하위징아가 "놀이는 문화의 한 요소가 아니라 문화 그 자체가 놀이의 성격을 가지고 있다."라고 정의한 것을 바탕으로 볼 때 축제는 놀이 그 자체이다. 그래서 축제만큼 직설적이고 즉각적인 문화는 흔치 않다. 그 기간 동안 인간은 완전한 해방감과 충일감을 만끽한다. 하지만 단순히 감성적이고 육체적인 이완과 여유를 만끽하는 것만은 아니다. 그 속에서 자연스럽게 자신의 삶의 방식, 관계의 내면, 세상의 규칙 등을 검토한다. 그것이 자신의 삶으로 녹아날 수 있도록 하는 추동력이 바로 축제의 힘이다.

놀이에 대한 인간의 호감은 삶의 방식뿐 아니라 사회적 관계로도 진전된다. 하위징아는 전쟁조차 고상한 게임으로 만들어내는 인간의 창의성에 대해 언급한다. 전쟁이라는 비인간적 속성마저 놀이의 요소가 가미되면 낭만의 포장을 얻는다. 고대 중국의 군벌들은 전쟁 중 교전 직전 만나 술잔을 나누며 엄숙한 분위기 속에서 건배했다. 그들은 평화로운 과거를 회상하고 서로 존경심을 표시했다. 그것은 죽고 죽이는 살육 이전에 전쟁 자체가 하나의 엄숙한 놀이임을 확인하는 과정이며 절차였다. 그들은 서로 칭찬하고 존경하는 말로 인사했다. 중국인들만 그랬던 건 아니었다. 트로이 전쟁 중에 트로이 편에 서서 싸운 글라우코스와 아테네 편에 서서 싸운 데오메데스는 서로 무기를 교환하기도 했다. 이처럼 놀이는 절체절명의 위기나 긴장의 상태인 전쟁에서 잠시나마 숨을 고르고 자신의 행위에 대해 성찰할 수 있는 기회를 제공했다.

그렇다면 우리의 삶에서 과연 그런 놀이를 어떻게 받아들이고 있을까? 그저 돈 되는 게임의 개발이나 흥분과 쾌감을 증폭해주는 오락에만 머물고 있는 건 아닐까? 하위징아의 다음 설명은 그런 우리에게 삶에 대한 보다 진지한 성찰과 놀이라는, 얼핏 어울릴 것 같지 않은 관계를 환기시킨다.

> "놀이란 무엇인가? 진지함이란 무엇인가? 이런 질문으로 우리의 복잡한 머리가 현기증을 느낄 때, 우리는 윤리의 영역에서 다시 한 번 움직이지 않는 고정된 점을 발견한다. (…) 진리와 정의, 동정과 용서 등이 우리의 행동에 결정적 동인이 될 때, 그 난처한 질문은 의미를 상실해버린다. 일말의 동정이라도 가미되면 우리의 행동은 그런 지적 구분의 범위를 훌쩍 벗어난다. 정의와 신의 은총에 대한 믿음에서 비롯되는 것이긴 하지만, 양심 혹은 도덕적 의식은, 끝까지 대답하기 난처한 그 질문을 제압하여 영원히 침묵시킨다."

죽도록 일하다가는 진짜 죽는다

입에 물고 죽을 돈도 없는 사람에게 돈벼락 맞는 일은 허무맹랑한 이야기이듯, 일자리를 얻지 못한 청춘들에게 이런 말을 하면 항변할지 모른다. "제발 죽도록 일하겠다는 생각은 버려라." 일하다 죽어봤으면 좋겠다는 이들에게 염장 지르는 말처럼 들릴지 모르지만 우리는 죽도록 일하기 위해 태어난 게 아니다.

일은 나의 생계를 해결하는 수단이자 자아의 실현을 가능하게 하는 과정이다. 우리의 노동 시간은 무지막지하게 많다. 그런데 아직도 그걸 근면이니 어쩌니 하면서 자랑이랍시고 해댄다. 예전 산업혁명 시기에 영국 근로자들이 하루에 12시간쯤은 예사롭게 일했던 것을 떠올려보라. 과연 그게 사람다운 삶인가? 유럽인들이 한 주에 40시간미만으로 일하는 것을 마냥 부러워만 할 게 아니다. 물론 아직 그들과 우리의 격차가 있음은 인정한다. 하지만 돌아보면 우리 세대는 무조건 달리고 뛰며 앞만 바라보며 일중독을 자랑삼아 살았다. 그건 우리 세대에서 끝내야 한다.

젊은 세대는 그렇게 살지 말아야 한다. 일만 죽어라고 하는 것은 삶에 대한 예의도 아니거니와 가정에 대한 올바른 존중도 아니다. 그건 오로지 강자와 부자의 교묘한 착취와 억압에 따른 구조적 모순의 결과일 뿐이다. 물론 우리에게도 문제가 없는 건 아니다. 일은 무작스럽게 오래 하지만 생산성은 떨어진다. 노동의 부가가치도 낮다. 그건 그만큼 충분한 지식과 상상력이 부족하기 때문이다. 시간만 적당히 때우는 건 아니지만 관성에 따라 그저 노동 시간의 길이로만 자신의 능력과 충성심을 보여주고 그에 따른 평가를 받으려는 생각 때문은 아닌지 곰곰 돌아볼 일이다.

죽으라고 일만 하다가는 진짜 죽는다. 육체적으로도 정신적으로도 견디고 버텨낼 수 있는 한계가 있다는 걸 인식해야 한다. 소성변형plastic deformation, 塑性變形이라는 게 있다. 재료에 외력(하중)을 가하면 재료는 변형하는데, 어느 한도를 넘으면 가했던 하중을 제거해도 변형은 그대로 남아 원래의 형태로는 돌아가지 않게 되는데 이 성질을 소성이라고 한다. 소성에 의하여 생긴 변형을 소성변형이라고 한다. 탄성한계를 넘어서면 원래의 형태로 돌아가지 않는다. 우리는 정말 열심히 일한다. OECD 국가 중 노동시간도 가장 많다. 그러나 그걸 자랑으로 여기면 안 된다. 은근히 일중독을 자랑하는 사람들도 있다. 그건 병이다. 삶의 다른 가치를 보지 못하니 일이라도 해야 불안하지 않을 뿐이다.

일 많이 하는 걸 미덕으로만 여기면 소성변형이 생길 때가 온다. 생산성은 따지지 않고 무조건 시간으로만, 노동의 강도로만 따지는 한 그때가 곧 온다. 그걸 바꿔야 한다. 기성세대들은 이미 그게 몸에 배고 머리에 박혀서 바꾸지 못한다. 그걸 바꿀 수 있는 건 젊은 세대들뿐이다. 일을 놀이로 삼는다면 모를까 늘 반복적이고 타성적인 일에 흥미를 가질 수는 없다. 때론 일의 스타일도 바꿔보고 내용과 프로세스도 바꿔봐야 한다. 그러려면 평소에 제대로 놀아봐야 한다. 일의 안에서는 보이지 않는다. 일 밖에서 봐야 보인다. 그러니 놀 줄 알아야 한다. 학교에서도 사회에서도 그걸 가르치지도 배우지도 않으니 어렵다. 축제는 바로 그런 점에서 매우 중요한 계기이다.

정신의 놀이도 누려야 한다

최근 들어 우리 사회가 조금씩 놀이에 대해 관대해진 건 다행스럽다. 그런데 유심히 보면 어딘가 모자라거나 치우친 느낌이다. 아직은 놀이가 거의 몸에 치우쳐 있다. 주말이면 지하철이건 버스건 등산객들로 가득하다. 아웃도어 시장의 규모가 6조 원에 육박할 만큼 빠르게 성장하고 있다. 건강에 대한 관심, IMF 사태 이후 위축된 경제적 상황, 약간의 유행 등 여러 요인들이 작용한 결과이다.

　놀이가 주로 육체적인 놀림으로 치우치게 된 건 삶의 방식이 달라졌기 때문이기도 하다. 예전에는 취미를 물어보면 주로 독서, 음악 감상, 미술 감상, 영화 관람 등 정적인 것들이었다. 그런데 요즘의 취미는 등산, 수영, 골프, 산악자전거, 인라인스케이팅 등 동적인 것들이 주를 이루고 있다. 왜 그럴까? 예전의 노동은 주로 몸을 움직이는 것들이 많았다. 근육의존형 노동이었기 때문이다. 그러니 쉴 때는 가능한 한 근육을 움직이지 않는 것을 택했다. 물론 경제적인 이유도 있었다. 그런데 컴퓨터의 발달은 그러한 근육의 존형 노동을 획기적으로 바꿔놓았다. 대부분의 일은 몸의 근육이 아니라 두뇌의 활동에 의해 이루어진다. 비근육노동으로 바뀐 것이다. 그러니 쉬는 시간에는 몸을 움직여 활동하는 것들을 찾게 된다. 물론 경제적 여유가 생겨서 장비도 마련하고 어디로든 떠날 수 있는 자동차가 있어서 그렇게 된 요인도 있다.

문제는 놀이의 형태가 거의 활동형 놀이에만 치우쳐 있다는 점이다. 우리가 육체와 정신으로 이루어진 것처럼 놀이 또한 물리적 놀이와 정신적 놀이가 균형을 이뤄야 한다. 그런데 정신적 놀이는 여전히 미진할 뿐이다. 우리의 옛 선조들은 정신적 놀이를 극상으로 누리며 살았다. 그런데 지금 우리는 어떤가? 그걸 되살려내지 못하면 삶은 균형을 잃고 절뚝댄다.

플라톤Platon, ?B.C.428~?B.C.347의 대화편 《향연》을 읽어보면 정신적 놀이라는 게 그리 거창한 것도 아니면서 삶의 격을 한껏 올릴 수 있는 것이라는 걸 실감할 수 있다. 정신적 놀이는 돈도 들지 않는다. 이 대화편의 주제는 사랑 이야기이다. 문학적 구성과 내용이 빼어나 읽는 즐거움도 쏠쏠하다. 소크라테스가 술자리에서 사랑을 이야기하는, 살짝 달콤한 내용이지만 그 깊이는 웅숭깊다. 고대 그리스의 지성을 대표하는 시민 남성들이 각자 에로스의 세계에 대해 이야기한다. 차가운 머리와 뜨거운 가슴의 조화가 그들에게 어떻게 자리 잡고 있는지, 읽다 보면 마치 내가 그 옆자리 한구석 얻어 앉아 듣는 듯한 즐거움이 가득하다.

발단은 제목 그대로 술잔치(그게 바로 '심포지온Symposion', 즉 향연이다)이다. 아가톤이 레나이아 제전의 비극 경연대회에서 우승한 것을 축하하는 술자리였다. 그 자리에서 권커니 잣거니 부어라 마셔라 질탕하게 퍼마신 게 아니다. 각자가 에로스의 정체와 기원과 본성과 기능 등에 대해 나름대로의 지적 통찰을 보여준다. 술을 섞어 사랑 이야기를 들려주는데 이 작품은 일종의 액자소설의 형태를 띠고 있다. 당시 너무 어려서 그 모임에 참석하지 못했던 아폴로도로스가 소크라테스의 제자 아리스토메도스에게서 들은 내용을 친구에게 전하는 형식이다. 사랑을 다양한 시각과 단계로 다루면서 여러 맥락과 의미로 해석하고 토론하는 것을 읽다 보면 '정신적 스포츠'를 관전하는 느낌이 든다.

> 아리스토파네스: 우선 여러분은 인간의 본성과 그것이 겪게 되는 일들을 배워야 하네. 오래전 우리들의 본성은 바로 지금의 이것과 같은 것이 아니라 다른 유의 것이었네. 우선 인간들의 성(性)이 셋이었네. 지금처럼 둘만, 즉 남성과 여성만 있는 게 아니라 이 둘을 함께 가진 셋째 성이 더 있었는데, 지금은 그것의 이름만 남아 있고 그것 자체는 사라져 버렸지. 그때는 남녀추니

가 이름만이 아니라 형태상으로도 남성과 여성 둘 다
를 함께 가진 하나의 성이었지만, 지금은 그것의 이름
이 비난하는 말 속에 들어 있는 것을 빼고는 남아 있지
않네.

아리스토파네스의 말을 들으면 요즘 성적소수자의 문제를 보
는 시선도 얻을 수 있다. 아리스토파네스는 인간의 상실한 본성을
치유하는 자로서의 에로스를 찬양한다. 일곱 명의 고대 그리스 지
성들이 나누는 대화는 토론이면서 동시에 스포츠이다.

아가톤: 가장 중요한 것은 에로스가 신에게든 인간에
게든 불의를 행하지도 않고, 신에 의해서든 인간에 의
해서든 불의를 당하지도 않는다는 것이네. 어떤 일을
당할 때 그 자신이 완력으로 당하지 않고 (완력은 에로
스를 건드리지 못하니까), 또 어떤 일을 행할 때도 완력
으로 행하지 않거든. 누구나 다 에로스에게는 무슨 일
에든 자발적으로 봉사하니까 그렇지.

이들은 모두 신으로서의 에로스를 찬양하지만 그 성격은 다르
다. 아가톤은 인간에게 있는 모든 좋은 것들의 원인으로서의 에로
스를 찬양한다. 이들의 연설들은 소크라테스의 연설에서 부분적

으로 교정되고 비판받기도 한다. 소크라테스는 아가톤과의 문답식 논의를 통해서 에로스를 아름다움을 결핍한 그래서 아름다운 것을 추구하는 욕망으로 규정한다. 이런 식으로 대화는 꼬리에 꼬리를 물고 이어진다. 때론 대립을 때론 비판을 들이대기도 하지만 의견이 오가면서 주제와 생각은 확장되고 각자가 지녔던 좁은 틀을 허물고 자유롭게 자신을 업그레이드한다. 술자리에서의 대화라고는 믿기지 않을 만큼 치열하기도 하지만 또한 느슨하고 빙그레 웃음이 오가는 모습이 그려지기도 한다.

《향연》을 읽다 보면 정신의 놀이가 얼마나 역동적이고 매력적인지 새삼 깨닫게 된다. 술자리에서도 그저 부어라 마셔라 하며 술이 사람을 지배하는 것이 아니라 긴장을 풀고 깊이 있는 대화를 나누며 생각을 키울 수 있다는 것은 분명 매력적이다. 놀이는 몸으로만 하는 게 아니다. '함께 모여 술 마시는' 만찬장 한구석을 차지하고서 소크라테스를 비롯한 참석자들이 저마다 에로스에 대해서 일장 연설을 늘어놓는 장면은 좀 귀엽다는 느낌까지 들 정도이다. 그건 분명 술이 곁들여진 작은 축제가 주는 너그러움이다. 하지만 그건 그냥 아무렇게나 이뤄지는 술자리가 아니다. 서로 어느 정도의 예의와 경건함을 갖춰야 가능하다. 평소에 거의 목욕하지 않던 소크라테스도 목욕하고 '신발도 신은 채' 술자리에 참석했다. 존경과 경탄, 빈정거림과 대립들이 마치 한 편의 드라마를 보는 느낌이 드는 건 모두가 이 정신적 대화를 즐기고 있으며 서로 존중하는 마음이 마련되었기 때문이다. 소크라테스가 끝무렵에 알키비아데스에게 건네는 말은 그런 맥락들이 교묘하게 드러난다.

> 소크라테스: 알키비아데스, 자네 안 취한 것 같네그려. 취했다면 자네가 무엇을 위해 이것들 전부를 말했는지를 감추려 하면서 이렇게 교묘하게 돌려 이야기하지 못했을 테니까 말일세. 자넨 그것을 마치 그야말로 곁다리인 양 끄트머리에 슬쩍 붙여놓았지. 그것들 전부를 바로 이것을 위해서, 즉 나와 아가톤 사이를 갈라놓기 위해서 말한 게 아닌 듯이 가장하면서 말이네.

느슨하게 술이 오가면서도 바짝 벼리를 세운 정신들이 오가는 여러 합들은 그러나 병장기가 겨루는 합과 확연히 다르다. 소크라테스가 알키비아데스에게 건네는 말도 평소 알키비아데스에 대해 가졌던 생각의 한 자락을 슬쩍 비치면서도 교묘하게 둘러대는 것을 비난하는 것이 아니라 말짱한 정신으로 논리의 틀을 유지하고 있음에 대한 어느 정도의 칭찬도 담겨 있다.

축제가 꼭 왁자지껄 고래고래 소리 지르며 춤추고 주정 부리는 게 아니다. 이제 그런 축제는 끝내야 한다. 그리고 제대로 축제를 누려야 한다. 그렇게 축제를 누려야 제대로 노는 법도 배우고 그래야 생산성도 높아지고 삶의 밀도도 높아진다.

노는 것이 창조이다

앞서 하위징아의 《호모 루덴스》를 통해 이미 언급했지만 놀이는
인간을 자유롭게 해주고 불필요한 굴레에서 벗어나게 해준다. 그
리고 놀이는 창의적인 생각을 이끌어내고 재미있는 상상을 만들
어내게 해준다. 줄리어드 음대 예술교육학 교수이자 연극배우이
기도 한 에릭 부스Eric Booth는 《일상, 그 매혹적인 예술》에서 놀이
가 얼마나 멋진 예술이 되는지, 그리고 그것이 일상에서 어떻게
발현되는지를 매력적으로 보여준다. "세상에서 가장 위대한 예술
작품은 우리의 삶 자체이다."라는 그의 선언은 역설적으로 왜 우
리의 삶이 예술적이어야 하는지 묻는 것이기도 하다.

> "우리가 예술 행위를 할 때 동의할 수 있는 수단이나
> 방법은 매우 많다. 하지만 그 안에서 다음의 세 가지
> 공통점을 찾을 수 있다. 그것은 의미 있는 것을 만들
> 고, 다른 사람이 만들어낸 것을 탐구하며, 그 과정에서
> 터득한 기술을 일상의 삶에 적극 활용하는 과정이다.
> 은유적인 표현으로서 위의 세 과정을 '세상'을 창조하

는 행위에 빗대어 이름을 붙여보면 다음과 같다. 즉 세
상을 창조하는 작업은 세상 만들기, 세상 탐구하기, 세
상 읽기의 세 부분으로 구성되며 이것은 끊임없이 순
환한다."

거창한 게 아니다. 예술도 인생도. 그것은 끊임없는 세상과의
감응correspondence이다. 놀이는 우리가 언제라도 세상을 읽어낼 수
있는 마음가짐을 갖고, 세상 읽기를 자주 활용해 습관화시킴으로
써 삶에 대한 진지한 이해력, 즉 겉모습 뒤에 감춰진 것까지 읽어
내는 능력을 얻을 수 있게 해준다. 부스가 언급한 세 가지 행위를
갈고닦으면 우리의 습관과 마음가짐이 달라지고 하루하루 몰라보
게 성장하게 된다.

일work이라는 단어에서 '떠들썩한 술잔치orgy'와 '에너지energy'
등의 단어가 파생되었다는 건 의미심장하다. 어원적으로 볼 때 신
명 나는 어울림이란 몸과 마음이 한데 어울리는 것을 뜻한다. 신
나는 술잔치에서나 일에서나 마찬가지이다. 그런데 불행히도 우
리는 일과 놀이가 완전히 분리되어 있다. 일상의 삶이 고단한 건
그런 괴리 때문이다. 그런 삶은 가엽다. 일과 놀이가 상통한다는
것은 그저 말장난이 아니다.

그런데 명심해야 할 것이 하나 있다. 여러분들의 놀이는 아마
추어적이어야 한다는 것이다. '위대한 아마추어 정신'을 갖춰야

한다. 놀이와 예술을 통해 충만한 삶을 살기 위해서 하나의 표본으로 삼을 좋은 모델을 택해야 하는데 그것은 바로 열정적인 아마추어이다. 일반적으로 아마추어라고 하면 전문성이나 상업성이 조금 낮은 수준임을 뜻하는 말이다. 그저 취미 삼아 해보는 사람, 애호가, 풋내기쯤으로만 여겨진다. 심지어 '성공하지 못한 사람'과 동격으로 쓰이기도 한다. 그러니 어설픈 프로가 되려 하거나 그 흉내를 낼 까닭이 없다. 텅 빈 머리와 가슴으로 연예인 따라 하기에 열중하는 젊음은 이미 박제된 청춘일 뿐이다. 위대한 아마추어 정신이야말로 청춘의 위대한 자산이다.

아마추어라는 말의 어원은 사랑하는 사람, 즉 무엇인가를 사랑하기 때문에 그 무엇인가를 열심히 하는 사람을 뜻하는 말이다. 아마추어는 불필요한 멋을 부리지도 않으며 남의 눈을 의식하지도 않고 보상을 요구하지도 않는다. 그저 자신이 즐거워서 기꺼이 하는 사람이다. 사랑의 반대말이 증오가 아니라 무관심인 것처럼, 아마추어의 반대말은 전문가나 프로가 아니라 겉치레와 따분함, 냉담함이라는 말을 기억할 필요가 있다. 아마추어 정신은 단순한 호사가나 취미활동가를 뜻하는 게 아니라, 열린 마음과 끝없는 탐구욕을 가지고 정진하는 마음을 가진 실천가로서의 정신이다. 그게 바로 젊은이들이 세상을 바라보고 대응하는 방식이며 자신의 삶을 누리는 방식이다. 그것이 놀이로 승화될 때 예술과 문화가 자라고 창조성이 발현된다. 그게 진짜 노는 것이다.

불행히도 우리의 제대로 된 놀이 문화는 일제와 산업화 시대를 겪으면서 소멸되거나 변질되었고 심지어 억압되었다. 그런 반발이 어느 정도의 물질적 풍요로 인해 퍼마시고 좋다는 맛집 찾아다니고 고래고래 소리 지르며 노래하고 춤추는 일탈쯤으로만 나타나는 건 안타까운 일이다. 그런 놀이가 물론 어느 정도의 스트레스를 해소하는 데에는 도움이 될지 모르지만 자유로움과 창의성으로 이어질 수는 없으며 삶의 가치를 높이는 수준으로 오르기도 어렵다. 쌀눈을 깎아낸 백미가 먹기에는 매끄럽지만 현미에 비해 영양분이 적은 것처럼 젊음의 여행과 놀이는 거칠고 투박하고 불편한 것을 감내하면서 얻는 즐거움이다. 이제 제대로, 진짜 노는 법을 마련해야 한다.

새로운 축제의 깃발을 올려라

이게 어디 비단 대학의 축제에만 국한되는 일일까? 아닐 것이다. 우선 축제의 본질과 본령을 되짚어봐야 한다. 축제는 무엇보다 '놀이'이다. 사전적 의미로 놀이란, 여러 사람이 모여서 즐겁게 노는 일, 또는 그런 활동을 의미한다. 그러니 거기에는 즐거움이 있어야 한다. 어떤 의무감이나 타성에 의해 이뤄지는 활동이 아니다. 그리고 왜 놀이를 해야 하는지 늘 깨어 짚어봐야 한다.

하위징아는 《호모 루덴스》에서 놀이는 문화의 한 요소가 아니라 문화 그 자체가 놀이의 성격을 가지고 있다고 강조했다. 예전에는 '생각하는 인간(호모 사피엔스)'이라고 정의했지만 하위징아가 이성 지상주의나 근거 없는 낙관주의를 비판하고, '도구인(호모 파베르)'의 모호성도 인간에게만 해당되는 것이 아니라며 강조한 개념이 바로 놀이였다. 그것은 인간이 '만드는 존재'일 뿐 아니라 '놀이하는 자유로운 존재'임을 대비시킨 것이다.

한양대학교 문화인류학과 조흥윤 교수는 한국인이야말로 전형적인 호모 루덴스임을 강조했다. 한국인은 다른 나라에 비해 훨씬 다양하고 독특한 놀이 문화를 가꿔왔으며 따라서 놀이와 신들림이야말로 한국인의 유전자에 흐르는 문화적 특성이라고 지적한다. 일 속의 놀이, 여가 속의 놀이, 신앙 속의 놀이의 세 가지 양상으로 전개되어 온 이러한 놀이의 유전자를 미래지향적으로 해석하는 것이 지금 우리가 축제에 대해 한번쯤 생각해봐야 하는 핵심적인 요소이다. 일과 여가, 그리고 신앙 속에서 함께 어우러지고 누려온 삶의 표현으로서의 놀이는 결국 '삶의 율동'이며 생리이다.

그러니 놀자! 그러나 제대로 놀자! 그걸 지금쯤, 그리고 여러분들이 점검하고 재창조하지 않는다면 놀이도 축제도 우리의 삶과 괴리될 뿐 아니라 시대의 정신과 흐름에도 걸맞지 않을 것이다.

놀이라고 그저 퍼질러 노는 것이어서는 안 될 것이다. 여러분들이 바라보는 세상, 여러분들이 겪은 세상을 담아내며, 여러분들의 꿈과 이상, 그리고 바람이 놀이의 형태로 표현될 수 있는 유쾌 통쾌 상쾌한 방식을 찾아보는 건 얼마나 멋질까!

축제를 상실한 사람은 삶의 역동성과 즐거움을 누릴 수 없다. 우리는 일만 하면서 살아갈 수 없다. 그러나 놀이와 쉼은 그냥 얻어지는 것이 아니고 단순히 일에서 손을 잠시 놓는 것도 아니다. 그것은 그 자체로 하나의 삶이고 문화이다. 하위징아가 놀이가 인간 본연의 모습일 뿐 아니라 그 자체로 문화라고 했던 말을 잘 새겨야 한다.

새로운 축제의 깃발을 올리기 위해 낡은 깃발을 내려야 한다. 부활하기 위해서는 먼저 죽어야 한다. 죽지 않고 부활할 수는 없다. 우리의 축제도 그런 과정을 거쳐야 한다. 열심히 일하고 멋지게 놀자. 그러기 위해서는 반드시 우리의 놀이와 축제에 대해 반성과 성찰이 따라야 할 것이다.

여러분은 삶을 즐겨야 할 권리를 가졌다. 김홍신 작가는 "인생은 잘 놀다 가지 않으면 '불법'이다."라고 외친다. 그렇다. 어차피 한 번 사는 인생 이왕이면 잘 놀다 가야 한다. 그런데 놀려면 제대로 놀아야 한다. 몸으로도 정신으로도 멋지게 노는 법을 고민하고 누려야 한다.

유머가
삶을
풍요롭게 한다

《농담》_ 밀란 쿤데라
《백 년 동안의 고독》_ 가브리엘 마르시아 마르케스

농담을 받아들일 수 있는 사람이 속 깊은 사람

세상에 가장 멋대가리 없는 사람 가운데 하나는 농담이 통하지 않는 사람이다. 그러면서 자신의 진지함을 은근쩍 내세우기까지 하면 앞에 절벽을 마주하고 있는 느낌이 든다. 그런 사람들뿐일까? 잘 나가다 농담 한 마디 던졌는데 정색하며 따지면 그걸 해명하거나 변명해야 하는 경우도 있다. 농담에 변명하는 것은 농담에 대한 예의가 아니다. 웃자고 한 말을 죽자고 달려들면 만정이 떨어진다. 농담은 사람들을 웃기기 위해 발명된 최고의 장난감이라는 말도 있다. 누군가를 웃겨주는 건 그에 대한 배려에서 나온다. 딱딱한 분위기를 깨고 상대에게 긴장과 불안을 없애주고 잠시 즐거움을 맛볼 수 있게 하려는 게 농담의 진짜 가치이다.

가끔 신문이나 TV에서 개그맨들이 미녀들과 결혼하는 걸 본다. 여전히 희극인을 폄하하는 성향이 강한 우리 심성에서 보면 의외다 싶다. 그렇다고 그 개그맨들의 얼굴이 잘생긴 것도 아니다. 심지어 아주 못생긴 얼굴이 트레이드마크이거나 자산이 되는 경우가 더 많다. 그러니 겉으로 보면 미녀와 야수 커플처럼 보이기도 한다. 왜 미녀들이 못생긴(?) 남자들에게 넘어가(?) 결혼하는 걸까? 요즘 남녀 불문하고 갖춰야 할 미덕 가운데 하나가 유머 감각이라지만 그저 웃긴다고 해서 결혼하는 건 아닐 것이다.

짐작컨대 미녀들이 그 남자들에게 반하는 건 배려와 존중 때문이 아닐까 싶다. 남을 웃기는 데에는 최소한 두 가지 요소가 필요하다. 하나는 상황을 압축적으로 정리하고 꿰뚫는 지혜이고 다른 하나는 함께 있는 이들에 대한 배려이다. 머리 나쁘면 농담도 제대로 못한다. 상황에 맞고 딱딱한 분위기를 풀어주는 농담을 위해서는 그 상황을 정확하게 인식하고 분석하며 종합할 수 있어야 한다. 때로는 그 상황이 진퇴양난이거나 딱히 해법이 보이지 않다가 그 농담 한마디로 해소되거나 해법의 실마리를 찾는 경우도 있다. 그리고 상황을 압축해서 보지 못하는 이에게 명료하게 정리를 해주기도 한다. 또한 좋은 농담은 자신의 재치와 유머 감각을 과시하기 위해 아무렇게나 던지는 허접스러운 것이 아니라 상대의 처지와 마음을 헤아렸을 때 가능하다.

잘생긴 영화배우나 탤런트 혹은 가수들은 자기가 잘났다는 걸 안다. 겸손으로 포장해도 내심까지 덮을 순 없다. 그래서 은근히 자신에게 스포트라이트가 집중되어야 한다고 생각한다. 속된 말로 인물값 하는 경우가 얼마나 많은가? 하지만 개그맨들은 관객을 깔보지 않는다. 관객들의 심정을 헤아리고 그들의 응어리를 풀어주려는 마음이 없으면 좋은 유머가 나오지 않는다. 그들은 그야말로 감응의 전문가들이다. 그런 이들이니까 상대방의 기분을 잘 파악하고 그에 맞는 언어와 행동을 적절하게 구사할 수 있다. 자신을 배려하는 사람에게 호감이 가는 건 당연하다. 아마도 미녀들이 개그맨들에게 마음을 뺏기는 건 그런 배려와 이해가 가장 큰 요인이 아닐까 싶다.

하지만 손뼉도 마주해야 소리가 나는 법이다. 농담의 진가는 상대가 그것을 재치 있고 멋지게 맞받아쳤을 때 배가된다. 그건 압축된 감응이다. 그런 농담은 전체적인 맥락을 서로 이해하고 공감하며 소통할 때 가능하다. 심드렁하게 듣거나 진지하게만 듣는다면 그런 감응은 기대하기 어렵다. 내가 던진 농담을 상대가 적절하게 되받았을 때 그 즐거움은 그 농담을 던진 이를 감동시킨다. 거기까지 가야 농담이 제맛을 발휘한다.

농담 한마디가 상황을 역전시키다

1981년 미국의 대통령 로널드 레이건이 존 힝클리 2세가 쏜 총에 맞았다. 현직 대통령이 총에 맞았으니 전 미국이 패닉에 빠졌다. 그러나 정작 본인은 애써 태연한척했다. 그는 들것에 실려 가면서 사람들에게 말했다. "총에 맞고도 죽지 않는 건 정말 기분 좋은 일이지요." 대통령의 피격이 국민들에게 주었을 충격을 고려한 적절한 낙관적 배려였다. 그냥 단순히 그가 유머 감각이 있는 사람이었다거나 남 웃길 줄 아는 능력이 있다고 넘길 게 아니다. 늦게 도착한 아내 낸시에게는 이렇게 말했다. "여보, 고개 숙이는 것을 깜빡했어." 고령의 남편이 총에 맞았다니 아내가 놀라서 공황상태에 빠졌을 텐데 남편의 그 한마디에 저절로 미소가 지어졌을 것이고 그녀의 긴장과 공포는 꽤 가라앉았을 것이다.

레이건은 병원에서 몸에 박힌 총알을 꺼내기 위한 수술을 준비하는 의사들에게도 웃으며 한마디 던졌다. "당신들 모두 공화당원이지요?" 대통령의 목숨이 왔다 갔다 하는 중요한 수술에 참여한 의사들이 얼마나 긴장했을까? 레이건의 그 농담은 의사들의 긴장을 풀어주었다. 동시에 그 한마디는 미국의 공화당 유권자들을 겨냥한 말이기도 했다. 자신들의 대통령이 절체절명의 수술을 하는 상황에서도 공화당원으로서의 정체성을 은연중 강조했으니 얼마나 감동했을까! 그 한마디는 공화당 전당대회에서의 감동적인 10분 연설보다 훨씬 더 큰 결집과 단결 효과를 얻었을 것이다. 그런데 이 의사들 또한 대단히 유머 감각이 뛰어났던 것 같다. "각하, 오늘만큼은 모두 공화당원입니다." 나는 이 의사들의 유머 감각에 A+를 주고 싶다. 농담하는 것보다 그것을 받아 더 고급스러운 농담으로 갚는 게 진짜 농담의 가치를 아는 사람이다. 수술실에서 농담하는 대통령이 고마웠을 것이고, 그 또한 수술에 대한 두려움이 없지 않았을 것이다. 게다가 고령이었으니 더 그랬을 것이다. 의사들 또한 자신들의 환자인 대통령을 안심시켜 줄 필요가 있었다. 그런 상황에서 레이건의 말을 멋지게 받아쳤다. 그게 바로 농담과 그 대응의 백미이다.

수술은 성공했고 2주 후 레이건 대통령은 퇴원하여 백악관으로 돌아갔다. 그 위기의 상황에서 레이건이 던졌던 농담들은 국민들을 안심시켰고 위기를 잘 넘길 수 있다는 신뢰와 낙관을 갖게 했다. 그것 자체로 대단한 희망이었다. 전화위복이라는 건 그저 어쩌다 주어진 행운이 아니다. 위기를 기회로 만들어낼 수 있는 역량과 노력, 그리고 천성에서 비롯된다. 레이건의 농담은 그의 낙관주의가 국민들에게 전염되는 행복한 계기가 되었다. 그게 제대로 된 전화위복이다. 그걸 가능하게 한 것 가운데 하나가 바로 레이건의 농담이었다.

딱 맞는 농담을 하거나 거기에 감응하여 더 수준 높은 농담으로 답하는 건 상황을 급격하게 호전시킨다. 무엇보다 그건 매우 속 깊은 심성과 행동에서 비롯되는 것임을 기억해야 한다. 굳이 멋있어 보이려고 혹은 호감을 얻기 위해 농담이나 유머를 일부러 미리 준비할 필요는 없다. 멋진 유머를 칭찬할 줄 알고 쿨하게 웃어넘길 수만 있어도 충분하다. 그런 반응만으로도 상대는 고마워할 것이고, 함께 있는 이들의 평가도 좋아질 것이다.

잘못된 농담이 치명적일 수 있다

앞에서 말한 것처럼 농담에 변명하게 하는 것은 농담에 대한 예의가 아니다. 우리는 농담 하나로 삶이 극적으로 바뀐 경우를 밀란 쿤데라Milan Kundera, 1929~의 작품에서 만날 수 있다. 제목조차 《농담》이다. 한 인간이 의도와는 전혀 상관없이 엉뚱한 삶으로 내몰린 건 전적으로 엽서에 짧게 쓴 농담 때문이었다. 주인공 루드빅은 대학생이며 공산당원이다. 성분도 머리도 좋다는 얘기다. 따라서 그의 앞날도 어느 정도 보장된 것이라 할 수 있다. 그러나 동시에 철부지 대학생이고 천진난만한 청년이기도 하다. 그는 같은 대학에 다니는 예쁜 여학생 마르케타와 사귄다. 그런데 마르케타는 열렬한 공산당원일 뿐 아니라 지나치게 순수해서 도대체 농담을 이해하지 못한다. 이미 작가는 분명하게 설명하고 있다. "확실히 유머와 마르케타는 잘 어울리지 않았고, 시대정신과는 더 그랬다." 순수한 열정과 이념에 대한 확신 말고는 그 어떤 것도 허용되지 않을 여자친구에게 루드빅은 다소 짜증이 나서 농담으로(그는 분명 농담으로 지껄인 말이다) 빈정댔다. "낙관주의는 인민의 아편이다! 건전한 정신에는 우둔의 악취가 풍긴다. 트로츠키 만세!" 그것은 그저 빈정거림이었고 짜증이었으며 제 딴엔 그럴싸한 농담이었을 뿐이다. 그러나 그 짧은 농담이 그의 운명을 바꿔놓을 거라곤 상상도 못했을 것이다. 해학과 아이러니를 받아들이지 못하는 상대에게 농담은 변명조차 허용하지 않는 비수일 뿐이었다.

벽창호 같은 마르케타는 그 엽서를 위원회에 제출했고 그는 소환되었다. 루드빅 스스로 나중에 다음과 같이 술회했다. "나는 바보 같은 농담이나 즐기는 치명적 성향을 지니고 있고, 마르케타는 농담을 절대 이해 못하는 치명적 성격을 지니고 있었기 때문이었다." 결국 그는 당에서도 쫓겨나고 학교에서도 추방되었다. 그는 그대로 군대로 끌려갔지만, 총을 쥐지 못하는(반동분자에게 총을 어찌 주겠는가?) 종일 삽만 쥐고 뼈가 으스러지게 노동만 해야 하는, 군대 아닌 군대, 아니 엄밀하게 말하면 수용소에 가까운 군대에 끌려가고 만다. 루드빅의 인생은 그렇게 철저하게 꼬이고 또 꼬인 것이다.

그의 삶 전체를 망가뜨리고 엉뚱한 방향으로 꼬이게 만든 것은 모두 작은 엽서에 쓴 그 짧은 세 문장이었다. 그는 농담으로 뱉은 말이지만 그 말을 고스란히 문자 뜻대로만 해석한 여자친구와 그 농담을 이념의 논쟁으로 끌어들여 처절하게 박살 내려는 친구들에 의해 꺾이고 말았다.

나는 농담을 생각할 때마다, 특히 농담을 농담으로 받아들이지 못하는 사람을 볼 때마다 언제나 밀란 쿤데라의 이 소설이 생각난다. 실제로 쿤데라는 이 책 때문에 고국인 체코를 떠나 프랑스로 망명하게 되었다. 이 책이 사회주의를 비판했다는 이유로 모든 집필을 금지당했고 결국 그는 조국을 떠나야 했다. 농담의 상대방이 어떤 사람인지 제대로 가늠하지 못하면 패가망신은 아니어도 분위기를 해치기 십상이고 종국에는 상종 못할 저질이나 경박한 사람으로 몰리기 쉽다. 그러니 농담은 반드시 상대를 봐가면서 해야 한다. 거죽만 안다고, 그냥 알고 지낸다고 불쑥 던진 어리석은 농담은 아니함만 못하다.

농담의 핵심은 타이밍과 격조

유머 감각이 필요하다니까, 특히 여자들에게 유머 감각 있는 남자가 인기 있다니까 유머 책 여러 권 사다놓고 읽는 청춘들도 있을 것이다. 그 노력은 가상하다. 하지만 유머 감각은 남의 유머 외워서 앵무새처럼 읊조리는 게 아니다. 그건 그냥 참고용일 뿐이다. 문제는 타이밍이고 상황을 읽어내는 능력이다. 타이밍을 놓치거나 상황에 맞지 않는 유머는 오히려 분위기만 망치기 십상이다. 제 철[時] 모르고[不知] 나대면 그게 철부지이다.

그리고 더 중요한 것이 있다. 이왕 읽는다면 그것의 상황을 짚어보고 변용할 수 있는 능력을 키워야 한다. 책으로 나온 건 이미 남들 다 알고 있는 것들이다. 그게 무의미하다는 게 아니다. 그것만으로도 분위기 화기애애하게 만들 수 있으니 나름대로 가치는 있다. 하지만 그걸 변주할 수 있는 능력이 진짜 유머이고 수준 높은 유머다. 그런 유머는 자주 구사하지 않아도 좋다. 아니, 때론 그걸 하고 싶어도 일부러 참는 훈련도 필요하다. 촌철살인처럼 제때에 딱 한마디 하는 것으로 이미 충분하다. 오히려 덧붙이면 그 순간 매력은 사라진다!

이왕 유머를 사용할 때 명심해야 할 것은 유머의 격조다. 썰렁한 유머를 탓하는 게 아니다. 질 낮은 유머나 농담은 상대를 불쾌하게 하거나 나쁜 인상을 주기 쉽다. 기껏 외워뒀다가 써먹은 게 역효과 낼 수 있다. 블랙 유머는 가능한 한 삼가는 게 좋다. 게다가 질 낮은 유머나 농담도 자꾸 하면 습관이 된다. 그렇게 되면 계속해서 그런 이야기들만 지껄이게 되고 결국에는 기피인물 되기 딱 좋다. 그러나 타이밍도 맞고 상황에도 적절할 뿐 아니라 격조까지 갖춘다면 매우 좋은 인상을 준다. 머리도 좋고 두뇌 회전도 빠르며 상황 인지 능력이 뛰어나다는 평가를 받을 것이다. 격조 있는 유머나 농담은 심지어 부정적인 의미를 담고 있어도 듣는 사람이 불쾌하지 않으며 때론 명령과 요구에 대해서도 기꺼이 따르게 하는 힘을 지닌다.

사우스웨스트 항공의 켈러허 전 회장은 그런 유머를 잘 구사했던 사람이다. 그 항공사 비행기 안내 방송이 이랬다.

"저희 비행기에 탑승한 승객 여러분 환영합니다. 저희 항공사는 고객님들의 요구에 따라 흡연석을 마련했습니다. 담배를 피우실 분들께서는 날개 위로 와주시기 바랍니다. 담배를 피우면서 영화도 보실 수 있도록 준비했습니다. 영화 제목은 〈바람과 함께 사라지다〉입니다."

흡연자들은 지루한 비행기 여행에서 담배를 참기 힘들다. 그런데 흡연석을 마련했다는 말이 얼마나 반가웠을까? 의아해하던 승객들은 재차 언급하는 흡연이란 말에 궁금했을 것이다. (그러니까 여기서 한 템포 쉬고 가는 것이 묘미일 것이다. '와우! 흡연석이 있단 말이지?') 그런데 날개 위로 올라오란 말에 유머센스가 뛰어난 사람부터 하나둘 웃음을 터뜨리고 (여기서도 한 템포 쉬고) 급기야 영화 제목을 듣고는 모두가 폭소를 터뜨렸을 것이다. 다른 비행사에선 기계적이고 무뚝뚝한 음성의 금연 경고방송을 듣고 움츠러들었던 승객들이 켈러허 전 회장의 유머에 출발시간부터 즐거운 기분이 들었던 것이다. 그 안내 방송을 듣고 흡연자 비흡연자 가릴 것 없이 유쾌하게 웃고 흡연자도 그 웃음 속에서 담배 생각을 지워 낼 수 있을 것이다. '금연'이라는 딱딱한 표현보다 "금연이 허락됩니다."라는 말이 듣기 좋을 텐데, 이 항공사의 멘트는 그보다 훨씬 더 격조도 높고 유쾌하다. 이런 건 그대로 비즈니스에 이용할 수도 있다.

아주 시니컬한 유머를 잘 구사했던 마크 트웨인Mark Twain, 1835~1910은 듣는 이들을 통쾌하게 만들었다. 심지어 반대 입장에 있는 사람들도 함께 깔깔댈 수 있게 만들었다(반대 입장에 있는 사람도 웃게 하지 못하는 농담이라면 애당초 꺼내지도 말아야 한다. 그게 농담에 대한 기본적 예의이다). 그런 유머와 농담은 막혔던 혈을 뚫어주고 소통과 화해를 가능하게 해준다. 미국에서 한창 선교와 식민주의의 연계성을 강조하던 시기에 한 기자가 마크 트웨인에게 물었다. "선생님, 요즘 '천국에 가야 한다. 지옥은 나쁜 사람들이 가는 곳이다.'라고 하는데 어떻게 생각하십니까?" 마크 트웨인이 가볍게 응수했다. "나는 천국이 어떻고 지옥이 어떻다는 등의 말을 하고 싶지 않아요. 양쪽에 다 내 친구들이 있거든요." 종교는 이념만큼이나 사람들을 편협하게 만든다. 그런데 마크 트웨인은 그걸 가볍게 유머로 응수함으로써 그런 옹색하고 편협한 자들을 무력하게 만들었다.

좋은 농담은 독서에서 나온다

마크 트웨인을 언급한 까닭이 있다. 마크 트웨인은 열한 살 때 아버지를 잃고 다음 해 인쇄소 견습공이 되었다. 3년 뒤 식자공으로 일하면서 잡지에 기고하기 시작했으며 뉴욕, 필라델피아, 신시내티 등 여러 도시를 전전하며 인쇄공으로 일했다. 그랬으니 그는 제대로 학교 교육을 받지 못했다. 그러나 그는 틈틈이 도서관을 찾았고 닥치는 대로 책을 읽었다. 그의 지식은 도서관에서 쌓은 것들이다. 나중에 그가 예일대학교, 옥스퍼드대학교 등에서 명예문학박사학위를 받을 수 있었던 것도 이때 쌓아둔 지식을 자신의 경험에 녹여내 문학작품으로 내놓았기 때문이다.

지식만 있다고, 책만 많이 읽었다고 저절로 격조 높은 농담이나 재치 있는 유머를 구사할 수 있는 건 아니다. 평소에 사람들에 대해 관심을 가져야 하고 세상일에 대해서도 두루 안목을 키워야 한다. 그러나 지식이 없으면, 책도 읽지 않는다면 아무리 세상 경험이 많아도 그런 유머나 농담, 특히 격조 높고 비꼬임을 받는 당사자마저 유쾌하게 웃을 수 있게 만드는 농담은 쉽게 만들어지지 않는다. 그러니까 제대로 된 농담과 유머는 유머집 여러 권 읽는 게 아니라 많은 책을 다양하게 읽는 데에서 나오는 셈이다.

만약 여러분이 진짜 깊은 유머와 농담의 문학적 깊이를 느끼고 싶다면 가브리엘 가르시아 마르케스Gabriel Garcia Marquez, 1928~의《백 년 동안의 고독》을 읽어보시라. 사실 이 소설은 정치적인 차원에서 보자면 콜롬비아가 직면하고 있는 구체적인 사회적 현실을 여실히 보여준다는 점에서 리얼리즘적 고발이 바탕이다. 자본주의가 본질적으로 도입되기 전까지만 하더라도 마콘도 마을은 목가적인 낙원과 같은 평화스러운 마을이었다. 그러나 미국의 자본주의가 들어오면서부터 평화롭기 그지없던 이 마을은 점차 폭력과 타락에 시달린 채 멸망의 길을 걷기 시작한다. 그러나 이 소설은 심오한 비극성에도 불구하고 프랑수아 라블레François Rabelais, 1483~1553의 전통을 잇는 위대한 유머문학의 진수를 맛볼 수 있다. 직설적 농담이나 유머가 아니라 아름답고 감동적이며 심오한 은유적 농담과 유머의 맛을 느낄 수 있을 것이다. 유머의 격조가 무엇인지 조금씩 느끼면 이 소설의 또 다른 즐거움을 맛볼 수 있을 것이다.

> "여러 해가 지난 다음에 임종의 자리에서 아우렐리아노 세군도는 첫 아들을 보려고 침실로 들어갔던 7월의 어느 비오는 날 오후를 회상하였다. 비록 그 아이가 힘없이 울기만 하고, 부엔디아 집안의 특성을 하나도 타고 나지 못했어도 그는 아이의 이름을 짓는 데 별 힘이 들지 않았다.
> 「이 아이는 호세 아르카디오라고 부릅시다.」 그는 말했다. 작년에 그와 결혼한 아름다운 여인인 페르난다 델 까

르삐오는 그러자고 했다. 그러나 우르슬라만큼은 막
연한 회의를 숨기지 못했다. 집안의 역사를 돌이켜보
건대 똑같은 이름들이 자꾸만 되풀이되어 쓰이다 보니
우르슬라는 어떤 단정적인 결론들을 얻게 되었다. 아
우렐리아노라는 이름을 가진 아이들은 머리는 좀 좋은
편이면서도 성격만은 내성적이었고, 호세 아르카디오
라는 이름을 받은 아이들은 충동적이며 모험심을 타고
나서 어떤 비극적인 면모를 지녔다. 그 차이점을 얼핏
가려낼 수 없는 경우라고는 호세 아르카디오 세군도와
아울렐리아노 세군도뿐이었다."

이 묘사는 근친상간으로 상징되는 도덕적 타락과 그에 따른
가문의 몰락을 예견하는 것인데 암울하게 묘사하기보다는 '신중
한 비꼼'이 스며들어 있다. 그것은 곧 자폐적 순환을 상징하며 동
시에 남미의 현실을 극적으로 풍자하는 것이다. 이렇게 얼핏 보면
아무렇지도 않은 것 같지만 깊은 은유와 농담이 내재되어 있어서
읽는 맛이 유별하다.

마크 트웨인이나 윈스턴 처칠의 농담과 유머의 특징 가운데
하나는 결코 상대를 완전히 막다른 골목으로 몰아세우는 가혹함
이 없다는 것이다. 풍자나 조롱은 절벽 끝에 있는 사람이 아니라
피할 데가 있는 사람을 대상으로 삼아야 한다. 그러면 상대도 쿨

하게 인정하고 받아들인다. 그건 멋지게 퇴로를 마련해주는 것이다. 따라서 상대도 내심 고마워한다. 또한 직접 비판하지 않고 에둘러 표현함으로써 그 비판 때문에 물러서는 게 아니라 그 유머를 받아들이는 도량을 발휘할 수 있는 여유를 제공한다. 그런 농담이나 유머는 비판의 대상인 상대방으로서도 그 고마움을 잊지 못하게 만든다.

농담의 본질은 여유와 자유이다

사람들을 웃기기 위해 발명된 최고의 장난감인 농담과 유머를 갖추기 위해서는 젊을 때부터 노력해야 한다. 그냥 낄낄 웃는 허허로운 유머가 아니라 딱딱한 삶과 상황을 매끄럽게 해주고 자신과 타인에 대해 여유를 주고받을 수 있기 위해서는 오랫동안 공을 들여야 한다. 기교와 사례들은 양념일 뿐이다.

상대가 내 농담과 유머를 받아들일 줄 모른다고 야속해할 것도 없다. 내가 그런 그릇이 되기는 했는지 그걸 먼저 둘러봐야 한다. 또한 불리한 농담에 고까워하지 않고 웃으며 넘길 수 있는 것도 내공이 필요하다. 그리고 그렇게 물러설 수 있게 해주는 상대에게 고마움을 표현할 줄도 알아야 한다. 그러면 상대도 나에게 고마움을 느낀다. 그렇게 멋지게 화해하고 보듬고 살아갈 수 있는 법을 찾아야 한다.

누구나 농담 잘하고 멋진 유머를 구사하는 사람을 부러워할 것이다. 그런데 이상한 게 들을 때는 숨도 못 쉬며 뒤로 넘어갈 지경으로 깔깔대며 좋아했는데 돌아서면 금세 까먹는다는 점이다. 다른 것에 대한 기억력이 비상한 사람도 이상하게 유머나 농담은 토막으로 기억난다. 그러니 써먹을 수 없다. 예를 들어 어떤 이론이나 학설이라면 그것이 인과론적으로 이어지기 때문에 하나의 실마리만 있어도 연쇄적으로 기억하거나 추론할 수 있지만 유머나 농담은 반전의 포인트가 있기 때문에 그 지점을 정확하게 기억해야 할 뿐 아니라 앞뒤의 상황을 완벽하게 재현할 수 있어야 한다. 그래서 외기 어렵다.

때론 수첩에 적어두기도 하지만 솔직히 좀 객쩍다는 느낌은 어쩔 수 없다. 하지만 가장 쉽게 유머리스트가 될 수 있는 방법이 있다. 멋지게 들어주는 걸로 충분하다. 물론 그에 대응하는 멋진 대구까지 곁들이면 금상첨화겠지만 잘 들어주는 것만으로도 훌륭하다. 살짝 빈정 상하게 하는 농담조차도 쿨하게 넘길 수 있는 아량만 갖추면 된다. 정말 깔끔하고 시원하게 해주는 농담 아니고서야 농담하는 이의 품격을 드러내주는 건 쉽지 않다. 그러나 잘 들어주고 반응해주며 짓궂은 농담조차 가볍게 넘길 수 있다면 그것만으로도 아량과 포용력을 자연스럽게 보여준다. 그러니 품격 있게 들어줄 수 있으면 족하다.

농담과 유머에 대한 최고의 반응이자 예의는 잘 들어주는 것이다. 농담에 변명하도록 만들어서는 안 된다. 그것만 하지 않아도 당신은 이미 훌륭한 유머리스트이다. 농담을 잘하지는 못해도 그것을 너그럽게 받아들일 줄 안다면 이미 우리는 여유로움을 누리는 것이고 재치 있게 대응할 수 있다면 그것은 기지와 자유를 만끽할 수 있는 것이다. 그런 여유와 자유가 나의 삶에서, 그리고 다른 사람들과의 관계에서 품격을 누릴 수 있게 해준다. 고상한 것만 품격과 위상을 높여주는 게 아니다. 농담을 넉넉하게 주고받을 수 있는 여유로움에서 삶의 품격을 마음껏 발휘하고 누릴 수 있다. 그러니 제발 쫀쫀해지지 말 일이다.

자문자답을 피하라

자기가 답을 모르면 바깥에서 답을 구하라

고독을 자율적 고립이며 그것이 삶을 농밀하게 해주는 근원적 힘
이라고 했다. 그런데 자문자답을 피하라니 얼핏 모순되게 보일지
도 모른다. 그러나 아무리 자신에게 물음을 던져도 자신으로서는
아무런 해법도 찾을 수 없는 경우가 있다. 그럴 경우 계속 붙잡고
늘어져봐야 아무 소득이 없을 뿐 아니라 자칫 포기하거나 어설프

게 합리화하는 누를 범하기 쉽다.

자기가 답을 모르거나 해결책을 얻을 수 없을 때는 과감하게 바깥에서 답을 구해야 한다. 그게 다른 사람일 수도 있고 책일 수도 있다. 혹은 자연에게 물을 수도 있다. 자신에게서 답이 나오지 않는데 고독이랍시고 웅크리고 있는 건 어리석은 일이다. 하나의 해법만 있는 게 아니다. 때론 스스로 때론 밖에서 답을 찾아야 한다.

어느 선방의 선원장 스님이 그랬단다. 여러 스님들이 선방에 모여 용맹정진하며 치열하게 화두를 잡고 있는데 마당으로 불러냈다. 마당에 커다란 원을 그려놓더니 스님들에게 말했다.

"여기 이 동그라미 안에 있으면 매를 열 대 맞을 것이고 밖에 있어도 열 대가 돌아갈 것이야. 자네들 어찌하겠는가?"

만약 여러분이 그 스님들이었다면 어떻게 했을까? 어느 쪽을 택해도 매는 피할 수 없는 노릇이다. 선원장 스님은 갑자기 발로 쓱쓱 그 원을 지우며 말했다.

"금이 있고 없음에 따라 달라지면 갇히는 것이다. 그 금을 누가 그었는가? 자네들 스스로 그었다."

일찍이 원효 스님이 말했다.

"그대들이 가지고 있는 대롱으로 하늘을 보라. 그 작은 동그라미만큼만 하늘을 볼 뿐이다. 그 대롱을 버리고 하늘을 보라. 그래야 하늘의 진면목을 볼 수 있다."

대롱은 자신의 잣대이다. 그것은 자신이 정의定義를 내리는 방식이다. 대롱으로 하늘을 보는 어리석음을 알면서도 그 대롱이 없으면 불안하다. 적어도 그 대롱이 있으면 그만큼은 자신의 것이라고 믿을 수 있어서 자꾸만 거기에 매달린다. 자신의 올무에 갇혀서 정의를 내리면 넓은 의미를 얻을 수 없다. 'define'이란 낱말은 '정의하다'라는 뜻도 있지만 그 바탕은 '울타리 치다'라는 뜻이다. 울타리 쳐야 내 땅이 확인되겠지만 그 순간 울 밖은 영원히 내 땅이 될 수 없다. 물론 언제까지 그 정의를 미룰 수는 없다. 또한 정의를 내리는 건 바로 나 자신이다. 그러나 거듭 그 울타리를 스스로 무너뜨려야 한다. 안에서는 그 울타리를 허물지 못한다.

청년의 시기는 아직 지식도 판단력도 완전히 여물지 않았다. 여물지 않았다는 건 그만큼 유연하다는 뜻이기도 하다. 그렇게 유연할 때 마음껏 밖에서 채워 넣어야 한다. 내가 살아온 삶은 때로는 매우 협소하다. 살아온 시간의 부피로나 경험한 일의 무게로나 아직은 모자란다. 겸손하게 자신의 한계를 인식해야 한다.

역사의 인물은 바깥의 가장 너른 시선이다

나를 바깥에서 보는 가장 좋은 방식은 무엇일까? 역사서는 분명 그 좋은 해법의 하나라고 할 수 있다. 그중에서도 사마천司馬遷, ?B.C.145~?B.C.86의 《사기史記》는 필독서라 할 수 있다. 무엇보다 이 책의 가치와 힘은 사마천이 역사를 바라보는 관점에 있다. 잘 알다시피 사마천은 한나라 사관장의 아들로 조상 대대로의 숙원이었던 중국 역사를 편찬하라는 유언에 따라 각종 전적을 정리하던 중 갑자기 사형선고를 받았다. 그는 죽음 대신 굴욕적인 궁형을 선택해서 목숨을 부지했다. 그가 굴욕을 감수하면서까지 목숨을 도모한 것은 제대로 된 역사를 기록해야 한다는 사명 때문이었다.

그가 사형선고를 받은 것은 황제의 의도를 거역했기 때문이다. 용맹한 장수 이릉李陵이 5천의 군사로 10만의 흉노와 싸워 공을 세웠으나 끝내 지원군을 받지 못해 중과부적으로 항복하고 포로가 되었다. 황제는 이릉에 대해 제대로 지원하지 못한 허물은 보지 못하고 항복하여 포로가 된 것에 분개하여 그의 죄상을 추궁했다. 아무도 이릉을 변호하지 않았다. 그러나 사마천은 이릉에 대한 비난이 잘못되었다고 조목조목 비판했다. 분노한 황제는 그를 구속했다. 그리고 얼마 뒤 흉노가 다시 침공한다는 유언비어가 나돌자 사마천의 가족을 몰살하고 사마천에게 사형을 언도했던 것이다.

사마천은 역사를 기술하면서 진정 위대한 인물은 지배의 최고 정상에 있는 권력자가 아니라 오히려 그 주위에 있는 사람들이라고 보았다. 그는 지배자의 세계만 그린 것이 아니라 억압당한 사람의 입장에서 역사를 서술했다. 특히 역사에 끌려가는 민중이 아니라 역사를 창조하는 민중이라는 그의 사관은 이전에는 보기 어려운 대담한 관점이었다. 《사기》의 다양한 인물들은 우리가 만날 수 있는 인간 군상의 집대성이다. 그리스 신화가 인간의 원형성을 가상의 이야기로 상징하는 반면《사기》는 구체적이고 현실적이다. 그것은 나의 삶을 바깥에서 바라보는 시선이기도 하다.

오기嗚起 장군의 사례를 보자. 오기가 지휘하는 부대의 군사들은 충성심이 매우 높았고 자연스럽게 사기도 충천했으며 전투에서 두려움 없이 싸웠다. 당연히 그의 군대는 승리를 거두는 경우가 많았다. 어느 날 오기는 군대를 이끌고 전방으로 향했다. 그런데 다리에 종기가 나 제대로 걷지 못하는 병사를 보자 입으로 그 종기를 빨았다. 그것을 본 사람들은 당연히 감동했다. 그런데 어떤 노파가 구슬프게 우는 것이 아닌가! 이 노파의 행동이 의아해서 왜 그리 우느냐고 물었다. 그러자 노파가 말했다. "저 아이 아버지 종기에 밴 고름을 장군이 빨아주었소. 감격한 그 병사는 용감히 싸우다 전사했다오. 그게 바로 내 남편이오. 이제 내 아들의 종기를 빨아주니 저 아이 또한 장군을 위해 생명을 걸고 용감히 싸울 것 아니오. 나는 이제 아들까지 잃게 되었으니 어찌 슬프지 않겠소?"

얼핏 보면 오기 장군의 위대함이 다가올지 모르지만 사마천은 그것은 단순한 통치술의 기교일 뿐이고 피상적인 이해라고 지적한다. 민중의 시선으로 보면 그 실체는 빤히 보인다. 그는 인간의 심리까지 꿰뚫어보았던 것이다. 사마천의《사기》를 읽으면서 영웅과 위인의 모습을 거죽으로만 보면 제대로 읽지 못하는 것이다.

사마천은 인간을 평가하는 방법의 기준을 분명히 세웠다.

불우했을 때 그가 어떤 사람과 친하게 교유했는가?

부유했을 때 그가 누구에게 베풀었는가?

고위직에 있을 때 누구를 등용했는가?

궁지에 몰렸을 때 올바르지 못한 짓을 하지는 않았는가?

가난했을 때 탐욕을 부리지 않았는가?

결국《사기》는 본받을 인물과 반면교사로 삼아야 할 인물이 씨줄과 날줄로 얽혔다. 그가 〈열전列傳〉에서 다루고 있는 인물들은 황제가 아니라 그를 보좌한 이들이 중심인물들이다. 이들이 어떤 가치관과 인생관을 가졌는지, 어떻게 처세했는지, 어떤 판단을 내렸으며 후세에 어떻게 평가되는지 등에 대한 기록을 보면 자연스럽게 나의 삶과 행동에 대한 가늠을 얻을 수 있다.

《사기》가 다른 기존의 역사서와 다른 점은 제왕이 아니라 그를 둘러싼 다양한 인간들에 대한, 그리고 인간과 하늘의 상호관계를 통한 역사의 전개를 냉엄하게 통찰하였다는 점이다. 그런 점에서 초자연적인 힘이나 신의 영역으로부터 해방된 인간 중심의 역사의 굳건한 바탕을 마련했다는 평가를 받는다.《사기》에서 〈열전〉에 가장 많이 할애하고 비중을 높인 것은 그런 인식에서 기인한다. 신비하고 괴이한 전설과 신화는 철저하게 배제되고 합리적인 사실만을 근거로 했기 때문에 거기에 나타난 군상들을 통해 내 삶을 조명해볼 수 있다는 점에서 이 책은 단순한 역사서에 그치지 않는다.

또한 당위의 실천과 이해에 따른 본능 사이에서 방황하는 모습을 위인들의 삶에서도 고스란히 그려냄으로써 살아 숨 쉬는 인간의 모습을 보여주고 있다. 성현과 시정잡배가 뒤섞인 세상의 모습을 그대로 보여줄 뿐 아니라 때론 시정잡배만도 못한 고위관직과 높은 학식(그래봐야 곡학아세하는)의 인물들의 모습을 통해 일희일비하거나 경거망동하지 않고 자신의 삶에 대해 진득하게 성찰하고 행동할 수 있는 기회를 준다. 사마천은 세세한 글자 하나하나까지 치밀한 의도로 기술했기 때문에 그 속뜻을 짚어보는 것 또한 좋은 학습이 된다. 인간의 위대함뿐 아니라 어리석음, 탐욕과 폭력, 도덕적 이상과 좌절 등을 읽어나가면서 과연 지금의 내 삶과 미래를 어떻게 준비하고 실천해야 하는지 고민하게 만든다.

그런 점에서 특히 〈열전〉은 어떻게 살아가야 하는가에 대한 물음에 대해 생각하게 한다. 사마천은 지금 우리가 겪고 있는 고충은 과거 위대한 인물을 비롯한 모든 사람들이 똑같이 겪고 있을 뿐 아니라 그것을 극복하기도 하고 꺾이기도 하는 모습을 통해 갈등 자체가 인간이 사는 모습임을 설파한다. 인간사 크게 보면 다를 것 없다. 다만 사람과 그의 삶이 그것을 어떻게 받아들이고 반응하느냐의 차이에 따라 평가된다. 〈열전〉을 자세히 읽어보면 양자택일에서 어떠한 선택을 하느냐에 따라 그의 삶 전체가 달라짐을 알 수 있다. 배반과 충성, 이익과 손실, 신뢰와 기만, 물질과 정신, 도덕성과 욕망, 탐욕과 너그러움 등 둘 중 하나를 택해야 하는 순간을 특별히 관찰해보면 과연 나는 지금 어떤 인간인지, 어떻게 살고 있는지, 앞으로 어떻게 살아야 하는지를 가늠해볼 수 있다.

사마천의《사기》는 이처럼 다양한 사람들이 여러 가지 모습으로 조명되고 있기에 다른 역사서보다, 혹은 어떤 문학이나 철학보다 뛰어난 거울과 등대의 역할을 한다. 내 고민과 갈등은 물론 나만의 것이고 다른 누구도 그걸 해결해줄 수는 없다. 내가 판단하고 내가 해결하고 내가 책임져야 할 나의 삶이다. 하지만 그걸 모두 내 안에서 결정할 수는 없다. 좋은 길잡이나 도움이 될 사람이나 책을 통해 내 문제를 풀어갈 지혜를 얻을 수 있다. 그런 점에서 인간의 사는 모습을 여실하게 기록한《사기》를 늘 곁에 두고 읽는 것은 큰 도움이 될 것이다.

루쉰魯迅, 1881~1936의《아Q정전》은 자기 안에만 갇혀 있는 한 인간의 허무한 몰락을 아프게 보여준다. 모욕을 받아도 저항할 줄 모르고 오히려 머릿속에서 '정신적 승리'로 바꿔버리는 아Q는 물론 당시 중국의 모습을 희화한 것이었지만 어쩌면 그는 우리 모두의 모델인지도 모른다. 제 집도 없이 토지신을 모신 사당에 살면서 날품팔이로 연명하지만 자존심은 강한 아Q. 심지어 그 주제에 다른 사람들은 안중에도 없다. 그러면서도 강한 자에겐 비굴하고 약하다. 게다가 교활하다. 심지어 자신이 잘못해서 두들겨 맞으면서 "나는 버러지야. 버러지를 때리는 건 버러지만도 못해!"라고 외친다. 스스로를 멸시함으로써 그 곤경을 빠져나가려는 그의 모습은 비굴과 교활함을 함께 담고 있다. 어쩌다 생긴 돈을 도박으로 모두 털린 뒤 화가 나서 제 뺨을 때리면서 자기가 남을 때린 느낌이라며 만족해서 의기양양하게 누워 잠을 청하는 아Q의 모습은 경멸스럽다. 그는 망각이라는 특효약(?)에 의존하는 자이다. 세상을 보는 눈도 전혀 없으면서 자신을 보는 눈도 없다. 그러면서도 늘 제 안에 갇혀 있다.

루쉰은 아Q를 통해 20세기 초반 중국의 모습을 뼛속까지 시리게 풍자했다. 혁명이 좌절된 것은 사실 그 혁명의 가치를 깨닫지도 못하고, 심지어 혁명을 내세운 자들조차 그 이념을 내재화하지 못한 개인일 뿐이었다는 것, 또한 이는 너무 오랫동안 제 안에만 웅크리고 있었기 때문이라고 에둘러 말하고 있는 것이다. 그리고 루쉰의 지적은 지금 우리에게도 그대로 적용된다. 밖의 영향으로 좌지우지 부화뇌동하는 개인도 문제이지만 자기 고치 안에 웅크리고 있는 어리석음도 경계해야 한다. 루쉰의 소설은 단순히 하나의 문학작품이 아니라 차가운 역사 인식이다. 내 안에서 해결하지 못하는 문제를 백날천날 자문자답해봐야 아무런 해결책도 나오지 않는다.

때론 당신처럼 길을 걷고 있는 이에게 물어보라

고독과 고립의 차이를 구분하지 못하는 것처럼 때로는 자율적인 것과 자폐적인 것이 구별되지 않는 때가 있다. 독립심과 자존심이 강한 사람은 모든 문제를 스스로 해결하려고 한다. 누군가에게 묻거나 도움을 얻는 것을 부끄럽게 여기거나 자신의 무능이라 여기는 경향이 강하다. 물론 자립적인 태도는 좋은 것이지만 그것만이 능사는 아니다. 그래서 도움을 얻을 수 있는 스승이나 인생의 선배를 찾고 책을 통해 길을 찾는다. 좋은 말 도움이 되는 말을 얻을 수 있다. 최근 각광을 받는 멘토의 선풍도 그런 것이다. 좋은 멘토, 필요하다. 하지만 자칫하면 나를 놓칠 수 있다. 누군가의 도움을 통해서만 문제를 해결하는 습관이 만들어진다면 그건 경계해야 할 일이다.

길을 아는 사람에게 물어보면 그가 갔던 길만 얘기해줄 수밖에 없다. 누구나 자신이 걸어온 길이 있다. 길은 무수히 많다. 내가 서 있는 곳에서는 앞에 활짝 펼쳐진 큰길만 보인다. 그러나 그 길모퉁이마다 길목마다 무수히 많은 길이 이어져 있다. 그가 가지 않았던 길이 훨씬 더 많다. 물론 선택은 나의 몫이다. 하지만 무조건 그의 말을 따르면 그건 내 길은 아니다. 일단 길에 나가야 한다. 거기에 가보면 나처럼 길을 찾는 사람들이 많이 있음을 만나게 된다. 우리는 그에게 길을 묻고 싶은 생각이 없다. 괜히 그에게 길을 물어봤다가 낭패를 보기 십상이다. 그래서 그 길을 아는 사람을 찾는다.

허먼 멜빌Herman Melville, 1819~1891의 위대한 소설 《모비 딕》은
매우 상징적인 작품이어서 다양한 해석을 안고 있기도 하다. 그것
은 단적으로 선장 에이해브의 비극적인 복수극이다. 그러나 그것
은 동시에 모든 사람의 삶의 방향성이기도 하다. 삶을 회피하지
않고 정면으로 맞서 싸우는 용사의 모습이다. 그것이 무모하고 다
른 사람에게는 독재적으로 보일지 모르지만 그에게는 가장 단호
한 삶의 목표이고 태도이다.

> "모든 것을 파괴하지만 정복하지 않는 고래여! 나는
> 너에게 달려간다. 나는 끝까지 너와 맞붙어 싸우겠다.
> 지옥 한복판에서 너를 찔러 죽이고, 증오를 위해 내 마
> 지막 입김을 너에게 뱉어주마. 관도, 관대도 모두 같은
> 웅덩이에 가라앉혀라! 어떤 관도, 어떤 관대도 내 것일
> 수는 없으니까. 빌어먹을 고래여, 나는 너한테 묶여서
> 도 여전히 너를 추적하면서 산산조각으로 부서지겠다.
> 그래서 나는 창을 포기한다!"

에이해브는 늘 혼자이다. 피쿼드호의 모든 선원들은 그를 두려
워한다. 에이해브의 심연을 이해하고 공감하는 퀴퀘그조차 그의
진짜 모습에 대해서는 모른다. 에이해브에게 무엇을 물어볼 수 있

겠는가? 아마 이런 질문을 던져볼 수 있을 것이다. 과연 에이해브는 자신의 길을 알고 있는 것일까? 얼핏 보면 그는 필생의 원수인 모비 딕을 만나서 복수해야 한다는 목적을 갖고 있으니 당연히 너무나도 명확하게 그 길을 알고 있는 것처럼 보인다. 그러나 모비 딕이 괴물인 하얀 고래가 아니라 바로 자기 자신의 투영이라고 바꿔놓으면 그것은 누구에게나 똑같은 물음으로 바뀐다. 어디에 그 고래가 있는지 모른다. 망망대해로 나가 그 고래를 쫓을 뿐이다. 그 고래는 바로 나 자신이기도 하다. 멜빌은 에이해브를 통해 이렇게 외친다.

> "이봐, 모든 보이는 대상은 판지로 만든 가면에 지나지 않아. 하지만 각각의 사건, 그러니까 생생하게 살아 움직이는 행동, 의심은 조금도 없는 확신에 찬 행동에는, 뭔지 모르지만 이치를 따지는 힘이 깃들어 있어. 그 힘이 이치를 따지지 않는 가면의 배후에서 작용하여, 그 가면의 외관을 밀치고 나오는 거야. 인간이 가면을 치려고 하면, 바로 그 가면을 쳐야 하는 거야. 죄수가 벽을 쳐부수지 않으면 어떻게 밖으로 나올 수 있어? 내가 보기에 하얀 고래는 바로 그 벽이야. 내게 바짝 내밀어진 벽. 때때로 그 벽 너머에는 아무것도 없다는 생각이 들어. 하지만 이것만으로도 충분해…."

우리는 모두가 에이해브이고 동시에 이슈마엘(소설의 화자인 어린 선원)이다. 같은 배를 타고 있지만 모두가 서로 다른 꿈을 꾸고 있다. 어차피 길을 모두 알고 있는 사람은 없다. 그저 그가 가봤던 길에 대해 이러저러 말할 뿐이다. 겉보기에 근사해서 그 길에 대한 동경을 품고 그 길로 나서는 일은 흔하다. 하지만 그게 그의 길은 아닐 수 있다. 모델을 찾으려고만 하지 말고 나 자신이 모델이 될 수 있는 길을 모색해야 한다. 그러려면 먼저 자신을 만나야 한다. 그러나 그 안에 웅크리고만 있으면 안 된다. 그건 고립이지 고독이 아니다. 내 안에서 모든 답을 찾으려고 해서는 안 된다. 때로는 과감하게 밖으로 나가야 한다.

길잡이가 꼭 그 길을 알고 있는 사람일 까닭은 없다. 나처럼 길을 찾는 사람도 나름대로 더듬어 온 길이 있고 찾는 길이 있다. 그도 아직 길을 찾지 못해서 길에서 방황하고 있다. 나 또한 마찬가지이다. 그런 사람들끼리 모여서 서로에게 의지하는 것이 시각장애인이 다른 시각장애인을 이끌고 가는 것처럼 여겨질지 모른다. 하지만 현실은 다를 수 있다. 나 혼자 미로 같은 골목에서 헤맬 때 당혹스러움과 절망감에 어찌할지 모르는 경우가 많다. 하지만 나처럼 길을 찾는 사람에게 물어보면 그가 겪은 골목의 사례를 들어줄 수도 있고 실패를 거울삼아 나름대로 방향을 추적하고 짐작해볼 수 있다. 고민하는 여럿이 모여 함께 길을 찾을 수 있다는 것을 기억하자. 그렇게 서로 길을 찾아주고 함께 혹은 나름의 길을 갈 수 있는 것이 남이 가르쳐주고 잡아준 길보다 훨씬 더 알차다.

자문자답의 울타리에 갇히지 않고 너른 시선을 받아들이는 것도 중요하지만, 이른바 성공했다고 여기는 사람들의 성공담에 빠져 맹신하지 말아야 한다. 그건 그의 길이었을 뿐이다. 아무리 보편적 가치와 너른 길을 말한다 해도 그건 내 것이 아니다. 나처럼 길을 찾는 이에게 묻고 그와 함께 길을 찾는 것을 두려워하지 않을 때 내 길을 찾는다. 그 역시도 따로 떼놓고 보면 나와 같이 헤매는 한 개인에 불과하지만 직접 길을 나서 제 길을 찾고 있다는 점에서 나의 동반자요, 도반일 수 있다. 때로는 그렇게 힘을 합하여 길을 만들 수도 있을지 아는가?

해법도 찾지 못하면서 그냥 제 혼자 울 안에 갇혀 끙끙대기보다는 과감하게 일단 길로 나서는 것도 좋은 방법일 수 있다. 꼭 길잡이 지도 없어도 된다. 그 길에서 나처럼 길을 찾는 이와 함께 머리 맞대고 이 길 저 길 찾아보자.

안전장치를 너무 많이 마련하지 마라

모르는 길 나서면서 이것저것 준비하는 건 당연하다. 준비성 없으면 그 값 치르게 되어 있다. 하지만 너무 많이 꾸려 가면 자칫 짐되기 십상이다. 안전장치는 최소화시켜야 한다. 나의 생존 자체를

위한 최후의 비상구여야 한다. 안전장치들이 나를 보호해줄지는
몰라도 자칫 그 안에 자신을 가둬버리는 벽이 될 수도 있다.

재닛 브라운Janet Browne, 1950~이 쓴 《다윈 평전》을 읽으면서 나
는 다윈에 대한 흥미로운 사실을 발견했다. 찰스 다윈Charles Robert
Darwin, 1809~1882이 《종의 기원》의 초고를 완성한 것은 1844년이었
다. 그는 매우 신중한 사람이었다. 14년 동안 그는 계속해서 자신
의 기본 개념을 보강했다. 그런데 왜 그는 그토록 오랫동안 출간
을 꺼렸을까? 심사숙고해서 완성한 이론을 발표하고 싶었다. 그는
과거 자신의 《흔적》이 출간되었을 때 독자들이 보여준 분노의 폭
풍을 기억했으며 아내 에마의 신앙심도 배려해야 했다. 그때는 바
로 그들의 늦둥이 아들 찰스를 병으로 잃었을 때여서 아내의 상심
이 컸기 때문에 신앙심 깊은 에마에게 자신의 저서가 상처를 주지
않을까 걱정했다. 그뿐 아니라 자신의 문체에 대한 아쉬움도 그의
발목을 잡았다. 그러면서도 그는 늘 자신을 따라잡을 사람이 나올
지도 모른다고 생각해서 불안했다.

그런데 1858년 6월 어느 날 아침 다윈은 단단히 포장된 얇은
꾸러미를 받았다. 셀레베스와 뉴기니 중간, 네덜란드 동인도 회사
의 지배하에 있는 테르나테 섬에서 보낸 우편물이었다. 발신인은
앨프리드 러셀 월리스였다. 월리스는 정규 교육을 받은 사람도 아
니었고 다윈처럼 좋은 가문 출신도 아니었다. 그의 직업은 측량기
사였고 일종의 아마추어 학자였다. 그는 평소에 다윈을 존경했고

자문도 구했다. 다윈 또한 동남아시아에 근무하며 표본을 수집하던 그에게 많은 생물 표본을 부탁하며 도움을 받았다. 그런데 그 편지를 열어본 순간 다윈은 경악했다. 4년이라는 시간 동안 열대의 정글에 고립되어 지내던 월리스의 짧은 논문은 마치 다윈의 자연선택에 의한 진화 이론을 들여다보기라도 한 것처럼 내용이 거의 똑같았다. 심지어 자신의 (오래 끌어온) 미완성 원고보다 더 잘 기술되어 있었다. 사실 월리스의 글은 다윈보다 뛰어났고 더 앞서 있었다. 만약 월리스의 논문이 먼저 발표되면 자신의 이론의 독창성은 여지없이 사라지고 그동안의 노력도 졸지에 물거품이 될지 모를 일이었다. 월리스는 다윈에게 자신의 논문을 당대 최고의 지질학자 라이엘에게 전해달라고 부탁했다.

다윈은 자신의 지나친 심사숙고와 몸 사림이 후회막급이었을 것이다. 그는 심각한 딜레마에 빠졌다. 그가 파렴치한 사람이었다면 월리스의 자필 논문을 없애버리면 그만이었다. 혹은 자신의 연구가 완성되어 출판될 때까지 원고의 전달을 미룰 수도 있었다. 그러나 그는 신사였고 그래서 더 고민이 컸다. 그의 선한 천성과 명예를 지키고자 하는 마음은 그런 야비한 짓을 용납하지 못했다. 그래서 그는 라이엘에게 그 논문을 전했다. 그리고 그는 스스로 만든 울타리 뒤로 숨어버리려 했다.

다행히 다윈을 지지하던 후커와 라이엘은 월리스의 논문과 다윈이 쓰고 있는 원고의 발췌본을 함께 발표할 수 있는 방법을 모색했다. 마침내 다윈은 1858년 7월 1일 린네학회에서 자신의 연구 결과를 발표했다. 다윈은 고민 끝에 후커에게 부탁하여 월리스에게 편지를 쓰게 하고 자신의 편지를 동봉했다. 내용은 함께 발표하자는 타협안이었다. 다행히 6개월 뒤 받은 월리스의 답장은 다윈도 자신과 같은 생각을 지녔다는 사실에 놀라고 반가웠으며 자신의 몫으로 떨어진 공동 발견자 중에서도 조명을 덜 받는 쪽을 받아들이겠다는 내용이었다(물론 나중에는 그도 그 결정을 후회했지만. 그러면서 훗날까지도 분한 감정을 조금도 내비치지 않았다고 한다).

마침내 1859년 이후의 역사를 뒤흔든 《자연선택에 의한 종의 기원》은 그렇게 세상에 출간되어 나왔다. 만약 월리스가 다윈에게 자신의 논문을 보내지 않고 직접 라이엘에게 보냈더라면 어떻게 되었을까? 오늘날 평가받는 다윈의 명예는 사라졌을 것이다. 다윈은 신중하고 사려 깊은 사람이었지만, 때론 소심하고 두려움이 많았다고 할 수도 있다. 그의 신분은 세상의 평가에 대한 고려와 자신을 방어할 수 있는 안전장치에 대해 집착하게 만들었을 것이다. 만약 다윈이 그 편지를 받지 않았더라면 그의 생전에 끝내 저서를 완성하지 못했거나 출간하지 않았을지도 모른다.

신중함이 지나치면 자칫 옴짝달싹 못하게 될 수도 있다. 그게 과하면 자신의 고치 안에 웅크리고 해법도 없으면서 계속 안에서 맴돌거나 자학하게 되는 경우도 생긴다. 그게 고독과 신중함을 빙자한 고립이고 무능이기 쉽다. 젊은이들에게도 물론 신중함은 필요하다. 그러나 그건 여러분들의 전적인 몫이 아니다. 대들고 싸우며 도전하고 실험하는 것이 젊은이들에게 어울린다. 지나치게 남에게 의존하는 것은 또한 젊은이들에게 어울리지 않는다. 하지만 지나치게 자신에게만 매달리는 건 자폐가 되기 쉽다. 주체성이라는 게 자문자답에서 얻어지는 것이 아니다. 자신의 판단을 분명히 마련하는 건 중요하지만 해법을 찾지 못하는 자문자답에 갇히지는 말아야 한다.

길을 헤매도 좋다. 밖으로 나가보라. 세상의 눈으로 당신을 바라보는 것이 때로는 당신의 길을 찾는 데에 도움이 될 것이다. 안과 밖의 시선을 공유하기 위해서는 과감히 당신을 깰 수 있어야 하지 않을까?

분개하라, 체념하지 말라

《분노하라》_ 스테판 에셀
《리바이어던》_ 토머스 홉스

저항하는 청춘이 아름답다

386세대라는 말이 널리 쓰이던 때가 있었다. '30대, 80년대 학번, 60년대 출생' 세대를 지칭하는 말이었다. 이들 세대가 정치적, 사회적으로 전면에 등장하기 시작한 것은 1990년대였다. 마침 1990년대 중반 386컴퓨터가 등장하면서 만들어진 낱말이다. 그 세대에 대한 조어造語가 만들어진 것은 두 가지 의미, 즉 새로운 컴퓨터의 등장과 함께 컴퓨터를 본격적으로 다루기 시작한 새로운 세대이며, 동시에 학생운동과 민주화 투쟁을 이끈 학생운동 세대를 함께 아우르는 의미였다. 특히 80년대를 뜻하는 8은 1987년 민주화 항쟁을 주도한 세대로 때로는 87년 6.29선언 이후의 세대는 제외하는 좁은 의미로도 쓰였지만 나중에는 학생운동, 민주화 투쟁과 무관하게 80년대에 20대를 지냈던 세대를 총칭하는 개념으로 쓰였다.

새로운 정보화 시대를 주도하며 동시에 민주화 시대를 이끈 이 세대는 자연스럽게 사회의 중심으로 빠르게 진입했다. 특히 이 세대는 사회에 진출한 후에도 정치적 개혁을 지지하는 진보적인 성향을 나타냈다. 정치적으로도 이들은 의회에 진출하는 비율도 다른 세대에 비해 빨랐고 정권의 핵심에서 활동하는 경우도 많았다. 그러나 이들에게는 이른바 운동권 중심의 집단주의적 경향이 강해서 정실주의나 온정주의적 성향이 여전히 남아 있었다. 또한 정권의 핵심에 일찍 진입한 사람들이 부분적으로 부패와 연루되면서 그 의미가 많이 퇴색했던 것도 사실이다. 또한 이들의 집단주의적 문화는 이른바 X세대라 불리던 90년대 신세대의 개인주의 문화와 충돌했다. 이러한 갈등은 지금도 그 앙금이 남아 있다.

386세대가 이후의 신세대에 대해 곱지 않은 시선으로 바라보는 것은 그들의 집단주의 문화와 개인주의 문화의 '갭' 때문이기도 했지만 특히 신세대가 사회적 문제에 대해 무관심하고 모순과 불의에 항거하지 못하는 것 아니냐는 이유 때문이기도 했다. 하지만 신세대들로서는 저항해야 할 대상인 군부독재 세력이 형식적으로나마 물러났기 때문에 이전의 학생운동과는 성격이 다를 수밖에 없고, 자연스럽게 학내 문제와 학생의 권리문제 등에 몰두할 수밖에 없다고 항변했다.

이제는 40대가 된 386세대와 50대 등 기성세대가 20대와 30대에 대해 아쉬워하는 것은 젊은이들의 저항 문화가 퇴색한 데에 대한 실망이다. 물론 2, 30대들은 기성세대들과는 달리 대학의 낭만은커녕 제 앞길 건사하기도 어려운 차가운 현실에서 자신들이 받는 고통에 대해 무관심한 선배 세대에게 따가운 시선을 거두지 않는다. 취업난과 비정규직의 양산, 갈수록 심화되는 양극화와 중간계층의 붕괴는 이들을 차가운 현실로 내몰았다. 이러한 상황의 주역이거나 부분적으로 책임이 있는 386세대와 50대들에 대한 실망과 분노가 젊은 세대의 사회적 문제에 대한 담론과 참여를 현실적으로 막고 있다는 점은 결코 가볍게 봐서는 안 된다.

그러나 그럼에도 불구하고 젊은 세대들이 사회 정의 등과 같은 사회적 담론에 무관심한 것은 결코 바람직하지 않다. 그들이 저항하는 힘과 의지를 상실한 것은 뼈아프게 반성해야 할 대목이다. 저항을 상실한 젊음은 기존 체제에 대한 순응과 체념을 너무 무기력하게 받아들인다는 점에서 결국 미래의 희망을 상실하는 것이다. 분노하고 저항하던 젊음도 나이 들어가면서 은연중 보수화되고 기존 질서의 유지에 대해 집착하는데, 젊을 때부터 그렇게 무관심하고 무기력하다면 과연 우리 미래에 희망이 있을까? 저항은 젊은이들의 권리이자 동시에 의무이기도 하다.

68혁명을 기억하라

1968년 프랑스가 들끓었다. 그리고 그 분출은 유럽과 미국까지 뻗어갔다. '5월혁명' 혹은 '68혁명'이라 불리는 이 움직임의 시작에 대해서는 두세 가지 견해가 있다. 1968년 3월 미국의 베트남 침공에 항의해서 '아메리칸 익스프레스'의 파리 사무실을 습격한 대학생 8명이 체포되면서 촉발되었다는 설과 낭테르 대학에서 남학생이 여학생 기숙사에 들어가지 못하게 한 처사에 대한 반발에서 시작되었다는 설 등이다. 그러나 분명한 것은 당시 드골 정부의 실정과 사회 모순에 대한 대학생들의 저항과 노동자들의 총파업이 그 구체적인 발단이었다. 혁명은 교육체계와 사회문화 등에서 구시대를 뒤엎을 수 있는 기회를 만들었다. 즉, 이 혁명은 현재 가치와 질서에 대한 저항이었다.

학생들의 항의시위가 이어지고 노동자들의 총파업이 겹치면서 프랑스 전체가 권위주의와 보수체제 등 기존의 사회질서에 저항하는 운동이 강력해졌다. 그리고 자연스럽게 남녀평등, 여성해방, 학교와 직장에서의 평등, 관리사회에서의 인간소외, 사회적 모순, 반전, 히피 운동 등 사회 전반의 문제로 확산되었다. 심지어 학생들은 교육문제뿐 아니라 유럽공동체 체제하에서의 사회문제 해결까지 요구했다. 드골은 사태를 해결하고 수습하기 위해 총선거를 실시했고 대승리를 거두었지만 이 혁명의 영향으로 체제가 흔들리면서 다음 해 국민투표에서 패배했다.

시위 초기에 드골 정부는 경찰력을 동원하여 저항을 진압하려 했다. 그러나 불은 사위지 않고 오히려 점화하는 꼴이 되었다. 심지어 군사력까지 동원하고 의회까지 해산했지만 결국 자신의 사임으로 마감해야 했다. 하지만 혁명도 실패했다. 그러나 그 혁명이 체제를 전복하고 집권하는 목적이 아니었기 때문에 섣부르게 실패로 끝났다고 판단하는 것은 위험하다. 실제로 이 혁명을 통해 프랑스의 종교, 맹목적 애국주의, 권위주의 등의 보수적인 가치들이 퇴색하고 평등, 인권, 공동체주의, 성해방, 생태주의 등 진보적인 가치가 사회의 중심 의제로 진입했고 그런 분위기가 현재의 프랑스를 주도하고 있다.

68혁명이 세상에 요구한 것들은 파격적이었다. 젊은이들은 생활 속 민주주의와 더불어 기존의 구습에 의존한 권위주의를 거부하고 평등주의를 외쳤다. 자본주의나 사회주의를 막론하고 모든 억압적 권위에 대한 저항은 자연스럽게 가부장적인 구조에도 비판이 가해졌다. "개인적인 것이 정치적인 것이다."라는 주장은 바로 그런 점에서 설득력을 가졌다. 그럼으로써 모든 부당한 권위는 거부하고 사람 사는 세상, 인간다운 삶을 표방했다. 혁명은 단순히 정치적 저항이나 사회적 구습 타파에만 머물지 않았다. 과도한 소비 체제의 배금주의적 태도, 인간소외를 야기하는 모든 구조에 대한 비판으로 이어졌으며 개인의 삶과 가치에 대한 본질적 반성으로 이끌었다. "황금에 휘둘리지 않는 시기가 황금기이다."라는 선언은 그런 점에서 자본주의의 비인격성에 대한 도도한 비판이자 자신의 삶에 대한 성찰이었다. 당시의 구호를 보면 이러한 점들이 잘 나타난다.

"행동하라!"

"더 많이 소비하라. 더 빨리 죽을 것이다."

"일하지 말라."

"열정을 해방하라."

"다른 세계는 늘 가능하다."

"불가능한 것을 요구하라."

"금지를 금지하라."

"파괴는 창조의 열정이다."

"사랑할수록 더 많이 혁명한다."

"굶주릴지라도 권태로운 것은 못 참는다."

"선거는 아무것도 바꾸지 못한다. 투쟁은 계속되어야 한다."

이처럼 68혁명은 인간다운 삶, 인간성이 보장되는 사회, 물질주의와 물질에 사람이 종속되고 소외되는 삶에 대한 거부 등으로 이어지는 본질적 혁명이었다. 그것은 "두려움 없는 최고의 평등한 자유를 얻기 위한 투쟁이며 위대한 거부"라는 마르쿠제의 역설과 맞닿았다. 그것은 세상을 완전히 뒤집지는 못했지만 강력하게 흔들었고 세상이 바뀔 수 있으며 무엇이든 가능하다는 믿음을 주기에 충분했다. 이러한 혁명이 베를린과 로마로 확산되고 대륙을 넘어 전 세계로 확산되었을 뿐 아니라 심지어 공산주의 국가들인 동구권에도 직·간접적인 영향을 미치면서 1960년대를 역사상 가장 뜨겁게 달궜다.

여기에서 우리가 주목해야 할 흥미로운 사실이 있다. 68년 구정대공세로 시작된 미국의 베트남 맹폭과 대규모 살상, 그리고 베트남인들의 제국주의에 대한 저항과 투쟁은 반전운동으로 확산되면서 국지적 혁명에서 세계적 혁명으로 확산되었고, 석 달 넘게 지속된 시위에 대한 피로감과 무질서에 대한 염증은 반발 심리를 야기했다. 그 결과 곧바로 시행된 총선거에서 우파가 압도적으로 승리했다. 혁명의 이념에는 심정적으로 동의하더라도 사회적 동요에 대한 불안감이 보수주의로 회귀하게 되는 극단적 역설을 보여주었다. 이것은 타산지석으로 삼아야 할 것이다.

실제로 당시의 프랑스인들은 곤혹스러운 심리를 느끼고 있었다. 과거 자신들의 식민지였던 인도차이나의 주도권을 미국이 독점적으로 행사하는 것을 보면서 자신들의 처지가 상대적으로 위축되었다는 느낌이 들었다. 여기에 알제리를 비롯한 북아프리카 식민지에서의 독립운동 등은 프랑스의 구체제에 대한 회의와 불안감을 상승시켰다.

베트남전쟁은 프랑스인들에게 독특하게 해석된 것이 사실이다. 제2차 세계대전에서 독일에 점령된 굴욕, 자신들의 독자적인 힘이 아니라 미국의 도움으로 가까스로 해방되었다는 좌절감 등이 그들의 자존심을 상하게 했는데 미국이 자신들의 옛 식민지에서 원맨쇼를 하는 것을 보는 것은 불편한 일이었다. 그런 불편함과 자존심의 상처가 사회주의 혹은 친 공산주의적 태도로 이어진 것 또한 부인할 수 없는 일이었다. 사르트르 등 좌파 지식인들이 스탈린의 소비에트와 심지어 김일성의 북한 정권을 옹호하는 오류를 범한 것이 대표적 예들이다. 시위대가 내걸었던 마오쩌둥이나 체 게바라의 초상들이 민주주의에 대한 공산주의의 위협을 상징한다고 느낀 사람들도 많아졌다. 그 과정에서 이들에게 동감하던 온건 세력들이 보수화되는 경우도 많았다. 그러나 진보의 다양한 확장은 향후 프랑스와 유럽의 지평을 크게 바꿔놓았다. 녹색당의 괄목할 성장과 좌파연립정부 참여 등이 그것이었다. 그와 함께 생태주의가 이들의 주요한 관심사가 된 것 또한 68혁명의 산물이었다.

흔히 학생운동은 필연적으로 실패한다고 말한다. 반은 맞고 반은 틀렸다. 학생들의 저항은 비민주적 압제와 비인격성에 대한 항거로 비롯된 몸짓이지 권력을 빼앗고 휘두르기 위한 것이 아니기 때문이다. 그러므로 권력 획득의 여부로 성공과 실패를 단언할 수는 없다. 그러나 4.19혁명처럼 독재자를 쫓아내고 민주적인 정부가 들어설 수 있게 한다는 점에서 성공의 가능성도 있다. 68혁명도 오만한 드골을 하야시키고 유연한 정부를 세웠다는 점에서, 그리고 향후의 프랑스의 정치 사회적 토양을 바꿨다는 점에서 성공적이라고 평가해도 무방할 것이다. 무엇보다 자본주의 소비사회에 빠져들었던 일상에서 소외되어 살아가던 평범한 시민들이 자신들의 삶을 반성하고 새로운 태도와 의미를 모색할 수 있는 기회를 제공했다는 점에서 높이 평가할 수 있다. 실제로 프랑스 사상사의 지층이 이것을 계기로 변모한 것만 봐도 알 수 있다.

우리가 프랑스 철학을 운운하면서도 정작 68혁명의 흐름과 그 여파에 대해서는 언급하지 않고 넘어가는 것은 아쉬운 일이다. 그러니 사상과 철학을 배우면서도 내재화시키지 못하고 관념의 틀 안에서 벗어나지 못하는 면이 있음을 인정할 수밖에 없다. 어쨌거나 68혁명은 사회적 모순에 저항하고 새로운 대안적 사상을 제공했다는 점에서 분명 위대했다. 그리고 그 저항의 중심이었던 청년들은 더 위대했다.

촛불집회, 체념을 학습하다

촛불집회가 본격화된 모습을 보인 것은 2002년 6월 주한미군의 장갑차에 깔려 숨진 두 여학생의 사인 규명과 추모를 위해 열린 11월의 집회였다. 그리고 절정을 이룬 것은 2008년 미국산 쇠고기 수입 협상 내용에 대한 반대 의사를 표시하기 위해 모인 집회였다. 더 놀라운 것은 이 시위의 발단이 중·고등학교 학생들이 인터넷으로 연락을 주고받아 만들어낸 집회였다는 사실과 저녁에 모여 촛불을 밝혀 자신들의 목소리를 냄으로써 비롯되었다는 사실이다. 그리고 이들의 분노는 대통령의 대미외교라는 거대 담론 의제로 이어졌다. 정말 놀라운 일이었다. 청소년들의 모임이 외교적 결과에 대한 반대의견을 표현하는 방식으로 나타났다는 것은 드문 일이었다. 학생들이 국가의 외교문제를 비판하고 저항한 것은 1963년 이른바 대일 굴욕 외교에 대한 대학생들의 반대 시위 이후 처음이었다. 사실 그 과정에 대한 호오의 문제는 여전히 남아 있지만 빌미를 제공한 것이 집권세력과 대통령이었던 것만은 분명했다. FTA 비준을 서두르기 위해 미국의 요구를 일방적으로 수용했을 뿐 아니라 그것을 자국민에게 상세하게 설명하면서 양해를 구하기는커녕 값싼 미국산 쇠고기를 사먹을 수 있으니 얼마나 좋으냐는 대통령의 언사나 뻔뻔한 변명이 분노한 시민들을 거리로 불렀다. 그것은 시민들의 분노와 저항이었다. 일반시민들이 이 집회를 계속 이어가고 확장시키면서 대통령은 마지못해서 사과할 수밖에 없었고 재협상 약속을 받아냈다. 물론 대통령의 사과는 숨을 돌리기 위한 거짓 사과였고 이후 정부는 결코 재협상 노력을 하지 않았다. 하지만 이 사건은 이전에는 목격할 수 없었던 놀라운 일이었다.

사실 어떤 면에서는 울고 싶던 참에 뺨 때려준 꼴이기도 했다. 대통령과 집권세력의 비인격성과 민주주의에 대한 노골적 압살의 성향성에 화가 난 참에 수입 쇠고기를, 그것도 다른 나라에 비해 허술한 조건으로 들여온 대통령에 대한 실망과 광우병에 대한 두려움을 씻어주지 못한 데에 화가 치민 시민들이 모였다. 그러나 그들은 평화적으로 자신들의 생각을 표출했다. 방과 후 퇴근 후 시내에 모여 촛불을 밝히며 비판했다. 이것은 기존의 시위, 그러니까 이른바 386세대들까지는 전혀 경험해보지 못했던 새로운 집회와 시위였다.

촛불시위는 정치권과 시민 간의 의사소통의 부재가 어떤 결과를 초래하는지 여실히 보여주었다. 동시에 민주주의의 새로운 학습의 장으로서의 의미를 부여하기도 하고 비 인터넷 비 SNS 계층의 거리감이나 온라인 착시효과, 그리고 무분별한 허위사실의 유포 등의 문제를 드러내기도 하였다. 그러나 문제의 관건은 시민들로부터 권력을 위임받은 정부가 시민들의 의사를 무시하고 자의적으로 외교적 절차를 수행한 데에 대한 분노, 즉 불통의 결과라는 점이었다. 약 2개월간 수십만 명의 시민들이 참여했다. 그 긴

기간 동안 수많은 시민들이 자발적으로 모여서 외쳤지만 특별한 폭력 시위 등은 벌어지지 않았다. 그것은 시민의식의 성숙함을 보여주는 바로미터이기도 했다.

그러나 정부는 철저히 이들의 외침을 외면했다. 대통령이 직접 대국민 사과문을 발표하며 말로는 사과한다고 하였지만 변한 것은 없었고 오히려 좌파척결이라는 시대착오적 정치로 회귀하는 악순환을 자초했을 뿐이다. 결국 양 진영 모두 상처만 받은 꼴이 되고 말았다. 그러나 우리는 그 현상과 직접적 결과에 대해서만 관심을 가졌을 뿐 더 큰 문제는 미처 보지 못했거나 외면했다. 그건 바로 시위에 참여한 청년들의 절망과 체념이었다. 87년 6월 항쟁과 다른 점은 바로 그것이었다. 지금의 기성세대가 참여했던 6월 항쟁은 잔인한 군사정부조차 굴복시켰지만 그보다 더 많은 인원이 평화적으로 참여했던 촛불집회는 아무런 결과를 얻지 못했을 뿐 아니라 야비한 복수까지 감당해야 했다. 그들은 분명 희망을 갖고 모였다. 자신들이 처한 암울한 현실에 대한 분노도 실렸지만 그들을 모이게 한 힘은 민주주의에 대한 염원이었고 바른 정치에 대한 소망이었다. 그러나 공허한 메아리만 돌아왔고 급기야는 거기에 비수를 감춘 거짓 사과만 돌아왔을 뿐이다.

결국 청년들은 현실에 좌절하였고 절망을 학습했다. 그런 절망과 체념은 사회에 대한 희망을 스스로 포기하고 정치에 대해 냉소하게 만들었다. 결국 정치에 대한 무관심은 그들의 권리에 대한 무관심으로 돌아갔다. 폭발적인 등록금 인상이나 대규모의 만성적 청년 실업 문제에도 정치인들은 큰 관심을 갖지 않았고 실제로 아무런 노력도 기울이지 않았다. 아무리 떠들고 외쳐봐야 기성세대는 그들의 외침과 분노에 귀를 기울이지 않았고 심지어 두려워하지도 않았다. 그런 청년들에게 돌아가는 것이라고는 '아프니까 청춘이다'라는 어설픈 위로뿐이었다.

현재의 젊은이들이라고 정의감이 없어서, 민주주의에 대한 신념이 없어서 저항하지 못하고 순응하고 있는 게 아니다. 그들을 그렇게 절망하고 체념하게 만든 건 바로 기성세대였고 386세대의 방관과 무기력이 그들로 하여금 아무런 희망도, 아니 더 이상 분노할 힘조차 아까워하게 만들었다. 그들은 철저하게 개인의 고치 속으로 파고들었다. 그리고 그것으로 젊음은 고스란히 박제되었다.

분개하라!

2009년 글리에르 고원에서 개최된 '레지스탕스의 발언' 연례 모임에서 92세의 노인이 카랑카랑한 목소리로 젊은이들에게 분노하라는, 매우 도발적인 즉흥 연설을 했다. 그가 바로 스테판 에셀 Stephane Hessel, 1917~2013이었다. 우리말로는 《분노하라》로 번역되었지만 사실 원제목인 프랑스어 'Indignez Vous'는 '분개하라'는 의미로 옮겨야 적절하다. 프랑스의 레지스탕스이자 사회운동가인 에셀은 독일 유대인 가정에서 태어나 프랑스로 귀화했고 제2차 세계대전에서 독일에 맞서 레지스탕스로 활동하다 체포되어 나치 수용소에 수감되었던, 행동하는 지성이었다. 철학을 공부하고 외교관으로 활동한 그는 인류의 인권과 더 나은 사회에 대한 이상의 꿈을 한 번도 놓지 않았다. 1948년 유엔 세계인권선언문 초안 작성에 참여했고 유엔 주재 프랑스 대사로 활동했으며 유엔 인권위원회 프랑스 대표 등을 역임한 그는 아흔이 넘은 고령에도 불구하고 젊은이들에게 자본의 폭력에 저항하고, 정치적 무관심과 체념을 떨쳐내라고 역설했다. 더 나은 세상을 꿈꾸는 것은 젊음의 권리이자 의무이며 잘못된 세상에 대해 분노를 표출하라고 부추겼다. 특히 평화와 민주주의를 위협하고 인간의 가치를 유린하는 세계 금융자본의 횡포에 대해 순응하거나 패배하지 말고 싸우라고 격려했다.

"이제 총대를 넘겨받으라. 그리고 분노하라!"

늙은 레지스탕스는 젊은이들에게 그들을 압살하는 비인격성과 폭력에 맞서 싸우라고 독려했다. 스테판 에셀의 '분노하라!'는 외침은 그래서 지금 우리의 민주주의와 정치, 경제, 지식사회에 대한 경고로 살아 있다. 에릭 홉스봄Eric Hobsbawm, 1917~2012이 "사회의 불의는 여전히 규탄하고 맞서 싸워야 한다. 세상은 저절로 좋아지지 않는다."고 갈파했던 말은 여전히 유효하다. 2011년 미국에서 일어난 월스트리트 점령운동도 겉으로는 1퍼센트 기득권층의 부도덕성에 대한 분노의 표현이었고 저항의 표상이었지만 궁극적 대상은 정치적 무능력과 부패에 대한 질타였다. 분노와 저항은 단순히 자신의 권리만을 위해 싸우는 투쟁에 그쳐서는 안 된다. 일찍이 고대 그리스의 정치인이자 시인이었던 개혁가 솔론 Solon, ?B.C.640~?B.C.560은 "피해를 입지 않은 자가 피해를 입은 자와 똑같이 분노할 때 정의가 실현된다."고 설파했다. 미국에서 흑백 인종차별 철폐 운동을 승리로 이끈 것은 단순히 흑인들의 저항 때문만은 아니었다. 인간의 보편적 가치에 대해 동의하고 흑인들에 대한 비인격적 대우에 분노한 다수의 백인들이 동조하고 연대했기 때문에 가능했던 일이다.

또한 에셀은 정치계, 경제계, 지성계의 책임자들과 사회 구성원 전체가 주어진 사명을 외면해서는 안 되며 우리 사회의 평화와 민주주의를 위협하는 국제 금융시장의 독재에 휘둘리지 말라고 경고한다. 분노할 줄 아는 능력이야말로 인간의 구성요소다. 그것이 정치와 사회를 발전시킨 힘이다. 가장 경계해야 할 것은 바로 체념의 내재화이다. 에셀은 온라인과 오프라인에서 정치권력과 시장권력의 오만과 횡포, 불법과 탈법을 감시하고 비판해야 한다고 역설한다. 그 첫 번째이자 가장 중요한 행동은 바로 투표다. 그래서 그는 투표하지 않는 자는 암묵적 찬동자라고 비판한다.

고대나 중세에는 일반 대중이 저항할 힘이 없었다. 체념과 순응만이 전부였다. 그렇지 않으면 죽음의 대가를 치러야 했다. 그러나 근대 이후 대중은 시민으로 각성했고 권력도 시민의 투표로 만들어졌다. 16세기 초반의 인물 마키아벨리Niccolo Machiavelli, 1469~1527는 "지도자 없는 군중은 아무 가치도 없는 존재나 다름없다."거나 "힘이 없는 선은 악보다도 못하다."면서 권력의 효율성을 강조했지만 근대 정치적 사유는 더 이상 그런 일방적인 권력의 위험성을 용납하지 않았다. 17세기 후반의 사상가 토머스 홉스Thomas Hobbes, 1588~1679는 《리바이어던》에서 권력이란 각자의 이익을 위해 사람들이 계약으로써 국가를 만들어 자연권을 제한하고 국가를 대표하는 의지에 그것을 양도하여 복종하는 것이라고 보았다. 그것은 적어도 정치사상사에서는 엄청난 혁명이었다. 물론 그는 전제군주국가를 이상적인 국가형태로 보았다는 점에서 시대적 한계를 벗어나지는 못했다. 하지만 권력이 계약에 의해 형성된 것이라는 매우 대담한 주장을 펼쳤다는 점에서 획기적이었고 혁명적이었다. 로크John Locke, 1632~1704는 한 걸음 더 나아가 저항권을 주장했다. 계약이란 일방적인 것이 아니라 쌍무적인 것이기 때문에 어느 한쪽에서 계약의 내용을 제대로 이행하지 못하면 마땅히 파기되어야 한다고 주장했다. 당시로서는 대담한 주장이었다. 서양에서 로크를 민주주의의 가장 중요한 전범으로 삼는 것은 바로 그런 이유 때문이다.

현대 민주주의 사회는 선거라는 정당한 절차에 의해 지도자를 선출하고 지도자는 시민을 위해 봉사해야 한다. 따라서 체제를 전복하거나 부정하는 것은 용납되지 않는다. 물론 거기에는 선출된 지도자가 약속대로 민주주의의 가치를 수호하고 복지를 실천하며 시민들에게 봉사한다는 대전제가 요구된다. 그렇지 않은 경우에는 그를 소환할 수 있는 제도적 장치도 있다. 심지어 우리 헌정사에서는 대통령이 자신이 속한 정당의 선거에 도움이 될 수 있다면 기꺼이 그러고 싶다는 말 한 마디에 국회에서 탄핵이 발의되기도 했지 않은가. 시민들은 정치인 특히 절대적 권력을 휘두르는 대통령의 잘못에 대해 지적하고 비난하면서 집회를 열기도 한다. 그러나 대부분의 경우 그러한 저항은 늘 좌절되기 일쑤였다.

자신의 권리뿐 아니라 타인의 정당한 권리가 침탈되는 것에 분노하고 저항할 수 있을 때 그 사회가 정치적으로 건강해진다. 수구 기득 세력이 여전히 부패와 탐욕에만 빠져 있는 것은 자신의 권리만을 생각할 뿐 의무는 지키지 않으며 타인의 권리에 대해서는 무관심하거나 무시하기 때문이다. 1퍼센트가 모든 권력과 이익을 독점하고 세습하는 사회는 인간에 대한 존중과 희망조차 존재하지 못하게 만든다. 그런 사회를 감싸는 정치는 그래서 우리를 비인격적 존재로 추락하게 만들고 인간에 대한 존중도 사라지게 만든다. 체념하는 세대는 고스란히 비인격성의 폭력을 감수하게 될 뿐이다. 스테판 에셀은 《분노하라》에서 다음과 같이 말한다.

"격분이란 희망을 부정하는 행위다. 격분은 이해할 수 있는 일이고, 당연한 일이라고까지 할 수 있다. 하지만 그렇다고 해서 용납될 수 있는 일은 아니다."
"분노할 일에 분노하기를 결코 단념하지 않는 사람이라야 자신의 존엄성을 지킬 수 있고, 자신이 서 있는 곳을 지킬 수 있으며, 자신의 행복을 지킬 수 있습니다."

앞만 보는 것이 아니라 옆과 뒤도 보는 사회제도를 추구하며 '윤리, 정의, 지속가능한 균형의 문제를 최우선으로 고려한' 사회를 꿈꿔야 한다. 그렇지 않을 때 우리는 살아도 산 게 아니다. 저항은 그러므로 우리의 삶을 회복하는 것이다. 사회 정의와 공공선의 실현은 우리 모두의 희망이고 의무이다. 더 나은 세상을 만들어야 할 의무를 포기하면 결코 희망은 없다.

최악의 태도는 무관심이며, 이는 현재의 상태를 묵인, 방조하겠다는 것이다. 문제는 이렇게 해서는 세상은 바뀌지 않는다는 것이다. 희망은 그런 무관심을 벗어버리고 분노하며 저항할 수 있을 때에만 가능하다. 나이는 청춘들의 네 배에 가까운 스테판 에셀이 "창조, 그것은 저항이며 저항, 그것은 창조다."라며 외친 메시지는 우리의 삶을 관통하는 보편적 가치이다. "여러분 모두가, 한 사람 한 사람이, 자기 나름대로 분노의 동기를 갖기를 바란다. 이건 소중한 일이다." 그의 메시지를 기억해야 한다. 무관심과 개인적 탐욕은 결국 자신의 삶을 파멸시키는 부메랑으로 돌아온다.

　여러분의 저항이 기성세대가 군부독재에 항거한 방식으로 처절할 까닭도 없고 그래서도 안 된다. 그들은 절박한 마음으로 화염병을 들었지만 지금의 젊은이들은 돌을 들어서도 안 된다. 깨어 있는 정신을 놓지 않고 연대하여 악의 구조를 깨뜨려야 한다. 인간의 보편적 가치를 공유하고 불의에 분노할 줄 알아야 한다.

나는 고발한다!

1894년 프랑스 참모 본부에서 간첩 사건이 발생했다. 유대인 출신의 포병 대위 알프레드 드레퓌스가 독일대사관에 군사 정보를 제공한 혐의로 체포되었다. 그렇지 않아도 보불전쟁(1870~1871)에서 굴욕적으로 패배한 프랑스에 반독일 감정이 팽배해 있을 때였다. 드레퓌스는 비공개 군법회의에서 종신형 선고를 받았다. 그런데 사실 그의 범죄를 입증한 물증은 제시되지 않았고 단지 필적이 비슷하다는 것뿐이었다. 그가 유대인이었기에 그 혐의를 그대로 뒤집어쓴 것이었다. 그런데 얼마 뒤 진범이 밝혀졌다. 하지만 군부는 진상 발표를 거부했다. 사건을 은폐했던 것이다. 그에게는 오로지 그의 무죄를 확신하는 가족뿐이었다. 가족들의 노력과 양심적인 군 검사의 노력으로 마침내 1897년 11월 진범 에스테라지 소령이

고발되었다. 그러나 군부는 그를 그저 형식적으로만 심문하고 재판하여 무죄를 선고했다. 사건은 그렇게 끝나는 듯했다.

'찻잔 속의 태풍'으로 끝날 듯했던 이 사건을 프랑스 전체를 뒤흔드는 문제로 다시 이끌어낸 것은 바로 에밀 졸라Emile Zola, 1840~1902였다. 재판의 결과가 공개된 직후 졸라가 〈나는 고발한다〉라는 제목으로 프랑스 군부의 의혹을 신랄하게 비판하는 사설을 〈로로르〉에 실으면서 프랑스가 들끓었다. 군부 우익 국수주의자들은 드레퓌스는 명백한 유죄이며 따라서 재심해서는 안 된다고 주장했고 자유주의 지식인들은 재심을 요구했다. 그 선봉에 졸라가 섰다. 그는 대통령에게 보내는 공개서한의 형식으로 드레퓌스의 무죄를 주장했다. 그러면서 에스테라지가 유죄임을 조목조목 따졌다.

"드레퓌스는 정의롭지 못한 힘에 의해 자유를 빼앗긴 평범한 시민입니다. 전 프랑스 앞에서, 전 세계 앞에서 나는 그가 무죄라고 맹세합니다. 나의 40년간의 역작, 그 역작으로 얻은 권위와 명성을 걸겠습니다. 그가 무죄가 아니라면 내 전 작품이 소멸되어도 좋습니다."

당시 졸라는 꽤 유명한 소설가였고 상당한 수입을 누리고 있었다. 그런데 졸라는 자기와는 아무런 직접적 관련도 없는 드레퓌스의 무죄를 주장하면서 자신의 전부를 걸었다. 온 프랑스가 들끓었다. 반유대인 정서가 강했던 군부는 졸라를 졸지에 매국노 취급했고, 군법회의를 중상모략했다며 명예훼손죄로 유죄 판결을 받자 졸라는 영국으로 망명해야만 했다.

> "내가 고발하는 사람들에 대해 말하자면, 나는 그 사람들을 모른다. 그 사람들을 본 적도 없다. 그들에게 원한도 증오도 없다. 내가 보기에, 그들은 단지 사회적 부정의 실체이며 화신일 뿐이다. 또한 지금 내가 하고자 하는 행위는 단지 진실과 정의를 서둘러 밝히려는 급진적인 수단일 뿐이다.
> 나의 목적은 오로지 하나다. 그토록 많은 고통을 겪었으며 행복할 권리를 가지고 있는 인류의 이름으로 그 빛을 밝히는 것. 나의 격렬한 저항은 내 영혼의 외침일 뿐이다. 저들로 하여금 감히 나를 법정에 세우게 하라! 밝은 대낮에 심문이 이루어지게 하라! 나는 기다린다."

〈나는 고발한다〉에서 에밀 졸라가 결연하게 외친 함성이다. 그는 끝까지 진실과 정의의 편에서 외쳤다. 진실은 반드시 밝혀지고 그날이 오기까지 소정의 지혜와 소정의 양심이 필요하다며 프랑스가 애국주의를 천박하게 이용하는 것에 대해 경고했다. 그는 〈프랑스에게 보내는 편지〉에서 이렇게 외쳤다.

"프랑스여, 잠을 깨라. 그대의 영광을 생각하라. 어떻게 그대의 자유주의적 부르주아지, 그대의 해방된 민중이 이 위기 속에서 자신을 휘감는 정신 착란이 무엇인지 모를 수 있단 말인가? 나는 그들이 공범자라고 생각하지 않는다. 그들은 기만당했을 뿐인데, 왜냐하면 그들은 배후에 무엇이 도사리고 있는지를 알아차리지 못하고 있기 때문이다. 그것은 한편 군사 독재이며, 다른 한편 성직자들의 반동이다. 프랑스여, 정녕 그대가 원하는 일이 그토록 비싼 값을 치르고 얻은 모든 것, 즉 종교적 관용, 만인 평등의 정의, 모든 시민의 우정 어린 연대 등을 위태롭게 하는 것인가?

프랑스여, 이 모든 것이 그대의 영광을 위한 것임을 잊지 마라. 사실 나는 아무것도 걱정하지 않는다. 나는 무뢰한들이 그대의 이성과 그대의 건강에 테러를 가해봤자 소용없음을 잘 알고 있다. 그대는 우리의 미래이다. 그대 안에서 진실과 정의는 어김없이 잠 깨는 새벽을 맞을 것이며, 언제나 영웅적으로 떨쳐 일어날 것이다."

졸라가 지펴놓은 불은 꺼지지 않았다. 이 사건 이후 드레퓌스 사건의 진실 규명을 요구하는 투쟁이 전개되었고 내각은 사실상 해체되었다. 결국 1899년 드레퓌스는 대통령 특사로 풀려났다. 하지만 그것은 미봉책이었다. 드레퓌스와 가족들은 항소했고 마침내 사건 발생 12년 만인 1906년 법원은 드레퓌스의 무죄를 확정했다. 이 사건은 프랑스의 치욕으로 시작되었지만 에밀 졸라와 같은 양심적이고 용기 있는 사람들의 반발과 저항으로 진실이 밝혀졌고, 이후 프랑스 공화정의 기반을 다지는 중요한 초석이 되었다. 졸라의 양심과 용기는 고대 그리스의 시인이자 개혁 정치가였던 솔론의 유명한 말을 재확인하는 것이었다.

"정의는 비록 늦게라도 어김없이 오는 것이다."

내가 정의롭지 않으면 사회도 정의롭지 않다

지금 여러분이 누리고 있는 이만큼의 자유와 번영도 여러분이 비판하는 기성세대들이 싸우고 저항하여 얻어낸 산물이다. 물론 내가 전태일이 되지 못하면서 여러분이 전태일이 되라고 할 수는 없다. 그러나 그의 정신은 잊지 않고 기억해야 한다. 그것은 나와 너, 모두의 의무이다. 나이가 들어가면서도 내가 진보의 가치와 태도를 포기하지 않는 것은 지켜야 할 자산이 없어서가 아니라 인간의 보편적 가치에 대한 최소한의 바탕을 마련할 수 있을 때까지는 쉽게 타협하거나 방관하지 않아야 한다는 신념 때문이다.

미안하다, 청춘들아. 그러나 여러분은 분노할 줄 알고 저항할 줄 알아야 한다. 이제 우리는 앞에 설 용기도 사위고 힘도 딸리지만 여러분들의 저항에는 무한한 애정과 응원을 보낼 것이다.

세상을
넓게
바라보자

○
《역사》_ 헤로도토스
《역사란 무엇인가》_ E. H. 카

아직도 우물 안 개구리?

요즘 젊은 사람들은 신문을 거의 읽지 않는 것 같다. 실제로 내가
대학에 있을 때 학생들에게 물어본 적이 있다. 그때 마흔 명 가운
데 신문을 읽는 사람은 고작 한두 명에 불과하다는 걸 알고 깜짝
놀랐다. 물론 지금의 젊은이들은 예전보다 훨씬 많은 정보를 접한
다. 굳이 신문을 읽지 않아도 인터넷이나 스마트폰으로 언제 어디

서나 엄청난 정보를 읽을 수 있다. 그런데 가만 살펴보면 어딘가 균형이 맞지 않는다는 느낌이 든다. 자신이 관심 있는 기사들만 클릭하기 때문이다. 그리고 그것과 관련이 있는 다른 기사들을 계속해서 클릭한다. 시시콜콜한 것들까지 다 찾아본다. 정작 다른 기사나 정보는 보지 않는다. 자극적인 제목에 낚여서 계속 서핑한다. 거기에서 무슨 지식과 정보를 얻겠으며 무슨 균형을 유지할 수 있을까?

가능하면 신문을 읽으라고 권하고 싶은 건 적어도 신문은 다양한 방면의 여러 정보들을 담고 있기 때문이다. 정치, 경제, 사회, 문화, 스포츠, 칼럼, 국제 등 다양한 주제들을 훑어 읽다 보면 알게 모르게 세상을 보는 시선이 확장된다. 나의 관심사에만 함몰되는 것이 아니라 세상 돌아가는, 삶의 다양한 지층들을 만나게 된다. 그런 것들이 차곡차곡 쌓여서 내가 살아가야 할 방향과 의미가 설정되고 조정된다.

물론 우리의 신문에 불만이 없는 건 아니다. 국제 면이 너무 빈약하다. 심지어 포털에서도 연예나 스포츠에 대한 기사는 시시콜콜 찾아보면서 국제 문제에 대해서는 아예 열어보지도 않는다. 학교에서도 세계사 배우는 경우 이제는 거의 없다. 그러면서 세계화니 글로벌시대니 하면서 떠든다. 이런 모순과 협량 속에서 무엇을 배우고 익혔을까? 세계사 배울 때도 신문에서 국제 면은 별로 읽지 않았다. 기껏해야 해외토픽에나 잠깐 눈길 머물렀을 뿐이다.

어느 날 갑자기 세계 문제에 눈이 뜨이는 게 아니다. 평소에 관심을 갖고 꾸준히 읽는 과정 속에서 저절로 형성되고 그것이 자산이 되는 것이다. 그런데도 우리는 여전히 나라 밖 일에 대해서는 철저하게 무관심이다. 스스로 우물 안 개구리로 만든다. 연예인에 관한 정보는 시시콜콜 다 파헤치며 알고 신상털기까지 마다하지 않으면서 정작 알아야 할 세계의 일에는 무지한 상태로 살아간다면 그 삶은 어찌될 것인가?

국제화니 세계화니 구호로만 그치면 공염불이다

세계화의 시대다. 인터넷의 발달은 지구촌을 실시간으로 촘촘하게 연결한다. 원하는 정보는 언제나 어디서나 찾을 수 있다. 사실 인터넷에서 국제를 다루는 꼭지를 클릭하면 많은 정보에 접할 수 있다. 문제는 대부분 클릭하는 것들이 스포츠, 연예, 국내 사회 문제 등에 지나치게 집중된다는 점이다. 또한 인터넷에 올라 있는 국제 정보도 그다지 충실한 것 같지는 않다. 대부분 국내 신문에서 보도된 것들을 포털에서 인용하기 때문에 깊이 있는 정보나 다양한 지역적 이해도 부족한 편이다.

내가 하는 방식을 강요할 생각은 없다. 내가 하는 방식이 절대로 옳다는 생각도 없다. 다만 내가 하는 방식을 소개하는 것은 한

번쯤 시도해보아도 좋을 방법이라 여기기 때문이다. 나는 바탕화면에 〈뉴욕타임스The New York Times〉를 깔아둔다. 참고로 미리 말하면 그렇다고 내가 이걸 다 읽느냐면 그렇지는 않다. 그냥 대충훑어볼 뿐이다. 바쁠 때는 제목과 사진만 훑어본다. 그것만으로도최소한 지금 밖에서는 어떤 일이 일어나고 있는지 짐작할 수 있다. 거죽만 보고 어찌 속내까지 알까마는 관심이 가는 부분은 클릭해서 읽으니 내용까지 얕지는 않다. 대충 훑어보고 눈만 마주칠뿐이지만 다양한 정보에 대한 인식은 늘 깨어나게 된다. 예를 들어 지금 미국에서 어떤 책이 부각되고 있는지, 어떤 연극이 브로드웨이에서 공연되고 있는지도 훑어본다.

아프가니스탄이나 베네수엘라에서 일어나는 일, 인도양의 어느 섬에서 일어나는 일들도 만난다. 군사, 경제, 외교, 문화 등에대한 다양한 정보와 그 흐름을 파악할 수 있다는 것만으로도 큰도움이 된다. 물론 여기에서 분명하게 짚어둘 것은 아무래도 이매체가 미국에서 만들어지는 것이기 때문에 기본적으로 그들의시각과 관심에 따라 편집되고 정보를 다루고 있다는 점을 무시할수는 없다. 내가 사대주의자도 아닌데 굳이 이 매체를 읽는 까닭은 그래도 미국에서 가장 진보적이면서도 대중적이며 관심의 영역도 다양하기 때문이다. 만약 여러분이 독일어를 한다면 〈슈피겔Der Spiegel〉 같은 잡지에 접속할 수도 있고 불어를 한다면 〈르몽드Le Monde〉 같은 언론에 접속해도 좋다.

어차피 외국어로 작성된 기사들이기 때문에 가독성은 좋지 않다. 그리고 직접적인 도움이 되는 관심사도 그리 많지는 않을 것이다. 하지만 적어도 그들이 세상을 바라보는 방식과 태도, 그에 따른 취재와 보도를 통해 얻는 것이 많을 것이다. 이미 언급한 것처럼 그것은 전적으로 미국의 시각에서 취재, 편집, 해석, 보도되는 것이기 때문에 그것을 나의 관점에서 재해석해보는 과정이 필수적이다. 그렇지 않으면 정작 내 것은 잃어버리고 남의 것만 주워 담는 꼴이 되기 십상이다.

안타깝게도 우리의 언론에 올라오는 국제 문제 보도는 대부분 우리의 입맛에 맞거나 혹은 미국의 이해관계와 밀접한 관련을 맺고 있는 것들이 많다. 물론 미국이 초강대국이기 때문에 어쩔 수 없는 부분도 있겠지만 대부분 미국의 보수적 관점에서 보도되는 것들을 취사선택하는 경우가 많아 보인다. 〈뉴욕타임스〉를 권하는 까닭은 그래도 미국의 언론 가운데 중도적인 혹은 약간 비판적인 시각을 유지하려는 태도 때문이다. 그들의 보도는 그나마 미국의 입장을 일방적으로 대변하기보다는 어느 정도 객관성을 유지하거나 특히 인간의 가치에 대한 신념을 바탕으로 하고 있다는 평가를 받는다. 물론 최근에는 이 신문조차도 예전의 날카로운 비판이 무뎠다는 비판을 받고 있기는 하지만. 외신의 경우에는 우리가 충분한 지식과 정보를 갖지 못할 때 그 기사를 취사선택한 이들의 입장에 알게 모르게 순응하게 된다는 점에서 그런 균형 감각은 필수적이다.

컴퓨터의 바탕화면에 〈뉴욕타임스〉를 깔아둔다고 해서 갑자기 눈이 확 뜨이거나 엄청난 정보를 얻을 수 있는 것은 아니다. 그러나 특별히 관심이 가는 기사를 클릭해서 검색해보면 뜻밖에 많은 것을 얻을 수 있다. 결국 문제는 당신의 의지이다.

모르면 당한다

1997년 3월, 그러니까 외환위기 직전에 미도파 주식이 갑자기 올랐다. 당시 신동방그룹이 미도파 주식을 집중 매수하면서 일어난 일이었다. 신동방그룹은 단순 투자라고 해명했지만 그 수준을 이미 넘었고 홍콩의 페레그린 자금이 들어왔다는 게 공공연한 사실이었다. 미도파 주식은 당시 저평가된 주가였을 뿐 아니라 상당한 부동산을 보유하고 있었기 때문에 매력적인 인수 대상으로 판단한 것이었다.

미도파를 소유한 당시의 대농그룹은 경영권을 방어하기 위해 미도파의 주식을 매입하기 시작했다. 더 가관인 것은 이른바 백기사를 자처하면서 대농을 위해 주식을 매입한 기업들이 있었다는 점이다. 겉으로는 회장들이 같은 고향인 강원도 통천 출신이기 때문이라고 했지만 속내는 외국의 자본이 경영권을 장악하는 신호

탄이 되는 것을 막기 위해서였다. 자본에 국경이 있다고 믿는 순진한 자들이 이 나라 경제를 주물럭댔다는 방증이다.

결과는 어땠을까. 페레그린과 신동방그룹은 본래의 의도를 실현하기 어렵다고 판단해 집중 매도했고 주가는 곤두박질쳤다. 물론 그들로서는 손해날 게 없었다. 이미 시세 차익을 충분히 챙겼으니까. 대농은 선대 회장이 세웠고 그룹의 대표 기업이라고 생각한 미도파를 방어하기 위해 밀어 넣은 자본을 불과 몇 달 사이에 날려버렸다. 새로운 업종을 강화하려던 대농의 움직임은 그 일로 좌절됐고 결국에는 그룹 전체가 와해됐다. 사실 냉정하게 생각했다면 주가가 올랐을 때 미도파를 처분, 유동성을 확보해 신사업에 투자했어야 했지만 그룹은 늘리는 것이지 줄이는 게 아니라는 관습적 사고가 그런 판단을 막았다. 익숙함이 결국 긴 역사를 지닌 그룹을 통째로 날려버린 셈이다.

그리고 얼마 지나지 않아 외환위기가 터졌다. 금융회사의 부실, 차입 위주의 방만한 기업 경영에 따른 대기업의 연쇄 부도, 대외 신뢰도 하락, 단기 외채 급증이 연쇄적으로 일어난 결과였다. 이런 허술한 일들이 관행처럼 굳어져 일상화된 한국 경제는 아무런 힘을 발휘할 수 없었다. 뭐든지 만연하면 상황을 제대로 파악하지 못한다. 그러면 밖으로부터 작은 시련만 닥쳐도 꼼짝 못하고 당한다. 호미로 막을 걸 가래로도 막지 못한다.

그러니까 한국의 구제금융은 1997년 12월에 시작되었지만 냉정하게 말하면 이미 이때부터 그 싹이 보였던 셈이다. 도대체 국제 감각이 없었다. 수출 의존형 산업구조였으면서도 그렇게 나라 밖 소식에 캄캄할 수 있었다는 게 놀랍다. 나는 이것이 세계사에 대한 무지, 외신에 대한 무관심 속에서 그 뿌리가 썩어온 결과라고 믿는다. 그런데 그 쓰린 경험을 한 뒤에도 우리가 과연 세계사를 공부하고 있는지, 외신에 대해 관심을 갖고 있는지 차갑게 반성할 일이다.

지금이야 M&A(기업합병)가 흔한 일이지만 사실 금융위기 이전에는 미국 영화에서나 볼 수 있는 일이었다. 꼼수에 의한 재벌의 문어발식 확장과 위장 합병만 있었지 기업 대 기업의 합병은 거의 없었다. 적대적 합병은 관심 밖이었다. 설령 있어도 자잘한 수준에 불과했다. 그런데 금융위기를 계기로 은행의 합병 등이 예사롭게 일어나는 것을 보았다. 기업 또한 합병이나 아웃소싱 등이 비일비재했다. 그건 그만큼 방만하게 기업을 경영했기 때문이고, 정부의 비호와 은밀한 지원 등의 힘으로 안에서 제 마음대로 사업하면서 얻는 관행과 비리 덕분에 버틴 것과 다르지 않았다.

만약 미도파 사태 때 대농그룹이 비싼 값에 미도파를 매각했다면, 그리고 다른 기업들이 경영권 방어라는 좁은 소견을 버리고 판을 크고 넓게 볼 수 있는 시야를 가졌다면 생각이 많이 달라졌을 것이고, 이후 이어진 금융 위기의 예후 때보다 냉정하게 대처할 수 있었을 것이라고 나는 단언한다. 지금도 외환위기는 기억하지만 정작 바로 직전에 있었던 미도파 사태에 대해 알고 있는 사람은 별로 없을 것이다. 설령 그것을 알고 있는 사람들도 그것과 IMF 구제금융을 받아들여야만 했던 외환위기와의 연관성에 대해 떠올리는 사람은 거의 없을 것이다.

그저 이제는 사라지고 기억에서도 가물가물한 한 기업 이야기라고 치부할 일이 아니다. 지금도 이런 일이 비일비재하게 일어나고 있다. 또한 이것은 비단 기업의 일만은 아니다. 바로 나 자신 안에서도 일어나는, 일어날 수 있는 일이다. 가벼운 농담처럼 재미로 이것저것 손대며 소일하는 것도 때론 필요하겠지만, 나를 더 넓은 세상에서 바라보고 그 세상에서 살아갈 수 있는 바탕을 마련하는 일이 더 중요할 것이다. 그렇지 않으면 나는 늘 변방에서 살 수밖에 없다. 신문 하나가, 잡지 한 권이 내 삶의 지평을 넓고 깊게 해줄 수 있다는 점을 기억하면 좋겠다.

헤로도토스와 그리스의 국제 감각

서양 역사의 아버지는 헤로도토스Herodotos, ?B.C.484~?B.C.430이다. 기원전 5세기에 그가 펴낸《역사》는 인류 최초의 역사서이다. 헤로도토스가 이 책에서 다루고 있는 중심은 전쟁사이다. 그러나 그는 단순히 역사적 사건만을 기술하지 않았다. 그는 인간의 관습과 지나온 과거에 대해 실증적이면서도 다양한 시각으로 기록하고 해석했다. 페르시아와의 전쟁에서 각 폴리스들이 어떻게 애국 정신을 발휘했는지를 분석하고 거대 제국 페르시아 속에서의 단일 지휘 체계는 어떻게 이루어졌는지 등에 대해 세밀하게 연구했다. 그리고 그것들에 대한 그리스 정신, 즉 자유를 향한 그리스의 투쟁이 지닌 의미를 해석했다.

헤로도토스는 키로스 2세의 바빌론과 마사게타이, 캄비세스 2세의 이집트, 다레이오스 1세의 스키타이, 리비아 등 역대 페르시아 왕들의 원정지에 대한 다양한 지식과 정보를 섭렵하며 역사를 기술했다. 따라서 수많은 지리적 내용이 담겨 있으며 나일강의 범람과 그 원인에 대해 설명하고, 리비아의 경우는 민속에 관한 정보와 박물지적 기술을 섞어가며 다양하게 설명했다. 고대 그리스인으로서 지브롤터 밖의 타르테소스에서 인도의 인더스 강에 이르기까지 그가 펼치는 역사의 범위는 지리적으로나 문화적으로 방대하다. 또한 이 책에는 다양한 일화들이 기록되어 있기 때문에 고대 그리스인들이 자연스럽게 나라 밖의 사회와 문화에 대해서 알 수 있었다. 설화와 사실이 뒤섞인 부분도 있지만《역사》는 역사를 그 신화적 틀에서 벗겨내 현실을 제대로 인식하게 했다는 점에서 매우 실증적이고 꽤 객관적인 의미를 담고 있다.

헤로도토스의 《역사》는 인간의 역사이며 동시에 거대한 하나의 서사 문학이다. 이것이 역사서이며 동시에 문학인 까닭은 그가 오랜 시간 동안 직접 발로 뛰며 취재하고 연구하여 각 지역의 지리, 문화, 신화, 역사 등 다양한 지식을 담았을 뿐 아니라 뮤즈의 이름에 맞춰서 각 권을 구분하고 채웠기 때문이다(실제 9권으로 나눈 것은 뮤즈의 수에 맞춘 것인데 헤로도토스가 그렇게 한 것이 아니고 나중에 알렉산드리아 시대의 교정자가 편집한 것이다). 그러면서도 각 권이 따로 구분되기보다는 자연스럽게 이어지는 연대성을 갖췄다.

헤로도토스는 그리스-페르시아 전쟁을 기술하면서 무조건 그리스의 입장과 관점에서 서술하지 않았다. 그는 페르시아에 대한 다양한 자료를 분석하고 의미를 부여했다. 그는 전반부에서는 기원전 480~479년의 전쟁 자체에 대한 체계적 분석과 서술로, 후반부는 페르시아 제국의 성장과 조직, 지리와 사회구조 및 역사를 꼼꼼하게 기록했다. 나는 이 책의 진정한 가치는 그리스-페르시아 전쟁에 관한 기술보다 후반부 즉 페르시아에 관한 충실한 기록이라고 생각한다. 헤로도토스는 적을 제대로 파악하기 위해서, 그리고 적의 문화에 대한 어느 정도의 존중을 가지고 페르시아에 관한 지식과 정보를 담아냈다. 이는 그리스 시민들에게 폴리스 밖의 세상에 대한 정확한 이해를 이끌어냄으로써 그들이 살고 있는 세상을 알게 해줬고 그것을 토대로 세계관을 형성할 수 있게 만들었다. 실제로 제1권 첫머리에 보면 '그리스인이건 비 그리스인이건 인간이 이루어낸 위대한 업적을 후세에 전하기 위함'이라는 점을 분명하게 밝히고 있다. 이러한 균형 감각은 우리가 주목할 가치가 충분하다.

현대를 살고 있는 우리도 자신에게 일방적으로 유리한 역사를 기술하고 그런 인식을 토대로 국가관과 민족관을 형성하고 있다는 사실을 떠올려보면 그게 얼마나 놀라운지 알 수 있다. 예를 들어 작금의 중국의 동북공정이나 일본의 역사 왜곡을 떠올리면 쉽게 이해할 수 있을 것이다. 안타까운 건 우리의 역사에서도 국수주의적 사관과 해석이 없다 할 수 없다. 특히 이른바 뉴라이트 계열의 학자들이 기술한 한국사는 그런 점이 두드러진다. 그런데 헤로도토스가 그 옛날에 객관적이고 피아의 구분 없이 명확한 사실을 기술함으로써 그리스 시민이 균형 잡힌 생각을 마련할 수 있게 했다는 건 정말 놀라운 일이다.

역사의식은 곧 자아의식이다

우리는 세상 속에서 살아간다. 넓은 세상이다. 그런 세상에서 마음만 먹으면 하루에 지구의 어디든 갈 수 있다. 그런데 그 세상에 대한 이해가 넉넉하지 않다면 아무리 공간적 제약이 없다한들 그저 교통의 개념일 뿐이다. 헤로도토스의 경우처럼 세계시민으로 균형 잡힌 사고를 갖추기 위해서는 역사를 바라볼 줄 알아야 하고 제대로 된 역사의식을 갖춰야 한다.

E. H 카Edward Hallett Carr, 1892~1982는 《역사란 무엇인가》에서 역
사를 '역사가와 그의 사실들의 지속적인 상호작용의 과정, 현재
와 과거의 끊임없는 대화a continuous process of interaction between
the historian and his facts, an unending dialogue between the present and the
past'로 정의했다. 현재와 과거 간의 끊임없는 대화로서의 역사는
과거와 현재가 서로 연관되어 있다는 뜻이다. 역사는 단순히 과거
의 사건을 기록한 것이 아니다. 과거는 과거 때문에 문제가 되는
것이 아니라 우리가 살고 있는 현재에서의 의미 때문에 문제가 되
는 것이며 현재라는 것의 의미는 고립된 현재가 아니라 과거와의
관계를 통해 분명해지는 것이다. 따라서 과거와 현재는 멈춰진 상
태가 아니라 끊임없이 새롭게 변하고 의미를 바꿔간다. 과거를 보
는 눈이 새로워지지 않으면 현대의 새로움 또한 제대로 파악할 수
없다. 카에 따르면 역사는 우리를 먼 과거로 이끌고 가는 것이 아
니라, 과거에 대해 말하면서 현재가 미래에 잠식되어 가는 바로
그 지점에 우리를 세워놓는 것이다.

> "역사가는 사실의 잠정적인 선택과 그 선택을 이끌어
> 준 잠정적인 해석 -그것이 자신에 의한 것이건 다른 사
> 람에 의한 것이건 간에- 에서 출발한다. 그가 연구하는
> 동안 사실의 해석 그리고 사실의 선택 및 정돈 그 두
> 가지는 이러저러한 상호작용을 통해서 미묘한 그리고

아마도 얼마간 의식되지 못하는 변화들을 겪는다. 그리고 이 상호작용에는 현재와 과거 사이의 상호관계도 역시 포함되는데, 왜냐하면 역사가는 현재의 일부이며 사실은 과거에 속하기 때문이다. 자신의 사실을 가지 못한 역사가는 뿌리가 없는 쓸모없는 존재다. 자신의 역사가를 가지지 못한 사실은 죽은 것이며 무의미한 것이다."

아무리 많은 사실을 접하고 있다 하더라도 역사가가 없다면, 즉 내가 역사가의 눈으로 바라보지 못한다면 그건 그저 정보의 더미가 쌓인 것에 불과하다. 그것을 해석하기 위해서는 끊임없이 과거와 현재가 서로 대화하도록 해야 하며 그 역할을 바로 나 자신의 역사의식을 통해 읽어내야 한다.

카는 20세기를 중세가 무너지고 근세가 형성된 이후로 가장 큰 혁명적인 변화를 겪고 있는 시대라고 말한다. 그는 역사를 과거와 현재와의 대화라고 한 것을 역사는 과거의 여러 사건들과 점차적으로 우리들 앞에 출현하게 될 미래의 여러 목적들과의 대화라고 말할 수 있다고 확장하여 설명한다. 과거에 대한 해석도 의의 있는 것과 적절한 것의 선택도 새로운 목표가 점차적으로 출현함에 따라 진화되어 가는 것이라는 그의 해석은 역사를 진보의 틀 속에서 바라봐야 한다는 역설인 셈이다. 즉 역사는 부단한 진보

과정이다.

> "그러나 중요한 것은 변화가 더 이상 성취로, 기회로,
> 진보로 생각되지 않고 두려움의 대상으로 생각된다는
> 사실이다. 우리의 정치 및 경제 전문가들이 처방을 내
> 릴 때, 그들이 우리에게 줄 수 있는 것이란 급진적이고
> 원대한 이념은 믿지 말라는 훈계, 혁명의 냄새가 나는
> 것은 모조리 피하라는 훈계, 또는 -만일 우리가 전진할
> 수밖에 없다면- 가능한 한 천천히 조심스럽게 전진하
> 라는 훈계 이외에는 아무것도 없다."

역사라는 것은 인간이 시간의 흐름을 자연적 과정으로 보
지 않고 인간이 의식적으로 관여하고 또한 인간이 의식적으로
영향을 줄 수 있는 특수한 사건의 연속이다. 부르크하르트Jacob
Burckhardt, 1818~1897는 역사를 의식의 각성에 의해 생겨난 자연과
의 결별이라고 정의했다. 그 의식이 이성적 판단과 가치 구조를
형성하게 되는 것이 바로 역사의식이다. 역사는 인간이 이성을 활
용하여 자기 환경을 이해하고 환경에 적용해 온 긴 투쟁 과정이라
는 부르크하르트와 카의 해석은 여전히 유효하다.

아무리 세상의 다양한 정보와 지식을 끌어모은다 해도 그런
역사의식이 없으면 사상누각이 되기 쉽다. 또한 역사의식을 지니

고 있다한들 현재의 사건과 사태에 대한 충분한 지식과 이해가 결핍되면 그것은 단순히 관념에 그칠 뿐이다. 중요한 것은 역사의식은 바로 자아의식에 맞닿아 있다는 점이다. 그 자아는 광활한 세계 구조 속에서 존재하고 작용하며 실현된다. 그런데도 세계를 바라보지 못하고 당장의, 그리고 좁은 울에 갇힌 상태에 머문다면 어찌 되겠는가? '나'는 끊임없이 세계와 호흡해야 한다. 그리고 또한 현재와 과거의 내가 끊임없이 대화하도록 해야 한다. 그런 속에서 진정한 자아가 실현될 수 있다.

눈을 돌려 세계를 보라

여러분이 살아갈 세상은 이전에 비해 엄청난 차이를 보일 것이다. 특히 전 지구적 사고와 이해를 바탕으로 한 지구촌 혹은 글로벌 체제는 더 공고해질 것이다. 그런데 정작 세계의 흐름에 무관심하다면 우리의 미래는 어떻게 될 것인가? 나는 하루에 한 번은 그런 감각을 얻기 위해, 혹은 그런 자극이라도 잠깐 얻기 위해 컴퓨터 바탕화면에 〈뉴욕타임스〉를 깔았다. 일일이 다 보는 것도 아니고 온전히 다 이해하는 것도 아니다. 그러나 잠깐의 눈맞춤만으로도 지금 내가 어떤 세상에 살고 있는지 훑어볼 수 있다. 여러분들도 나름의 방식을 마련하면 도움이 될 것이다.

사대적 발상으로 그런 제안을 하는 게 아니다. 오히려 서구 사대주의의 잔재를 말끔히 털고 대등한 입장에서 맞서려면 필수적이기 때문에 제안하는 것이다. 공부를 할 때도 당신의 눈앞에 혹은 옆자리에 있는 친구를 경쟁의 대상으로 삼지 말고, 당신 또래의 다른 나라 젊은이들이 무엇을 어떻게 공부하고 있는지 비교하라. 주변에 당신에게 공부의 자극을 주지 않는 사람을 보면서 위로받지 말아야 한다. 당신이 한 달에 고작 한 권의 책도 보지 못할 때 미국이나 유럽의 학생들이, 혹은 일본이나 중국의 학생들이 세 권의 책을 읽는다고 가정하라. 실제로 그들은 대학에서 자의든 타의든 매우 많은 책들을 읽어야 하는 과제가 많다. 우리의 그것은 그에 비해 매우 느슨하다.

물론 항상 경계해야 할 점이 있다. 바로 나를 잃고 남을 바라보기만 하면 껍데기 쭉정이만 남는다는 것이다. 부지런히 배우고 익히는 것, 그게 청춘의 의무이다. 넓은 시야로 세상을, 삶을 바라보라. 늘 깨어 있는 자각으로.

잘 살기 위해
'죽음'을
기억하라!

《인간의 죽음》_ 퀴블러 로스
《인생수업》_ 퀴블러 로스

메멘토 모리

젊음에게 가장 어울리지 않을 말 가운데 하나가 죽음이 아닐까?
팔팔한 육신과 싱싱한 정신으로 충일한 청춘에게 죽음은 너무 거
리가 멀고 실감할 일도 없다. 그러나 죽음은 늘 삶과 맞닿아 있다
는 점을 생각해보면, 삶의 가장 왕성한 때인 청춘의 시기에 꼭 기
억하고 새겨야 할 말이기도 하다.

"삶의 한복판에 죽음을 들여놓는다면 젊음과 물질에 대한 집착을 약간 덜게 되고 주변 사람들에게 좀 더 너그러워지며 지금보다는 감사하며 내면의 기쁨에 초점을 맞추게 될 것이다."

바로 메멘토 모리memento mori이다. '죽음을 기억하라'는 뜻의 이 라틴어 문장은 뜻밖에도 죽음의 음습함과 공포를 뜻하는 게 아니라 삶 안에 들어와 있는 죽음의 자리를 분명하게 의식하며 짧은 삶에서의 진정한 가치를 추구하고 실천하라는 의미로 쓰였다. 죽음으로부터 자유로운 사람은 없다. 죽음은 삶의 유한성을 함축한다. 만약 죽음이 없다면 인간에겐 겸손함이나 배려도 없을 것이다. 인간의 욕망은 무한할 것이고 집착과 미련은 끝도 한도 없을 것이다. 그러므로 죽음은 바로 삶에 대한 명확한 인식의 바탕이고 진실한 삶의 밑돌이 된다.

죽음은 삶의 동반자이다

삶과 죽음은 따로 떨어져 있는 것이 아니다. 사실 우리는 매일 죽는다. 그것은 목숨의 소멸이 아니다. 죽음은 새로운 생명의 시작이다. 부활은 죽음을 이겨내는 위대한 힘이라기보다는 죽음을 받아들이고 새로운 삶을 시작하는 것이다. 그러므로 죽음을 거부한 부활은 불가능하다. 그러니 죽어야 한다. 무엇을 죽여야 할까?

그것은 바로 어제의 내 안에 버티고 있던 무지와 탐욕, 집착과 미련, 증오와 저주, 절망과 체념이다. 그리고 새롭게 태어나는 나는 진리와 겸손, 자유와 자비, 사랑과 축복, 희망과 열정의 나이다. 그러므로 나의 부활은 매일, 그리고 매순간 일어난다. 그런데도 어제의 내 속에 있던 그 찌꺼기들을 버리지 못하고 죽이지 못한 나는 얼마나 어리석은가! 따라서 부활은 바로 '어제의 내가 아니다I am not what I used to be'라는 선언이고 그 실현이다.

젊음은 무수한 시행착오를 거치는 시기이다. 실패도 자산이고 좌절과 절망도 내 삶의 일부이다. 그러나 모든 좌절과 절망이 다 자산이 될 수는 없다. 왜 실패했는지, 무엇을 잘못 알고 있었는지, 무슨 까닭에 증오하고 원망했는지 등을 겸손하게 되짚어보고 그것을 버리고 이겨내려는 의지와 노력을 가졌을 때에만 그것은 젊음의 위대한 자산이 된다. 죽을 것이 많다는 것은 그만큼 새로 태어날 것이 많다는 뜻이기도 하다. 죽음은 삶과 떨어져 있는 피안 저 너머의 것이 아니다. 그것은 바로 삶의 일부이고, 삶은 또한 죽음의 일부이다.

옛날 어떤 점쟁이가 있었다. 그는 글자로 점을 보는 점술가였다. 어느 날 한 사람이 그를 찾아와서 자신의 미래를 물었다. 그는 자신만만하고 당당한 사람이었다. 그는 자신의 성공이 궁금했다. 그는 글자 하나를 골랐다. 바로 '한 일一'이었다. 점쟁이는 그를 바라보고 말했다. "당신은 곧 죽을 것이오. 그러니 어서 빨리 집으로 돌아가서 죽음을 준비하시오." 방금 전까지만 해도 당당하고 자신감 넘치던 그는 창백한 얼굴로 풀이 죽어 돌아갔다.

잠시 후 또 다른 사람이 그 점쟁이를 찾아왔다. 그는 창백하고 힘이 없어 보였다. 불안과 두려움이 그의 얼굴에 그대로 드러났다. 점쟁이는 그에게도 글자 하나를 고르게 했고, 그 청년은 하나를 뽑았다. 그런데 그 글자도 앞사람과 똑같은 '한 일一'이라는 글자였다. 한참을 이것저것 짚어보던 점쟁이가 말했다. "젊은이, 모든 게 잘될 거요. 그러니 걱정하지 말고 지금 당신이 하는 일에 최선을 다하시오." 그 청년은 올 때와는 달리 밝고 명랑한 얼굴과 가벼운 발걸음으로 돌아갔다.

이 모습을 지켜본 구경꾼들이 물었다. "아니, 이보시오. 참 해괴하군요. 어찌하여 똑같은 글자를 뽑았는데 점괘가 정반대로 나올 수 있소? 게다가 곧 죽을 거라던 사람은 당당하고 멀쩡할 뿐 아니라 앞날이 창창해 보이던데. 그리고 나중에 온 사람은 비루먹은 나귀처럼 비실비실하고 볼품도 없더이다. 그 사람 행색은 곧 죽을 것만 같던데."

그 말을 들은 점쟁이는 빙긋 웃으며 말했다. "그렇지요. 두 사람 모두 똑같이 '한 일一'자를 뽑았지요. 하지만 첫 번째 사람이 뽑은 그 글자는 바로 '죽을 사死'의 첫 획이었소. 그러니 그는 겉은 멀쩡할지 모르지만 이미 그에게는 사신死神이 깃들어 있었던 거요. 하지만 두 번째 찾아왔던 사람이 뽑은 글자는 바로 '살 생生'의 마지막 획이었소. 그러니 그에게는 삶의 희망이 가득하였던 것이오."

생과 사 두 글자를 위에서 아래로 차례로 이어 써보면 두 글자가 맞닿아 있음을 보게 된다. 결국 메멘토 모리는 죽음의 공포를 되새기라는 것이 아니라 언제 죽을지 모르니 현재의 삶에 최대한 충실하라는 역설과 맞닿아 있으며 그런 점에서 '현재를 즐겨라, 혹은 현실에 충실하라'는 의미의 '카르페 디엠carpe diem'과 통하는 말임을 알 수 있다.

죽음을 담담하게 그리고 당당하게 바라보라

죽음이 하나의 학문 분야로 자리 잡기까지 가장 큰 공헌을 한 사람은 바로 퀴블러 로스Elizabeth Kübler Ross, 1926~2004이다. 그녀는 죽음에 임박한 환자들을 관찰하고 면담하며 연구한 결과를 《인간의 죽음》이라는 책으로 펴냈다. 이 책은 죽음을 하나의 삶의 과정으로 바라보게 했다. 그녀는 말한다.

> "죽음을 대하는 우리의 태도는 덜 인간다워지고 있는가, 아니면 더 인간다워지고 있는가? 이 책으로 그런 판단을 내릴 수는 없겠으나 답이야 어떻든, 환자가 과

거보다 더 많은 괴로움을 받고 있음은 사실이다. 신체
적 고통보다도 정신적 고통을 두고 하는 말이다. 그리
고 많은 세기가 흘렀어도 죽음을 앞둔 인간들의 근본
필요는 변하지 않았다. 변했다면 그에 응답하는 우리
의 능력뿐이다."

그녀는 죽음을 받아들이는 환자들의 태도를 다섯 단계로 나눴
다. 부정과 고립-분노-타협-우울-순응의 단계가 그것이다. 이 과
정을 통해 환자는 죽음에 대한 공포를 벗어나 죽음을 받아들이는
모습을 보여준다. 그리고 그것은 결국 삶에 대한 성찰로 이어질
수밖에 없다. 그리고 이렇게 책을 맺는다.

> "한 인생의 평화로운 죽음을 지켜보노라면 하나의 유
> 성이 머리에 떠오른다. (…) 우리 인생의 유한함을, 인
> 간 수명이 한정되어 있음을 깨우쳐준다. 인생 칠십은
> 고래희지만 그래도 그 짧은 시간에 우리 대부분은 유
> 일무이한 생애를 창조하고 살아가며 인간 역사의 직물
> 에 자기를 짜 넣는 것이다."

이렇게 죽음을 담담하게 연구한 그녀가 삶에 대해 던진 화두
가 바로《인생수업》을 관통하는 메시지였다. 그녀는 이 책에서, 배

움을 얻는다는 것은 다른 사람이 아닌 자기 자신의 인생을 사는 것을 의미한다고 역설한다. 그것은 세상을 더 깊이 이해하고 자기 자신을 더 평화롭게 지내게 한다. 그리고 삶을 완벽하게 만들려고 애쓰는 것이 아니라 있는 그대로의 삶을 받아들일 줄 알게 한다. "죽음은 삶의 가장 큰 상실이 아니다. 가장 큰 상실은 우리가 살아 있는 동안 우리 안에서 어떤 것이 죽어버리는 것이다."라는 퀴블러 로스의 말은 파블로 네루다Pablo Neruda, 1904~1973의 마지막 시집《질문의 책》에서 읊었던 "나였던 그 아이는 어디 있을까, 아직 내 속에 있을까 아니면 사라졌을까?"라는 구절의 바로 '그 아이'를 잃어버리는 것과 상통한다. 그래서 퀴블러 로스는 "사람은 누구나 다 쓰러지게 마련이란다. 그리곤 다시 일어서지. 그게 삶이야."라고 다독인다. 따라서 젊음에게 죽음은 도저히 공감할 수 없는 먼 훗날의 사건도 아니고 늘 두려워해야 할 공포도 아닌, 담담하게 삶과 더불어 공존하며 어리석고 나태해지는 삶을 깨우는 자명종이 된다.《인생수업》의 다음 구절을 곱씹어보자.

> "지혜와 명상은 우리에게 젊음이 중요하긴 하지만 언제나 매력적이지만은 않다는 것을 일깨워줍니다,
> 이런 지혜에는 편안함이 있습니다,
> 청춘은 순수의 시기인 동시에 무지의 시기입니다,
> (…)

많은 이들에게 젊은 시절의 꿈은 늙은 시절의 후회가
됩니다.
삶이 끝나가기 때문이 아니라, 그 꿈을 살지 못했기 때
문입니다.
멋지게 나이 들어간다는 것은 하루를, 그리고 하나의
계절을 온전히 경험하는 것입니다."

날마다 부활하라

죽음은 매순간마다 우리와 함께 있다. 사람은 누구든 태어나는 그
순간부터 죽음으로부터 자유롭지 못하다. 죽음은 유한성의 상징
이다. 그런데도 우리는 그걸 부인하고 싶어진다. 하지만 피할 수
없으며, 언제나 기다리고 있는 것이 죽음이다. 어느 누구도 이러
한 법칙에서 벗어날 수 없다는 사실을 인식하고 나면, 인간 생활
의 모든 근심, 걱정, 고통은 헛된 것이 되어버리고 만다. 그것이 바
로 죽음이 삶에 주는 선물이다. 죽음이 삶에 맞닿아 있는 것은 바
로 그런 힘을 발휘한다.

  앞서 말했듯이 죽음은 매순간 일어난다. 숨이 멎고 심장이 멈
추는 것만이 죽음이 아니다. 그건 어차피 때가 되면 맞게 될 일이
다. 그러나 낡고 닳은 나는 끊임없이 죽어야 한다. 거기에 미련 갖

고 집착하면 새 삶을 얻지 못한다. 젊다고 다 좋은 건 아니다. 생각이 낡고 의지가 약하며 잘못과 허물을 제대로 바라보지 못하면 그건 늙은 것만 못하다. 나이 들면 지혜가 생기지만 젊음에는 그것을 능가하고도 남을 열정이 있다. 그 열정은 늘 새롭게 거듭나고 날마다 발전하는 힘이다. 프랑스 시인 롱사르Pierre de Ronsard, 1524~1585가 "죽음은 결코 죽지 않는 더 아름다운 꽃으로의 회귀"라고 노래했던 것은 그가 젊음 속에서 죽음을 마감이 아니라 더 새로운 창조이며 에너지의 근원으로 보았기 때문이다. 그것은 바로 '결코 죽지 않는 더 아름다운 꽃'을 향한 기꺼운 죽음을 전제로 할 때 가능한 일이다.

몽테뉴Michel Eyquem de Montaigne, 1533~1592의 다음 말은 삶은 그 자체로 죽음의 연속이며, 처음부터 삶 안에는 죽음이 포함되어 있다는 의미이기도 하지만, 동시에 어제가 죽어야 오늘이 오고, 오늘이 죽어야 내일이 오는 것처럼, 늘 새롭게 거듭나는 힘의 바탕으로서의 죽음의 본질을 말하는 것이다.

> "유년기가 죽으면 청년기가 오고, 청년기가 죽으면 노년기가 오고, 어제가 죽으면 오늘이 오고 오늘이 죽으면 내일이 온다."

청춘의 삶이 죽음을 동반하는 것은 우울하고 암울한 그림자의 동행이 아니라, 탐욕과 증오, 무지와 무례 등의 허물을 벗고 새롭게 탈피하는 부활의 날갯짓이다. "죽음이 생의 가장 큰 스승임을 잊지 말라."는 퀴블러 로스의 메시지를 기억하라. 그녀가 마지막으로 남긴《생의 수레바퀴》에는 이런 말도 있다.

> "지구에 태어나 할 일을 다 하면 이 세상에서의 마지막 날에도 자신의 삶을 축복할 수 있다. 가장 힘든 과제는 무조건적인 사랑을 배우는 것이다. 죽음은 두렵지 않다. 죽음은 삶에서 가장 멋진 경험이 될 수 있다.
>
> 그것은 그 사람이 어떻게 살아가느냐에 달려 있다. 죽음은 이 삶에서 고통도 번뇌도 없는 다른 존재로 이행하는 것일 뿐이다. 사랑이 있다면 어떤 일도 견딜 수 있다. 더 많은 사람에게 더 많은 사랑을 주는 것, 그것이 내 바람이다.
>
> 영원히 사는 것은 사랑뿐이기 때문에…."

청춘, 그대들의 앞날에 축복을!

　책머리에 이미 말했던 것처럼, 나는 여러분들에게 죄인이다. 내 새끼 네 새끼 가릴 것 없이 우리 새끼들이 이토록 아파하고 힘들어하는데 그저 강 건너 불 보듯 하는 기성세대의 한 사람으로, 한없이 부끄럽고 안타까운 한심한 꼰대의 한 사람으로, 여러분들에게 사죄하는 마음으로 이 책을 바친다. 그렇다고 뾰족한 해법도 없고 희생도 없는 이러한 헌정에 여러분들이 분노할지 모르겠다. 도대체 무엇을 전해주고 무슨 미래를 남겨놓았냐고 따지면 나는 유구무언일 뿐이다.

　단언컨대 지금의 이 어두운 현실과 고통스러운 현재는 여러분들의 잘못이 아니다. 여러분이 겪고 있는 고통의 실체는 사회의 구조적 잘못 때문이고 그것을 방기하거나 외면한 어른들의 허물 탓이다. 그런데도 기껏해야 '좀 아프면 어떠니? 청춘이란 본디 그렇게 아픈 거란다'라며 위로랍시고 도닥일 마음, 내겐 추호도 없다. 그저 내 새끼들이 어두운 들판에 내버려진 상태로 울고 있다면 작은 등불 하나라도 마련하여 그 길을 밝혀주고 싶을 뿐이다.

　내 새끼부터 어둠 속에서 헤매고 있다. 남의 새끼인들 다를까?

내가 이 세상에서 가장 사랑하는 아들이다. 그런데 그 녀석이 날마다 힘겨워하며 젊음의 시절을 허비하고 있다. 그 찬란한 젊음의 강을 아비의 그것보다 혹독하고 시리게 넘는 내 새끼의 힘겨움이 보기에도 안쓰럽다. 도대체 이 현실을 어떻게 받아들여야 할까? 그런 의미에서 나는 아들에게 죄인이고, 우리 어른들은 여러분 청춘들에게 죄인이다. 이 고백부터 하지 않으면 이 책은 아무런 의미가 없다.

분명히 여러분들의 인생 선배인 우리 세대는 여러분들처럼 적어도 취업 걱정하며 살지는 않았다. 물론 그때는 지금보다 살기 어려웠지만 그래도 일할 수 있는 기회는 많았고 선택할 수 있는 방편도 많았다. 그런데 지금의 청춘들은 예전의 우리는 꿈도 꾸지 못할 엄청난 능력을 갖춘, 이른바 '빵빵한 스펙'의 소유자들이면서도 외면받고 있다. 아마도 예전의 우리라면 원서조차 내밀지 못할 자산들이다. 그렇게 자신들은 온갖 혜택 다 받고 누리며 살았으면서도 후배들에게는 냉혹하고 쌀쌀맞다. 그러면서 젊은이들이 패기가 없느니 강단이 없느니 하는 걸 보면 나도 울화가 치민다.

물론 우리의 청춘도 녹록지는 않았다. 우리는 맨손이었다. 그만큼 가난했다. 그래서 일에만 매달리고 살았다. 여러분들의 부모가 멋대가리 없고 건조하게 사는 듯 보일지 모르지만 그들도 청춘일 때는 낭만과 패기가 넘쳤다는 것만은 꼭 기억해 달라. 다만 엄청난 노동 강도에 시달리며 사느라, 가족 부양하며 맨땅에 헤딩하며 사느라, 그 낭만 몽땅 고철 값으로 팔아넘기고 '나였던 그 아이' 외면하면서 제 삶을 포기했을 뿐이다. 물론 그만큼 물질적으로 풍요로워졌다. 그 풍요에 취해 자신의 삶이 혹사당하는 걸 애써 모른척하거나 그걸 잊기 위해 일에 더 매달렸을 뿐이다. 그러나 그들도 1997년 외환위기 파동으로 우후죽순으로 하차당했다. 그러느라 새끼들의 세대에 대해 방편을 제대로 마련해주지도 못했고 어른 아이 할 것 없이 모두 시린 세월 살아왔다.

여러분 청춘의 세대는 그 선배 세대와는 정반대의 삶을 살고 있다. 태어날 때는 적당히 풍요로웠다. 집도 있고 차도 있으며 때가 되면 근사하게 외식도 하면서 살았다. 그러나 정작 제 힘으로 독립해서 살아야 할 때가 되니 집 마련은 남 얘기고 차는 언감생심이며 외식은커녕 편의점에서 삼각김밥이나 컵라면으로 끼니 때우기에 급급하다. 퇴행도 이런 퇴행이 없다. 이것은 분명 역사의 퇴행이라는 점에서 역사에 대해 큰 죄를 저지르는 것이기도 하다. 그런데도 정작 사회 구조적 문제를 악화시킨 자들은 오히려 떵떵대며 권세를 누리는 데에만 힘쓴다. 그런 세상이다.

그러나 청춘들아, 어쩌면 이 시린 현실이 여러분들에게 큰 자산이 되는 때가 올 것이다. 그렇다고 그저 시간이 지난다고 저절로 해소되지 않는다. 무엇보다 중요한 것은 바로 여러분들의 삶이고, 당당한 자아의 실현이다. 눈 밝지 않으면 그 기회도 자산도 살려내기는커녕 읽어내지도 못한다. 형편없는 쪽배에 감지덕지하며 이제나저제나 목만 빼고 혹여 낡은 배를 기다릴 일이 아니다. 그러다가 청춘의 강을 건너지 못한다. 여러분의 삶의 주인은 여러분 자신이다. 여러분의 인생 선배인 우리도 그 강을 건넜다. 때론 강에 빠지기도 하고 헤엄치기도 했으며 다시 배에 오르기도 했다.

이것 하나만은 명심해줬으면 한다. 여러분들이 그토록 시시하게 보는 선배들조차 그 강을 건널 때 그저 세월 잘 만나 편하게 건

넌 것 아니고, 운이 좋아 견뎌낸 것도 아니다. 그들은 여러분들보다 스펙은 훨씬 못 미쳤지만 자신에 대한 열정과 낭만을 지녔었다. 그러고도 지금 이렇게 밋밋하게 산다. 여러분들은 우리들보다 훨씬 더 멋지게 살아내야 한다. 그게 청춘의 몫이고, 의무이며 권리이다.

이 책에서 여러분들에게 소개한 책들과 주제들은 삶의 일부일 뿐이지만 어느 하나 소홀히 할 수 없는, 본질적인 것들이기도 하다. 그것들을 나 혼자 힘으로만 감당하기는 어렵다. 그러나 고전은 그것을 가능하게 할 뿐만 아니라, 보다 농밀하고 치열하면서도 아름답고 즐거운 삶으로 이끌어준다. 청춘의 시기에 그것을 맛보지 못하고 사는 삶은 자칫 껍데기의 삶이 되기 쉽다. 아무리 어둠이 길어도 새벽은 온다. 그 어둠의 시기를 고전의 빛으로 이겨내면 아름다운 동이 틀 때, 그 빛의 찬연함을 제대로 맛보게 될 것이다. 이 책에서 여러분들과 함께 뒤적여본 고전들은 그야말로 고전의 바다에서 건져낸 여러 척의 배와 같다. 고전의 맛을 알 수 있게 하는 파일럿이니 살아가면서 더 많은 고전의 바다를 누벼보라. 당신의 삶이 그만큼 달라질 것이다.

  잘못된 사회, 뻔뻔하고 무능한 선배들만 탓할 일이 아니다. 여러분들도 나름대로 용감하게 떨치고 일어나야 한다. 그러려면 그 힘을 먼저 갖춰라. 그건 스펙으로 채워질 것이 아니다. 인생은 스펙으로 때워지는 게 아니다. 그건 열정과 지식과 용기와 의지로 자신을 세우고 그 방향을 향해 의연하게 나아가는 힘으로 이루어진다. 그리고 그 훌륭한 동반자가 바로 고전이다. 그러니 고전으로 청춘의 강을 건너는 것은 여러분의 특권이지 짐이 아니다. 부끄러운 선배로서 이 여정이 여러분에게 작은 길잡이가 된다면 더할 수 없는 고마움이고 조금은 짐을 덜 수 있겠다. 뜻은 높게, 생각은 깊게, 영혼은 맑게 품으며 당당하게 여러분의 삶을 포옹하라.

  청춘들이여, 그대들에게 행운을 빈다! 그대들의 삶을 뜨겁게 사랑하고 또 사랑하라!

청춘의 고전

초판 1쇄 발행 2014년 1월 30일
초판 2쇄 발행 2014년 2월 24일

지은이 | 김경집
발행인 | 이원주

임프린트 대표 | 김경섭
기획편집 | 김선미 · 한선화 · 박햇님 · 강경양
디자인 | 정정은 · 최소은
마케팅 | 노경석 · 윤주환 · 조안나 · 이철주
제작 | 정웅래 · 김영훈

발행처 | 지식너머
출판등록 | 제2013-000128호
주소 | 서울특별시 서초구 사임당로 82 (우편번호 137-879)
문의전화 | 편집 (02) 3487-1650, 영업 (02) 2046-2800

ISBN 978-89-527-8009-6   03100